莫奈,
和他痴迷的睡莲

［加］罗斯·金 著

李浚帆 译

MAD
ENCHANTMENT

CLAUDE MONET and the PAINTING
of the WATER LILIES

微信扫码赏析莫奈高清画作
获取莫奈独家旅行地图
解密莫奈鲜为人知的故事
加入莫奈印象圈
重温莫奈的印象派大师之路

中国青年出版社

克劳德·莫奈，《花园中的女人》，1866 年（收藏于巴黎奥赛博物馆）

爱德华·马奈，《克劳德·莫奈在船舱里作画》，1874 年（收藏于慕尼黑新美术馆）

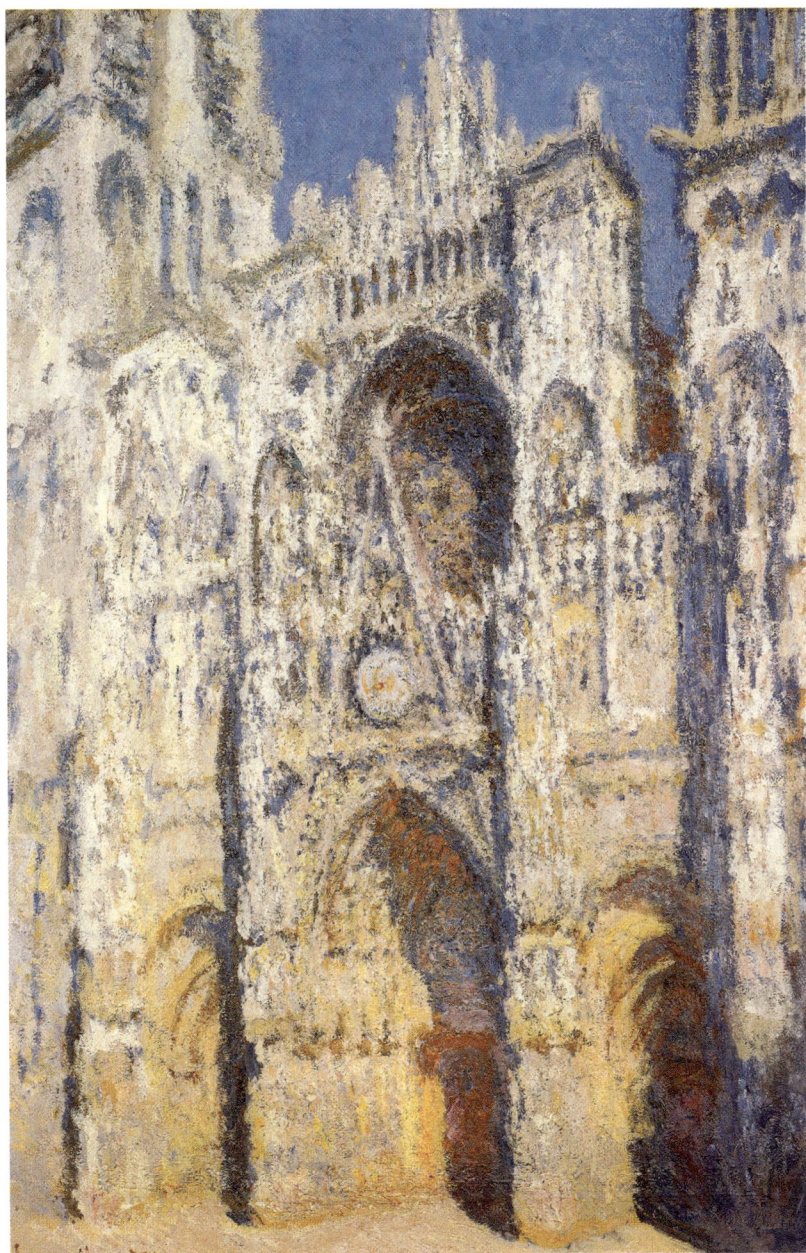

克劳德·莫奈，《鲁昂大教堂：正门和圣罗曼塔，阳光充足时和谐的蓝色与金色》，1894 年（收藏于巴黎奥赛博物馆）

Claude Monet 91

克劳德·莫奈，《麦垛·夏末》，1891 年（收藏于巴黎奥赛博物馆）

克劳德·莫奈，《圣拉扎尔火车站：一列火车进站》，1877 年（收藏于哈佛大学福格艺术馆）

保罗·塞尚，《沐浴者》，1890-1892 年（收藏于圣路易艺术馆，是莫奈拥有的 14 幅塞尚作品之一）

吉维尼莫奈故居的餐厅，忠实地保持了原来的"莫奈黄"

克劳德·莫奈，《睡莲》，1908 年（收藏于卡迪夫威尔士国家博物馆）
这是于 1909 年在杜兰德 - 鲁埃尔画廊举办的大获成功的莫奈画展上展出的一幅"上下倒置"的睡莲画。

Claude Monet 1916

克劳德·莫奈，《睡莲》，1916 年（收藏于东京国立西方艺术馆）
松方幸次郎为这幅画支付了创纪录的 80 万法郎。

亨利·马蒂斯，《音乐课》，1917 年（收藏于费城巴恩斯基金会）

克劳德·莫奈，《自画像》，1917 年（收藏于巴黎奥赛博物馆）

克劳德·莫奈，《吉维尼的日式拱桥》，1918-1924 年（收藏于巴黎玛莫丹·莫奈博物馆）

安藤广重，《龟户天神社内景》，1856-1857 年

克劳德·莫奈，《垂柳》，1918-1919 年（收藏于沃斯堡金贝尔艺术馆）

克劳德·莫奈，《睡莲》，1907 年（收藏于圣艾蒂安市现当代艺术馆）夏米尔和戈里埃拉
1925 前往吉维尼购买了这幅作品。

克劳德·莫奈，《玫瑰花径·吉维尼》，1920-1922 年（收藏于玛莫丹·莫奈博物馆）

莫奈在花园中，彩色照片，拍摄于 1921 年

莫奈在大画室中作画，拍摄于 1920 年

橘园一号展厅里的《日落》，左边是《清晨》，右边是《云影》

橘园二号展厅里的《树影》连作

如今的吉维尼莫奈故居

In loving memory of Claire King

纪念我挚爱的克莱尔·金

目录

微信扫码获取莫奈独家旅行地图
解密莫奈鲜为人知的故事
加入莫奈印象圈
一张图厘清他的人际关系

第 1 章
老虎和刺猬 _ 001

第 2 章
莫奈的家 _ 021

第 3 章
水之色 _ 041

第 4 章
宏大的工程 _ 055

第 5 章
前路未卜 _ 079

第 6 章
巨型装饰画 _ 099

第 7 章
偌大的画室 _ 117

第 8 章
战火之下 _ 137

第 9 章
极度焦虑 _ 155

第 10 章
兰斯的微笑 _ 175

第 11 章
垂柳依依 _ 197

第 12 章
疯狂又伟大的美妙时刻 _ 211

第 13 章
痴迷于绘画的老头 _ 227

第 14 章
品位高雅的买家 _ 245

第 15 章
规模巨大的捐赠 _ 259

第 16 章
最狂热的仰慕者 _ 279

第 17 章
闪闪发光的深渊 _ 299

第 18 章
命运的劫数 _ 311

第 19 章
囚禁灵魂的黑屋 _ 335

第 20 章
把你的拖鞋踢到火星上去 _ 353

后记
光影之王 _ 373

致谢 _ 392

NORMANDY *and the* RIVER SEINE

诺曼底与塞纳河

English Channel 英吉利海峡

Amiens 亚眠

Beauvais 博韦

Dieppe 迪耶普
Pourville 布维尔

Fécamp 费康

Étretat 埃特勒塔

Le Havre 阿弗尔

Honfleur 翁弗勒
Trouville 特卢维尔
Deauville 多佛

Caen 卡昂

Rouen 鲁昂

Jumièges 朱米耶日

River Seine 塞纳河

Gisors 吉索尔

Bernouville 贝尔努维尔

Les Andelys 安德利

Vernonnet 弗农尼特
River Epte

Giverny 吉维尼

Vernon 弗农

Bonnières-sur-Seine 博尼耶尔

Mantes-la-Jolie 芒特拉若利

Vétheuil 维特尼

Pontoise 蓬图瓦兹

Cheverchemont 舍维榭芒

Argenteuil 阿尔让特伊

River Seine 塞纳河

Poissy 普瓦西

Saint-Germain-en-Laye 圣日耳曼

Versailles 凡尔赛

Saint-Denis 圣德尼

Paris 巴黎

英里 0 Miles 10 20
公里 0 Kilometers 20

© 2016 Jeffrey L. Ward

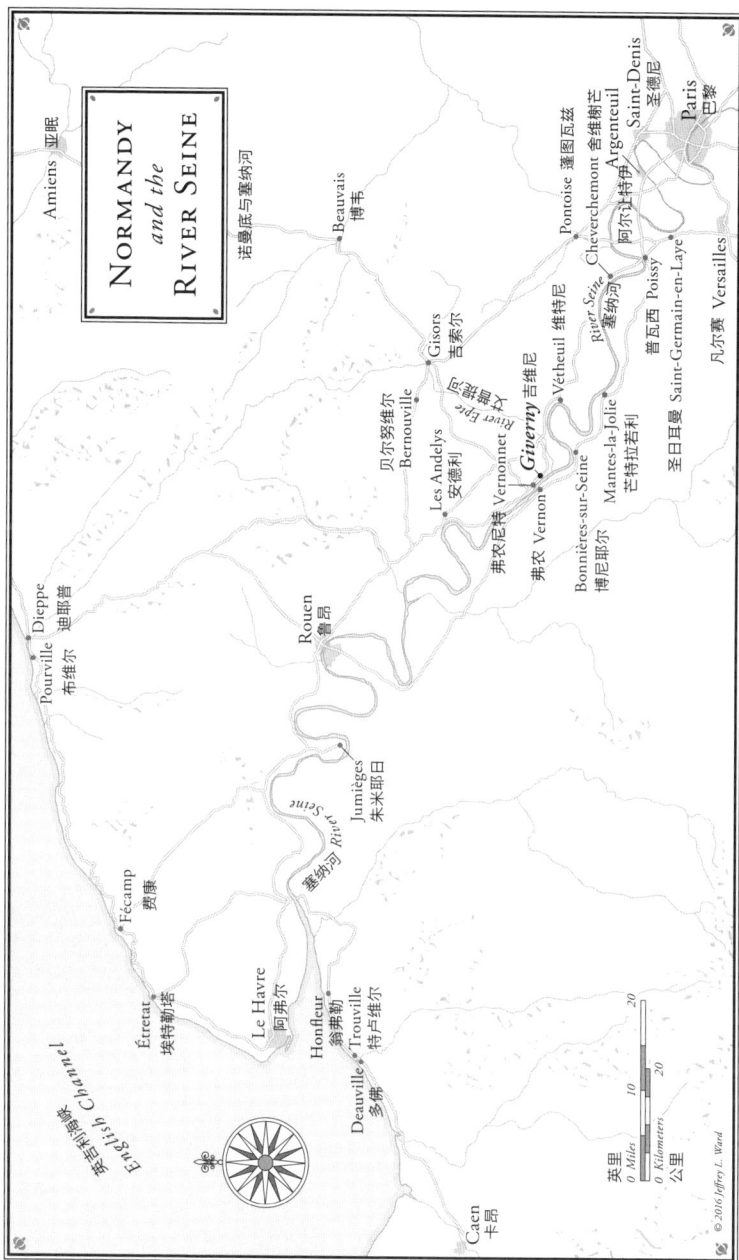

诺曼底及塞纳河地图

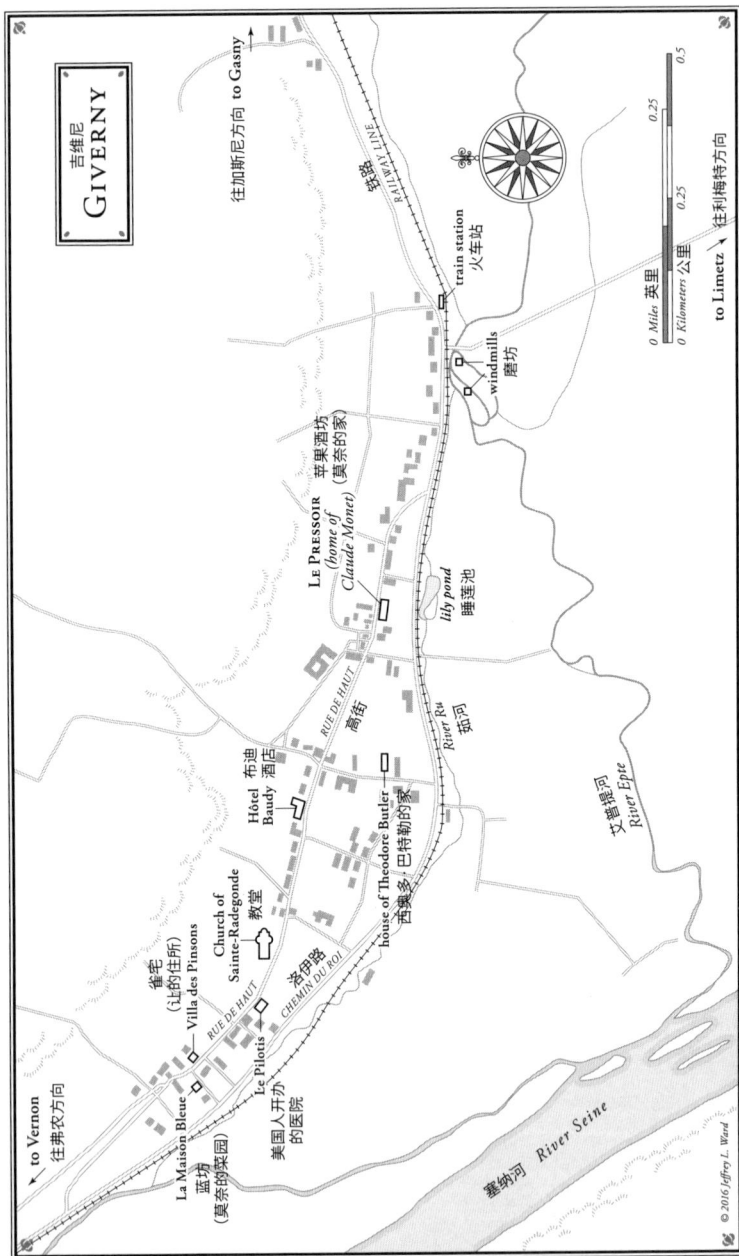

吉维尼地图

GIVERNY
吉维尼

往加斯尼方向 to Gasny

RAILWAY LINE
铁路

train station
火车站

windmills
磨坊

to Limetz
往利梅特方向

0 Miles 英里
0 Kilometers 公里
0.25   0.5
0.25

Le Pressoir
(home of
Claude Monet)
苹果酒坊
(莫奈的家)

lily pond
睡莲池

River Ru
茹河

RUE DE HAUT
高街

Hôtel
Baudy
布迪
酒店

house of Theodore Butler
西奥多·巴特勒的家

River Epte
艾普提河

Church of
Sainte-Radegonde
教堂

CHEMIN DU ROI
洛伊路

雀宅
(让的住所)
Villa des Pinsons

Le Pilotis

美国人开办
的医院

La Maison Bleue
蓝坊
(莫奈的菜园)

RUE DE HAUT

to Vernon
往弗农方向

River Seine
塞纳河

© 2016 Jeffrey L. Ward

PLAN OF THE GARDENS

A The "Clos Normand"
1 The house
2 The second studio and garage (built ca. 1897)
3 The Nymphéas studio (built 1915)
4 The greenhouses
5 The rose alley
6 Head gardener's cottage
B The water garden
a Water duct for the pond
b Water lily pond
c Dock
d Japanese footbridge
C Underground passage connecting the gardens
D Railroad
E Road to Vernon
F Road to Gasny
G River Ru

RUELLE DE L'AMSICOURT

RUE DE HAUT

COMMUNAL LANDS

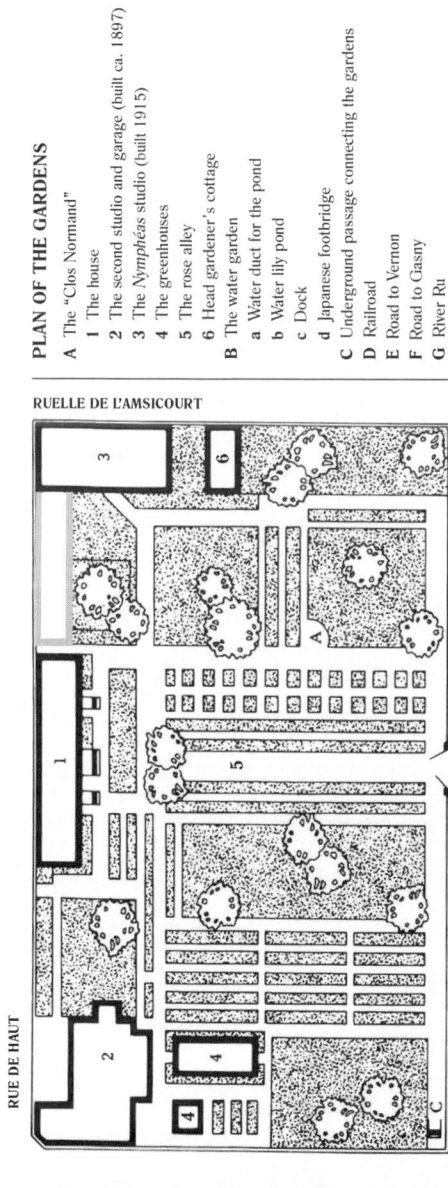

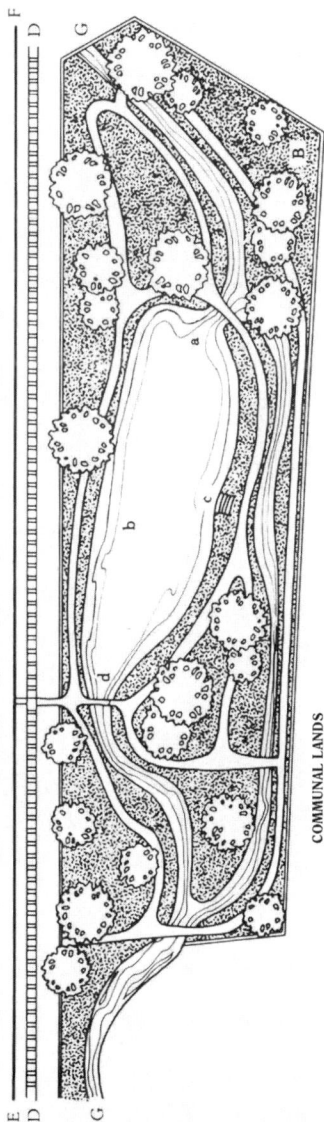

莫奈故居示意图　　A 诺曼底园 1. 住房；2. 第二间画室和车库（建于 1897 年）；3. 为巨型睡莲画专门建造的巨大画室（建于 1915 年）；4. 温室；5. 玫瑰花径；6. 首席园丁的工作室；
B 水景花园 a. 引水渠；b. 睡莲池；c. 船坞；d. 日式拱桥；
C 通往花园的隧道　D 铁路　E 通往弗农的公路　F 通往加斯尼的公路　G 茹河

卡米拉·杜西厄
（CAMILLE DONCIEUX）
1847—1879

克劳德·莫奈
（CLAUDE MONET）
1840—1926

爱丽丝·瑞戈
（ALICE RAINGO）
1844—1911

厄尼斯特·奥什蒂
（ERNEST HOSCHEDÉ）
1838—1891

1870年
结婚

1892年
结婚

1863年
结婚

让
（JEAN）
1867—1914

米歇尔
（MICHEL）
1878—1966

玛特
（MARTHE）
1864—1925

布兰切
（BLANCHE）
1865—1947

苏珊娜
（SUZANNE）
1868—1899

雅各
（JACQUES）
1869—1941

热尔梅娜
（GERMAINE）
1864—1925

让·皮埃尔
（JEAN-PIERRE）
1877—1961

1931年结婚

1900年结婚

1892年结婚

1896年结婚

1902年结婚

1903年结婚

卡米拉·杜西厄
（GABRIELLE BONAVENTURE）
1890—1964

1897年
结婚

西奥多·巴特勒
（THEODORE EARL BUTLER）
1861—1936

英格·恩森
（INGA JÜRGENSEN）
1862—1944

阿尔贝·萨鲁
（ALBERT SALEROU）
1873—1968

热尼薇妮·高斯达德
（GENEVIÈVE COSTADAU）
1874—1957

詹姆斯
（JAMES）
1893—1976

爱丽丝
（ALICE）
1894—1949

西蒙
（SIMONE）
1903—1986

妮西亚
（NITTIA）
1909—1964

克劳德·莫奈家族图谱

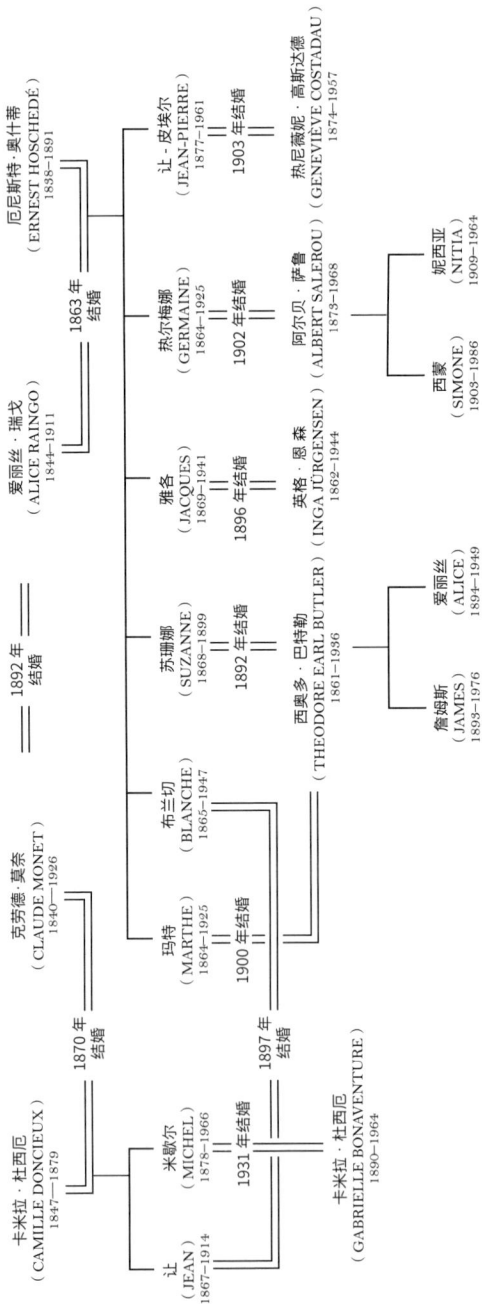

第 1 章

老虎和刺猬

乔治·克列孟梭(Georges Clemenceau)去哪了？ 1914年4月26日，星期日，是法国大选的日子，《吉尔布拉斯报》（ *Gil Blas* ）以惊奇的口吻发布消息称，72 岁的前总理离开了巴黎，"他的离开真是令人惊讶，难道这位精力充沛的雄辩家对政治角逐失去兴趣了？"

《吉尔布拉斯报》一向密切关注克列孟梭的行踪。这位政治家因其强悍的性格和激昂的论辩而得了个"老虎"的绰号。两年前这家报纸就报道过克列孟梭因为洗热水澡而点着了自己的浴室，是消防员救了他的命；还有一次，这家报纸告诉读者，虽然他是法国最著名的反天主教人士，但他曾在一家修女开设的医院里动过手术并恢复了健康。而这一回，《吉尔布拉斯报》又迅速获知他的行踪，说他去了乡下享受春日时光，"据传，他为了休养生息放弃了一切，根本不关心选举结果。他每天都睡到很晚才起床，过着宁静的田园生活"。

克列孟梭退隐的乡村位于巴黎西北 50 英里的诺曼底地区的贝尔努维尔（Bernouville）。6 年前，他还在总理任内的时候，在那里购买了一间古旧的半木质狩猎小屋，他在花园里种了白杨树和金雀花，在池塘里养了鲑鱼和鲟鱼。1909 年夏天，他下野后几个星期，《吉尔布拉斯报》就刊登了一首诗，赞美他"像小伙子一样精力充沛"，在贝尔努维尔的自家花园里辛勤耕耘。毫无疑问，正是这份对于园艺的热爱，令他在大选正酣之际来到贝尔努维尔，这样他可以谈论花朵而非政治；还可以前往吉维尼（Giverny）去看望他的朋友，画家克劳德·莫奈。

吉维尼距离贝尔努维尔 20 英里，不过对克列孟梭的司机来说，这点距离不算什么。克列孟梭喜欢风驰电掣的感觉，他总是要求司机快点、再快点，以至于他的车经常在崎岖颠簸的乡村小路上以超过 100 公里的时速飞驰。他经常卸下车上的计速器，以减轻其他乘客的恐慌。汽车行驶到塞纳河右岸就进入了一个叫作弗农尼特（Vernonnet）的小村庄，然后左转驶向吉维尼。这条路右依草地，左临峭壁。山上有很多采石场，一道道灰白的凿痕就是通向采石场的路。崖壁上葡萄藤蔓四处缠绕，当地人用这些葡萄来酿酒。转到山的另一边，能看到一条小溪，名叫"茹河"（River Ru）。就在不久前，一位来访的记者看见溪畔的浣衣女，大为惊奇。远处的草地上，一株株挺拔的白杨树蜿蜒排列。五月，草地上是星星点点的罂粟花；而到了秋天就将堆满高高的麦垛。

在距离弗农尼特还有几英里的地方，突然出现了一片房屋。司机向左急打方向，驶向一所小教堂。教堂的八角塔低矮墩实，塔尖就像女巫的黑色帽子。吉维尼有 250 位居民。在爬满青苔的果园围墙里，错落分布着大约一百座简朴的木屋，和更多精美的别墅。这样的景致，在从巴黎初到此地的访客眼中，显得格外迷人。他们毫不吝惜地用"令人陶醉""古朴典雅""风景如画"乃至"尘世天堂"这些词汇形容这里。一位前来拜访莫奈的客人后来在日记中写道："这里是梦中之地、人间仙境。"

莫奈在 30 年前移居此地，那时他 42 岁。村庄位于塞纳河谷，沿着乌鸦从巴黎向西北迁徙的路线走上 40 英里就能到达。1869 年，垂柳依依的茹河畔通了铁路，村子东边就有一座火车站，恰好建在了两架风车之间的阴影里。除了礼拜日，每天都会有

GIVERNY, près Vernon
Vue prise sur la Côte

Phot. A. L., Vernoa

莫奈，
和他痴迷的睡莲

四列火车从村中呼啸而过。1883年早春，莫奈坐火车来这里找房子。那时他是丧妻之人，要照管两个儿子，还有一位带着好几个孩子的中年女人和他在一起❶。火车停靠在一个临时站点，他望向窗外，看到在路边候车的是刚举行完婚礼的一对新人和他们的客人。在小提琴师的带领下，他们喜笑颜开地登上了火车，丝毫没有意识到正是他们促使画家对自己的居住环境和艺术生涯做出了抉择。

❶
这个女人就是他后来的妻子爱丽丝，但当时爱丽丝还是有夫之妇。（译注）

不久之后，莫奈一大家子人搬进了村中一所古旧的农舍，这是村里最大的房子之一，被称为"苹果酒坊"。他从瓜达卢佩（Guadaloupe）的一位商人手里租下了它，租期7年。从远处眺望，灰色的护窗板微微泛红。房子北面是一条名叫"高街"

印有莫奈第二间画室的明信片，前景是温室

的小路，南面是一座建有围墙的菜园和一片苹果树林。莫奈很快就把护窗板刷成了绿色，而村民很快就将这种颜色称为"莫奈绿"。与房子相连的一间空谷仓里布满尘土，他又将它改造成了画室。1890年，在他50岁生日后的几天，他从那位商人手里买下这所房子，几年之后又买下了毗连的土地。原有的蔬菜和苹果树被连根拔去，种上了鸢尾花、郁金香和牡丹。在西北角新建了一座两层建筑——一位访客将其描述为"田园风格的小楼"。小楼上层是画室，顶棚很高，采光充足。小楼底层有一座鸟舍，饲养了鹦鹉、乌龟和孔雀；还有一间洗相片用的暗室，和一个车库，用来存放他收藏的汽车。

宽宅大院、明亮的画室、好几辆汽车，这些奢侈享受都来得太晚了。莫奈早年生活拮据，偶尔会遭遇怒气冲冲的房东和店主，还有囊中羞涩的朋友。1869年，他曾经抱怨："在过去的8天里，我没有面包、没有酒、没有做饭的柴火，也没有光亮。"同年，他还曾宣称没有钱买颜料，而警察从展览馆的墙上收走了他的4幅画，用来抵偿他所欠的巨额债务。在接下来的10年间，他的画一度只卖到20法郎，而一幅空白的画布就值4法郎。他有一次走投无路，送给一位面包师几幅画以换取面包。一位布商则认定那些画"不值那个钱"。洗衣女工在他没钱付账的时候扣留了他的床单。1877年，他在给朋友的信里写道："如果明天晚上我还拿不出600法郎，我的家具和所有的一切都会被卖掉，我们会被赶到大街上。"当一个肉店老板带着警察来没收他的财物时，他愤怒地扎破了自己的200幅画。还有传闻说，他曾经一整个冬天只有土豆可吃。

莫奈，
和他痴迷的睡莲

莫奈经常夸大他面临的困境。即便是在早年，他的画也曾被精明的收藏家看中并卖出高价。1868年阿西恩·赫塞（Arsène Houssaye）就花800法郎购买了他的几幅画，这笔钱足够支付一年的房租。而且，很多慷慨的朋友也会向他伸出援手，比如画家弗雷德里克·巴齐耶（Frédéric Bazille）、作家埃米尔·左拉（Émile Zola）、糕点师兼小说家欧仁·穆勒（Eugène Murer），以及医生保罗·嘉舍（Paul Gachet），这位医生后来也帮助了另一位穷困潦倒的画家——文森特·梵·高（Vincent van Gogh）。这些朋友常年都会收到莫奈请求帮助的书信，莫奈在信中详述自己捉襟见肘的经济状况和希望渺茫的悲惨生活。1878年，38岁的莫奈写信给另一位赞助人乔治·德·贝罗（Georges de Bellio）医生，痛陈自己的不幸："我这个年纪还总是为生活所迫向人开口借钱，这真是令人悲哀。"几个月之后，他又向这位医生诉说："我对现状彻底厌恶和绝望了，这种日子我竟然过了这么久……每天都会遭遇新的悲伤和困难，我从未轻松过。"

其实，莫奈在画坛崭露头角之时备受赞誉。1865年，他的两幅诺曼底海滨风景画在巴黎沙龙展上引起轰动。一位评论家称赞它们是"近年来最美的海景画"，另一位评论家则宣称它们是整个展会上最优秀的作品。然而随后几年形势急转直下，他后续作品中的形象模糊不清，笔法看似随意，不符合当时的主流审美习惯，因而屡次遭到沙龙评委会的傲慢拒绝。1874年，他和皮耶-奥古斯特·雷诺阿（Pierre-Auguste Renoir）、埃德加·德加（Edgar Degas）、保罗·塞尚（Paul Cézanne）等几位非主流画家在巴黎举办联合画展，更是招致舆论的口诛笔伐。他们轻蔑地嘲弄"印象画派"，讥讽莫奈的海景画"比原始壁画更加粗陋"。评论家们指责他的画"混乱不堪""虚幻、病态、滑稽"，是"堕落的典型"。1877 年有评论家挖苦道："孩子们用蜡笔在纸上随心所欲地乱涂乱划也比他的画好看。"莫奈保存了一大本这些评论文章的剪报，那真是一本"鼠目寸光、愚昧无知和冷漠无情"的范例手册，他的一位朋友发出了这样的感慨。1880 年的一篇文章恶毒地称他为"一只艺术动物"。一位收藏家购买了莫奈的一幅画，但因为遭到友人们大肆抨击而不敢再挂在墙上。

莫奈搬到吉维尼并没有给他带来特殊的好运。1883 年 4 月，有评论家表示，莫奈的作品确实超出了普通大众的欣赏能力。能得到少数拥趸及一位评论家的认可，莫奈深感欣慰。但大众依然因循守旧，不接受他的画。这位评论家宣称："莫奈是用一种奇特的艺术语言进行创作，只有他自己和其他几位创始人能够理解其中的奥秘。"

除了难以理解的画风，莫奈还将绯闻带到了吉维尼。1879 年他的妻子卡米拉（Camille）才刚去世（也可能在此之前），他便与已婚女人爱丽丝·奥什蒂（Alice Hoschedé）住在一起。她的丈夫厄尼斯特·奥什蒂（Ernest Hoschedé）是一位破产商人，他们已经分居。厄尼斯特因为购买了 16 幅莫奈的画而血本无归，其中就包括那幅著名的《日出·印象》。当时人们无法接受这种全新的画风，大肆批判这幅画，并引用这幅画的名称，以讥讽的态度称呼莫奈及其朋友们为"印象派画家"。厄尼斯特

1874年花800法郎买入这幅画，4年后却只卖了210法郎。莫奈和爱丽丝一起入住苹果酒坊，带着他的两个儿子及爱丽丝的四个女儿、两个儿子。这一大家子人因为服饰与众不同，在村民眼中显得标新立异。一位家庭成员后来回忆："我们的衣服五彩缤纷，色调鲜艳，还戴着帽子……在当地人看来，我们是不值得信任的外来者。"

住在吉维尼的莫奈大家庭，拍摄于1892年。从左下角按顺时针方向依次是：米歇尔·莫奈、爱丽丝·奥什蒂、克劳德·莫奈（站立者）、让·皮埃尔·奥什蒂、玛特·奥什蒂、让·莫奈、雅各·奥什蒂、布兰切·奥什蒂（前排）、热尔梅娜·奥什蒂、苏珊娜·奥什蒂

到了1914年，30年之后，情况终于发生了改变。莫奈不再是遭受抵制的"异类画家"。但此时他已经73岁了。1874年那场引发争议的联合画展已经过去了40年。成功与赞美确实来得太晚。莫奈搬到吉维尼之后，他的经典法国风景画——河畔杨树成排成行、野花烂漫的草地上撑着阳伞的白衣女子、水雾氤氲的塞纳河上空晨曦微露……开始受到评论家和收藏家的一致好评。批判他的绘画技法粗浅无力的说法消失了，取而代之的是，评论家们突然敏锐地发现了他的画中原汁原味的法国风光和具有神秘色彩的美感。他被誉为"富有感染力的大自然诗人"，他的作品被认为是"宇宙神秘之声的回响"。1889年，一位作者注意到，曾经不遗余力地讽刺、嘲笑莫奈的那些评论家都开始"推崇他为巨匠之一"。1909年，一位评论家称他为"我们这个时代最伟大的画家"。小说家雷米·德古尔蒙（Rémy de

Gourmont）则宣告："我们此刻站立之处正是那位伟大的画家曾经生活过的地方。"而莫奈的老朋友保罗·塞尚表达得更为简练："见鬼，他就是最棒的！"

莫奈从"声名狼藉"变成了"声名显赫"。记者们蜂拥前往吉维尼，一家报纸戏称它为"印象派圣地"。来到这里的画家更多，（据一位记者报道）其中许多美国美术学院的学生赶赴此地只是为了"看一眼这位印象派之神"并研习所谓的"吉维尼绘画技巧"——用流行的紫色和绿色来描绘明亮的云朵。莫奈挑选了一部分记者诚恳地接受采访。但他对待那些年轻画家的态度却是轻慢且冷漠的。他丝毫不留情面地拒绝了美国人的好奇打探，导致一家美国报纸说"他的粗暴无礼也很出名"。19 世纪 90 年代初期，有几位美国画家向爱丽丝的女儿求婚，这也并未使他与美国画家的关系有所改善。得知美国年轻画家向苏珊娜·奥什蒂（Suzanne Hoschedé）求婚，他大喊："我的天啊！"他冲爱丽丝嚷道："嫁给一个画家多么烦人！"他甚至威胁要搬离吉维尼以阻止婚礼。当然，最后他让步了，婚礼得以举行。他不爱与人交往的名声并没有抑制住人们对他的好奇心。有个美国女人曾经冒昧地向他索要一支画笔作为纪念。莫奈向一位朋友抱怨："人们的想法真是愚不可及。"

伴随赞美而来的是巨大的财富。没有哪个神志清醒的美国富翁去欧洲购物会忘记买一幅莫奈的画带回美国收藏。第一批购买莫奈画作的美国人中，有一位糖业大亨的遗孀路易丝·哈弗梅耶（Louisine Havemeyer）。在位于纽约东 66 街的豪宅里，她用 25 幅莫奈的油画来装饰那些蒂凡尼风格的房间。一位百货店和房地产巨头的妻子——芝加哥收藏家贝莎·帕尔默（Bertha Palmer），在一年内就购买了 25 幅莫奈的画作。不过她们的收藏跟詹姆斯·沙顿（James F. Sutton）比起来就是小巫见大巫了，他是一位艺术品商人，也是美国艺术协会的创办者，他拥有 50 幅莫奈的作品。

仅 1912 年一年莫奈就通过卖画获得了 369 000 法郎的收入，鉴于当时巴黎工人年均收入为 1000 法郎，那可是一笔巨额财富。因此，根据一位访客满怀羡慕的记述，他的生活"极尽奢华"。1905 年，他收藏的汽车总价值已高达 32 000 法郎。一年后，他又购置了一辆标致汽车和一辆价值 6600 法郎的全新 4 缸门德尔森汽车。莫奈如此热衷于坐车飞驰，以至于吉维尼的村长不得不发布了一项通知，规定汽车在村中行驶的速度不能超过"一匹马正常跑动的速度"。莫奈（应该是他的司机开车）在 1904 年收到了第一份超速罚单。

莫奈家里雇用了一个司机、一个管家和一个厨师，还有六个身强力壮的园丁为他打理花草、树木和池塘。除了数辆汽车，他还拥有四条船。访客们都震惊于他的"贵族式生活"。1892 年他终于与爱丽丝正式成婚。爱丽丝穿的礼服都是昂贵的沃斯品牌。因为他大摆架子，她称呼他为"侯爵大人"。

然而，1914 年克列孟梭前往吉维尼拜访莫奈的那一天，情况并不好。莫奈的一位密友说，莫奈当时"伤心欲绝，沮丧消沉"。

莫奈坐在他的豪
车里

莫奈确实遭受了多重打击，他称之为"没完没了的痛苦与焦虑"，其中最为严重的是 1911 年爱丽丝去世。他写信向朋友诉说："我被彻底击垮了。"他经常说类似的话。25 年前的 1886 年，爱丽丝似乎准备回到自己丈夫身边，莫奈就心烦意乱地抱怨："我心中的画家已经死了……现在无法画画了。"而如今她真的离去了，他也真的无法画画了。她去世后两个月，他在给雕塑家朋友奥古斯特·罗丹（Auguste Rodin）的信中写道："我应该通过画画来忘记悲痛，可是我做不到。"一年后，他写信给继女热尔梅娜（Germaine）说："画家死了，剩下的只是一个心碎的丈夫。"在给另一个继女布兰切（Blanche）的信中，他说自己的画是"可怕的玩笑"。他宣称再也不画了。

爱丽丝去世后一年，1912年夏天，作画变得更加不可能了，他的视力开始出现问题。他在给朋友的信中写道："三天前，我坐下来准备画画，却惊恐地发现我的右眼什么也看不见了。"对于一个拥有超常视力的人来说，这确实是沉重的打击，一位仰慕他的诗人曾说他具有"极其敏感的视网膜"，这被认为是他最神秘的天赋之一。1883年，有研究者声称莫奈看到的景物"与常人不同"，猜测他对色彩和紫外线特别敏感。塞尚的感叹则广为人知："莫奈靠的就是眼睛，可我的天啊，那是多么神奇的眼睛！"他还跟另一位朋友说莫奈拥有"绘画史上最惊人的眼睛"。

然而现在，命运跟莫奈开了一个大玩笑，非同寻常的视力变得浑浊、衰退、模糊。很快医生就诊断出这是白内障。医生和朋友们费尽了口舌告诉他不会致盲，可他依然极度悲观，郁郁寡欢。确诊后不久，一场猛烈的暴风雨袭击了吉维尼。一家报纸郑重其事地报道："画坛巨匠莫奈的房屋遭到损坏。"房屋得到了及时修缮，但是一年之后的1913年夏天，《吉尔布拉斯报》报道说"伟大的莫奈决定从此彻底放下画笔"。

后来又发生了更加不幸的事情。1914年2月，莫奈的儿子让去世，年仅46岁。让·莫奈是他年轻时和他的模特卡米拉·杜西厄（Camille Doncieux）（后来成为他的第一任妻子）生的孩子。那时他一文不名，还在艰难谋生。婴儿期的让出现在莫奈的很多作品中：在摇篮里和一个玩偶睡在一起、一家人共进午餐时坐在桌旁、骑着一匹"三轮小马"，还有在花园草地上躺在母亲身边。1912年夏天，让中风了，可能是梅毒引发的。一年后，病情恶化，他几乎失去行动能力，不得不离开自己经营的鲑鱼养殖场，搬到吉维尼，住进莫奈为他买下的别墅。"眼睁睁地看着他一天天衰弱下去，对我是怎样的一种煎熬！"莫奈在让去世前几天写信向朋友诉说心中的悲伤。经受了长期的病痛折磨之后，让去世了。

1905年，莫奈正处于创作巅峰期，一位访客这样评价他："他不断地征服新的领域，对他来说世上无难事。"然而，10年之后，他的征服之路似乎走到了尽头。1914年4月下旬，克列孟梭前去拜访的时候，莫奈已经坐拥财富与赞誉，却意志消沉，无心作画。

19世纪60年代，克列孟梭与莫奈相识于巴黎，那时他们都还年轻。从某种角度来说，这样两个人似乎不太可能成为朋友。莫奈宣称他一生只有两种兴趣：绘画和园艺。他当然对政治不感兴趣，甚至从来没有投过选票。而克列孟梭则兴趣广泛，多才多艺，尤其热衷于政治。1914年他还是参议员，同时兼任《自由人报》的总编，为这家报纸撰写言辞激烈的长篇社论。他野心勃勃，雷厉风行，看似永不服输。而莫奈则恰恰相反，他信心不足，相当情绪化，容易陷入沮丧和绝望。不过，两人也具有明显的相似之处：骄傲、固执、充满激情，以及与他们的年龄不相符的旺盛精力，正如两人一位共同的朋友所说，"并非只有身体力量才是不可战胜的"。

克列孟梭给莫奈起了各种各样的绰号，比如"老疯子""可怜的老螃蟹""可怕的老刺猬"。他也有自己的绰号"老虎",十分贴切。一家报纸在前一年的 1 月称他为"令全世界在他面前颤抖的人"。他的政敌提及他的时候喜欢使用他自己从来都不用的全名:乔治·克列孟梭·德·拉·克列孟希尔(Georges Clemenceau de la Clemencière)。他生于法国大西洋沿岸的旺代省(Vendée),在祖先留下的宏伟城堡里长大。城堡由护城河环绕,还建有圆形的围墙和四座塔楼。城堡的来历要上溯到一位名叫贾汉·克列孟梭(Jehan Clemenceau)的祖先,他大约在 1500 年被路易十二封为贵族,因为他是吕松(Luçon)主教"钟爱且信任的书商"。后来的几代继承人依然钟爱书籍,却不再那么受教会和政府的钟爱与信任了。乔治的父亲本杰明(Benjamin)是狂热的共和党人和反天主教人士。乔治曾经说过:"我父亲的自然状态便是愤怒。"作为拥有大片土地的贵族和雇佣大批佃农种地的地主,本杰明心中却充满革命的热情,他在自己昏暗的城堡里绘制了罗伯斯庇尔(Robespierre)等法国大革命时期的英雄肖像。他公开反对拿破仑三世,而皇帝怀疑他参与暗杀计划而将其逮捕。当父亲被抓走时,17 岁的乔治发誓:"我会为你报仇!"

克列孟梭一生中有大半的时间都在报复他自己和他父亲的敌人。他曾说:"我为那些想和所有人交朋友的人感到遗憾。人生就是一场战斗。"他也确实树敌无数,经历了无数次战斗,有时候是真的战斗:他一共用剑或枪跟人决斗了 22 次。一位记者曾经这样说,克列孟梭只有三样东西令人恐惧:他的舌头、他的笔和他的剑。他能言善辩,言辞犀利。他曾经提到一位政治家:"巴

乔治·克列孟梭

尔杜（Barthou）是那种能杀死自己母亲的人。"然后又补充道："而白里安（Briand）不会那么做，他会杀死其他人。"他还曾讥讽一位年轻记者："他没有思想，但他会至死捍卫他的思想。"

19世纪60年代初，克列孟梭在巴黎学医，他的学位论文是关于自然发生学说的，这一理论不久之后就得到了验证。但真正适合他的职业，还是从政。他多年来一直是激进党的领导人。激进党人认为自己是现代雅各宾派，要为捍卫1789年建立的法兰西共和国而斗争。和他父亲一样，克列孟梭是教会和极端保守党人的眼中钉。1862年，他因为散发反对皇帝的传单而坐了几个月的牢。1865年皇帝开始镇压异见人士，他被迫流亡美国。在美国的那几年，他在康涅狄格州的一所学校靠教授女生

莫奈，
和他痴迷的睡莲

们法语和马术为生。他娶了新罕布什州一位牙医的女儿玛丽为妻。他们的婚姻并不幸福，这主要归咎于克列孟梭跟为数众多的漂亮女演员关系暧昧。"她嫁给我是个悲剧"，极少表示歉意的他曾经这样反思自己的婚姻。

克列孟梭于1869年回到故乡当了一名乡村医生。1870年普法战争爆发，拿破仑三世下台，克列孟梭满怀激情地踏上从政之路。他父亲的一位故友艾蒂安·阿拉戈（Étienne Arago）刚刚当上巴黎市长，任命他为蒙马特（Montmartre）山区劳工聚居地的镇长。他在山区陡峭的道路两旁张贴海报，自豪地宣布："我们是革命之子！"他还在当地开设了一家诊所，为贫民窟的居民解除病痛；他曾悲伤地评论，"贫民窟里痛苦不断"。6年后，他当选蒙马特区的国民议会议员。担任议员期间，他多次迫使内阁垮台（仅1880年一年就有13次），从而获得"倒阁者"的绰号。他对政治伙伴没有什么敬意，他曾向鲁德亚德·吉卜林（Rudyard Kipling）表示，自己在政坛取得成功并非因为自己多么优秀而是因为"同行们太不优秀"。在学生时代他就热衷于新闻报道。1880年他创办了一家激进的报纸《正义报》，在创刊号上他宣称他的目标是"摧毁旧制度"。然而，1892年，他受到巴拿马运河公司欺诈及贿赂案的牵连，政治地位一落千丈，《正义报》被关停。同年，他的婚姻也解体了。他曾在某个绝望的瞬间写道："我一无所有，一无所有，一无所有。"但在他漫长的人生中，这样的瞬间屈指可数。

丑闻、耻辱、贫穷和离婚终究无法打倒克列孟梭。在他创办的新报纸《震旦报》上，他撰写了一系列文章支持犹太炮兵部队军官阿尔弗雷德·德雷福斯（Alfred Dreyfus），这位军官因为受到不公正的审判而被裁定为德国间谍。这些文章令克列孟梭再度受人瞩目。1902 年，在政坛沉寂了十年之后，他当选参议员。1906 年被任命为内政部长。几个月后，他成为总理，时年 65 岁。他的总理任期一直持续到 1909 年夏天。他推动了一系列社会改革，包括建立工人休假制度和创立劳工部。然而，这位为了捍卫穷人和弱势群体的利益而呐喊的记者，却严酷地对待那些阻挠改革的异见者。他对参与罢工的矿工和葡萄种植业者的严酷镇压使他得到了"罢工终结者"的绰号，甚至还有"凶手克列孟梭"。也正是在这几年，他得到了那个在法国如雷贯耳的绰号"老虎"，意味着他确实让每个人心生恐惧。正如他的一位朋友所言："人们当然惧怕他。"

克列孟梭拥有巨大的人格魅力和深厚的文化素养。英国一位政治家的妻子认为他"比我认识的其他任何人都更加思维敏捷、谈吐幽默、妙语连珠……没有人如他那般风趣。他说的每一个字都令我们着迷。"大多数政客都憎恨他、惧怕他，对他深恶痛绝；而他却与许多画家和作家成为至交好友。他曾经耐心地坐了两个小时，让正遭受舆论唾弃的印象派画家爱德华·马奈（Édouard Manet）为他画了两幅肖像，并表示自己与画家"相谈甚欢"。他自认为自己具有艺术天赋，写过一些小说和短篇故事集。亨利·德·图卢兹-罗特列克（Henri de Toulouse-Lautrec）❶曾为他的一部故事集画了插图。1901 年他创作的戏剧《幸福帆船》

❶——
亨利·德·图卢兹·罗特列克 (1864—1901)，出身法国贵族家庭，后印象派画家、近代海报设计与石版画艺术先驱，人称"蒙马特之魂"。（译注）

在巴黎文艺复兴剧院上演。他还是一位艺术鉴赏家，收集了大量的日本艺术品：剑、小雕塑、香料盒、茶碗，以及葛饰北斋和喜多川歌麿的版画作品。所有这些他都非常喜爱，统统塞进了他位于塞纳河和埃菲尔铁塔之间的小公寓里。这是他与莫奈的另一个共同点，莫奈家里也陈列着 231 幅日本版画。

最重要的是，克列孟梭欣赏、热爱莫奈的作品。莫奈在 1892 年和 1893 年创作的《鲁昂大教堂》系列作品于 1895 年在巴黎展出，这些画深深地迷住了克列孟梭。他在《正义报》上发表了一篇热情洋溢的长文，极力赞颂这些画作。对于他这样一个著名的反教会共和主义者，最具吸引力的是这些油画的讽刺主题：古老教堂的前面，中世纪的诺曼底公爵正在举行加冕仪式。他在报纸的头版写道："这幅画令我流连忘返，我必须谈谈它。"他认为莫奈拥有"完美的眼睛"——通过人类的视觉映像预示了革命的到来，"这是一种全新的观察、感觉和表达方式"。站在莫奈作品前端详的人可能会疑惑不解："现在人眼看东西的方式变了吗？"他在文章末尾呼吁当时的法国总统菲利克斯·福尔（Félix Faure）为国家购买 20 幅这样的油画，用以纪念"人类历史上这个伟大的时刻——不费一枪一弹完成了革命"。❶总统拒绝了这个请求，但拥有一套莫奈的油画作为国家纪念的想法，却越来越成为克列孟梭和他的艺术家朋友们心中的执念。

克列孟梭和莫奈，后来都成了法国家喻户晓的名人；从年少轻狂到老当益壮，两人之间的友谊也不

❶————————
克列孟梭后来用他著名的笔作为武器，对福尔这位不支持德雷福斯的总统进行了报复。1899 年，福尔在办公室猝死，当时他的情妇正在为他口交。克列孟梭辛辣地讽刺道："他想要成为恺撒（Caesar），可最终却死得和庞培（Pompey）一样惨。"这是一语双关。法语 Pompey 的动词形式 pomper 恰好在俚语中有"口交"的意思。

断升温。从同在巴黎的时候起，他们就一直保持通信。莫奈搬到吉维尼之后，克列孟梭会定期前去拜访。爱丽丝去世后，克列孟梭对莫奈的支持就显得更为重要了。他不断地鼓励莫奈，邀请莫奈来到贝尔努维尔，陪同莫奈在花园里徜徉，劝说他休假放松。最重要的是，他鼓励莫奈继续画画。爱丽丝去世后两个月，他在信中对莫奈说："想想卢浮宫里的那幅伦勃朗肖像，他紧紧抓住调色板，决心坚持下去，直到逆境的尽头。"

第 2 章

莫奈的家

"刚一推开吉维尼主马路上的那扇小门，"经常前去拜访莫奈的好友、作家古斯塔夫·吉弗鲁瓦（Gustave Geffroy）如此写道，"你就会以为自己踏进了天堂。"

1914 年 4 月的那天，那扇"有些许虫咬痕迹的门"被布兰切·奥什蒂 - 莫奈（Blanche Hoschedé-Monet）从里面打开了。莫奈亲昵地唤她为"我的女儿"，但她其实是他的继女，后来又因为嫁给了莫奈的亲生儿子让而成为他的儿媳。48 岁的布兰切身材丰满，金发碧眼，性格开朗，和她妈妈一模一样。在莫奈所有子女（包括继子女）中，只有她对艺术感兴趣并有所抱负。自少女时代起，她就是莫奈忠实的助手，帮他把画架和画布搬到田野上。她也会把自己的画架摆在他的画架旁边与他并肩作画，仔细模仿他的印象派风格。尽管人们总拿她和继父比较，她有时也会举办画展或卖出画作。她于 1906 年举办了独立画展，当时有评论家曾就她的画发表评论："模仿大师莫奈是危险的。"

让生病后她回到吉维尼，照料她的丈夫。让去世后，她又开始照料她的继父。克列孟梭称她为"蓝色天使"。据布兰切的弟弟让-皮埃尔——同样深受莫奈喜爱的助手和继子记述，让去世后她"一直守候在莫奈身边，寸步不离"。

莫奈的这个大家庭是由两个家庭重新组合而成的，家人之间关系密切，和谐融洽。这是莫奈人生诸多幸事之一。他的另一个继女玛特（Marthe）和她的美国画家丈夫西奥多·巴特勒（Theodore Butler）住在附近，他们有两个孩子。其中，长子雅各（Jacques）在1911年刚满18岁的时候就在秋季沙龙展上展出了风景画作品。莫奈的继子让-皮埃尔（1914年时36岁）和妻子也住在附近。莫奈的另一个亲生儿子米歇尔（Michel）也是36岁，也住在附近。他是个单身汉，少言寡语，深居简出。米歇尔为吉维尼花香四溢的空气中增添了汽油和机油的味道。他和父亲一样喜欢汽车，买进又卖出了许多汽车、摩托车、汽车零部件，其中甚至包括一辆小型公共汽车。他精通机械，自己造了一辆汽车，开着它穿行在吉维尼的大街小巷。他热衷于风驰电掣的程度超越了他的父亲，甚至令克列孟梭都感到震惊。"老虎"曾经不满地发表议论："真遗憾，米歇尔整天在乡下开车狂奔——总有一天他会送了自己的命。"

让-皮埃尔也喜欢开快车。他在弗农（Vernon）经营车行、汽车和自行车商店，还是1910年环法自行车赛的当地赞助商。他和莫奈一样热爱植物，少年时代他就跟随继父踏遍了吉维尼的沼泽和草地，这使他俨然成了一位业余植物学家。他从19岁起

就一直是诺曼底林奈学会的会员，还在著名期刊上发表过一些关于弗农地区及周边花草的研究论文。他还饲养了顶级的爱尔兰水猎犬——这倒与莫奈恰恰相反，莫奈禁止猫狗进入他的花园，（据让 - 皮埃尔解释）"因为害怕它们搞破坏"。

米歇尔·莫奈驾驶着他自制的汽车，拍摄于吉维尼布迪酒店门前

来访的客人会被引领到一家之主莫奈的身旁。他通常会在花园里，"只穿着衬衣，晒得黝黑，双手沾满泥土，"一位朋友这样描述当时的情景。1895 年克列孟梭在《正义报》上曾撰文称赞莫奈是"弗农农夫"。一位客人说莫奈看起来像是"一位朴素的农民、追踪狼和熊的猎人、古老传统坚定的继承者"。这位法国最伟大的风景画画家凭借直觉描绘乡村美丽的风光，于是人们便理所当然地认为他的外表应该酷似身材健壮、经历风吹日晒、在田野里辛勤劳作的农夫。还有些人则会把他比作水手或船长，或误认为他的形象是那种类型。这样的类比似乎也是合理的。他的海景画是那么出名，以至于雕塑家罗丹第一次领略布列塔尼（Brittany）海滨风光的时候，不由得大呼："噢，太美了！就像莫奈的画一样！"

莫奈虽生于巴黎，却长于海边。他在诺曼底沿海地区繁忙的港

口城市阿弗尔（Havre）长大。阿弗尔距巴黎 125 英里，位于塞纳河入海口。他父亲为帆船批发商工作。他家住在劳工聚居的英格维尔郊区（Ingouville），这里以妓院、夜总会及其他各种声色场所而闻名。莫奈后来向朋友表示：大海、海上的云和海里的浪，构成了他整个人生的背景。他最早为人所知的几幅画就是带有帆船的海景速写。他与大海的联结如此紧密，他终其一生都在描绘大海，他甚至说死后要葬于海上的浮筒之内。

莫奈于 1859 年春天离开阿弗尔来到巴黎学习绘画。他很快便为这个国际大都市丰富多彩的艺术、政治和文化而陶醉。他迅速摆脱了年少轻狂的放浪形骸，与卡米拉结婚之后搬到了巴黎郊区，后来又搬到吉维尼。不过，依然可以在马路上或饭馆里看见他和一些衣着品味古怪的朋友在一起，比如宽袍大袖、戴着披肩的评论家泰奥菲尔·戈蒂耶（Théophile Gautier），还有戴着麂皮手套、"故意穿着花哨长裤"的爱德华·马奈。莫奈的装束掩盖了他粗壮、沧桑的外形，斜纹花呢外套出自巴黎一位优秀的英国裁缝之手，合脚的红色皮靴来自一家为法国骑兵提供军靴的商店。他皱巴巴的衬衣色调淡雅，以华丽的薄纱饰边，一位客人曾认为这样具有"时尚感"。让 - 皮埃尔对这种与众不同的服饰给出了更为中肯的评价——"乡村时尚"。

克列孟梭曾这样描绘莫奈的形象："体态优雅，身材健壮，眼睛炯炯有神，声音浑厚沉稳。"实际上，莫奈身材矮胖，浓密的胡须上总是沾有黄色的食物碎屑，嘴里"永远叼着一根雪茄"。他的鹰钩鼻子让一位初次见面的客人联想起阿拉伯酋长。他的年龄和粗壮的身材似乎与他充沛的精力并不相称。每个人都提到他的眼神敏锐、犀利，但对他眼睛的颜色却看法不一。克列孟梭称它们"如钢铁般灰黑"，爱德蒙·德·龚古尔（Edmond de Goncourt）则认为那是"令人恐惧的幽黑"；还有人说是蓝色、铁灰或栗色。这种不确定性或许正巧契合了这样的观点：我们对颜色的感知深受光线的影响，因此不同时刻看到的颜色各不相同。

"先吃午餐吧！"莫奈通常先跟客人这样说。这样的话语当然是表示欢迎。食物是吉维尼的一大诱惑。"你能在莫奈家里品尝到最美味的法国菜，"一位艺术品商人满怀热情地评价。他总是想方设法地让自己受到莫奈的邀请前往吉维尼。多年来，莫奈家的大餐一直是由厨师玛格丽特掌勺。她的丈夫保罗是大管家，负责将热气腾腾的佳肴从厨房送到餐厅；而司机西拉维则去酒窖取来一瓶瓶美酒。

克列孟梭那天应该也是被领进了他非常熟悉的餐厅，这里到处都刷成了黄色，墙壁、餐具柜、椅子、顶梁、护墙板，全是"莫奈黄"。壁炉的铜质排风罩耀眼得让人几乎睁不开眼睛。莫奈收藏的日本版画有 50 多幅都挂在这里，其余的分散在其他房间，或者挂在通往画室的楼梯两旁。莫奈还收藏了几幅马奈的石版画，不过客人只有去盥洗室才能看到这些小尺寸的杰作。

❶————————
与莫奈同时代的法国印象派画家，也是莫奈的朋友。（译注）

莫奈家的午餐令食客愉悦，烹饪过程却费时费力。雷诺阿（Renoir）❶就经常会抢过厨师从市场买回的鱼、水果或蔬菜——不是为了吃而是为了画，他的午餐只能等他画完才开始做。而莫奈的好胃口使他不会耽搁厨师的时间，但也不会让厨师轻松干活。让 - 皮埃尔坚称莫奈并非饮食毫无节制的"大馋猫"，而是拥有精致品位和敏锐鉴赏力的"美食家"。事实上，莫奈是二者的结合体：他通过享用各种各样的美酒佳肴来满足自己精致的品位和敏锐的鉴赏力。一位惊愕的客人说："他的食量一个顶四个。我保证，这并非夸张的说辞。他确实能吃下四份肉、四份蔬菜，喝四杯酒。"他喜欢阿尔萨斯（Alsace）的鹅肝酱、佩里戈尔（Périgord）的松露，还有黎明时分自己从吉维尼郊外的栗树林里采来的蘑菇。他的餐桌上摆满了食物，包括牛排、熏香肠炖牛尾、牛肝肉冻、虾酱鸡肉，还有一种鱼羹是按照塞尚热情提供的食谱做的。他吃的禽类野味必须死了至少一个星期——越臭越好。有一次，克列孟梭送给他一只丘鹬，他顺手塞进外套的口袋里，随后就忘记了。几天之后，他发现了这只散发着腐臭的死鸟，"毫不厌弃地送进厨房，厨师做好之后，他吃得非常香"。

吃到一半的时候，莫奈会啜一口苹果酒，用以清口开胃，好继续享用更多的美味。每餐必须有酒，不是当地的廉价酒，而是他自家酒窖里的陈年佳酿。餐后酒是他家里自酿的李子酒。喝咖啡的地方是以前的谷仓画室，现在改成了一间朴实无华的会客室，摆放着田园风格的椅子、一尊罗丹雕刻的大理石塑像，还有一面古旧的穿衣镜，镜框里塞着朋友们皱巴巴的泛黄照片。墙上挂满了他自己还未装裱的画作。喝完咖啡，莫奈会让酒足饭饱的朋友们透过凸窗眺望花园。

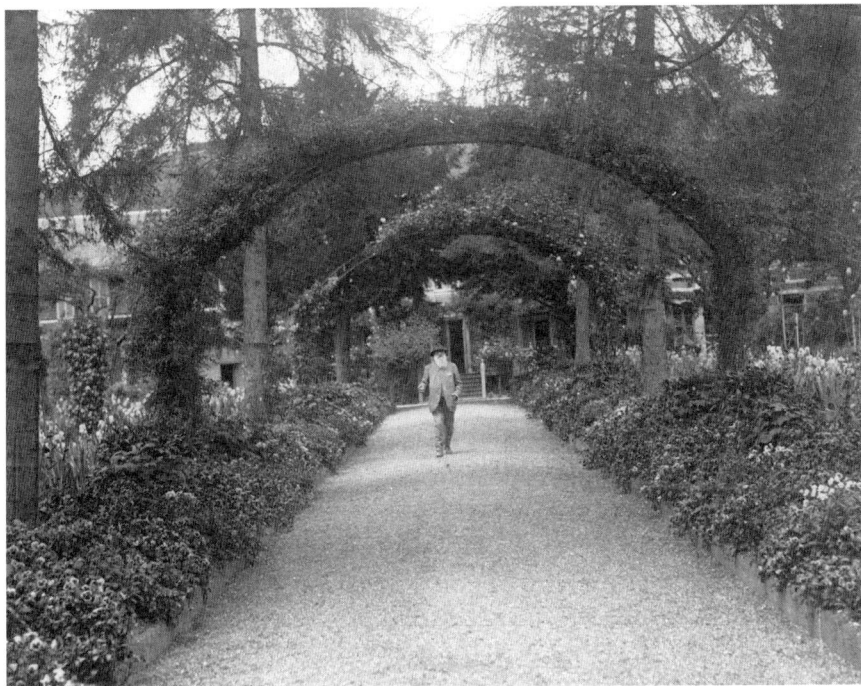

莫奈走在自家花园的玫瑰花径中

莫奈的花园确实是绝大多数客人心驰神往的地方。这座花园吸引了许多报刊争相报道，被拍摄过许多照片，被允许参观的访客都千恩万谢（也有不少人被拒绝）。透过房间窗户看到的景致令人惊叹——由之前的果园和菜地改建的花圃，遍布着一座座五彩斑斓的花坛，正中央是一条非常美丽的小径，两旁是成行的紫杉树，间或有在螺旋形花架上盘旋生长的蔷薇点缀其中；但这还不是最吸引人的。最吸引人的是去往花园西南角的地下通道。隧道修建在一条名叫"洛伊"的马路下面，马路上行驶的汽车经常会停下来，因为车上的人想要通过石墙上的窗洞见识莫奈的花园。为提高声誉，莫奈做出了一丝妥协，留出这个窗洞，让疲惫的路人有机会一睹他的私家花园。这条隧道还从铁路下面穿过，就是 1883 年莫奈乘坐火车来找房子所走的那条铁路。那天莫奈第一个看出苹果酒坊隐隐显现华丽的红色。穿过隧道，就到了记者笔下的"睡莲王国"。

莫奈于 1893 年开始着手修建这个迷人的睡莲王国。那时他买下了马路和铁路另一边、茹河畔的一块沼泽地，当即就向政府申请从茹河引水注入睡莲池。但此举遭到了当地居民的抗议，因为河水要供牲畜饮用、洗衣，还为吉维尼东郊的两座磨坊提供动力，人们认为莫奈引种的外来植物不仅没有任何商业价值，还可能侵占岸堤并污染水质。莫奈对他们的担忧毫不理睬，他强硬地回应："让吉维尼当地人见鬼去吧！"

莫奈与当地人的关系一直不太好。当地人称他为"外来户"。作为艺术家，他本身就是遭受质疑的对象。当地人并不怎么仰慕他，也大都不欣赏他的艺术追求。莫奈穿越农民的牧场或在他们的地里作画，需要向他们支付费用。几年前，莫奈的一幅麦垛画才完成了一半，麦垛的主人告诉他这堆 20 英尺高的麦子马上要开始打谷，除非他支付延期费。❶这些自称"耕种者"的当地人，自然无法理解莫奈为什么要种那些既不能吃也不能卖的植物。莫奈本人也不会参与让 - 皮埃尔口中的"邻里之间的日常寒暄"，因为他觉得那样做毫无意义也毫无情趣。

莫奈认识一些当地的记者和官员，修建池塘的申请

❶
这种顶上覆盖茅草的巨大圆锥体通常被称为麦垛（stacks of wheat）而非草垛（haystacks），用来在冬季储存秋天收割的麦子。麦穗全部朝里放，以起到保护作用。顶上再盖上茅草，就像吉维尼的很多农舍一样。而英语中对法语"麦垛"的译法有很多种，比如 grainstacks, wheatstacks, stacks of wheat，但草垛（haystacks）是肯定不对的。我将按照最近的习惯，称之为"麦垛"（wheatstacks）。

很快就被批准了。吉维尼村长阿尔贝·格里农（Albert Collignon）也是"外来户"，而且是他的好友。格里农是一位著名的学者，他创办了《文学生活》杂志，发表了一些关于司汤达（Stendhal）❶ 和狄德罗（Diderot）❷ 的重要研究成果。他理解莫奈对睡莲池塘的渴望。1893 年年底，莫奈获准修建水闸和格栅，在一片狭窄的滩涂上蓄水，造出了一个小池塘。很可能是受到日本版画的启发，他在池塘上修建了一座日式拱桥。

莫奈的第一批睡莲于 1894 年种植，是由植物学家约瑟夫·博里·拉图尔 - 马利列克（Joseph Bory Latour-Marliac）在波尔多（Bordeaux）附近的温室里培育出来的新品种。这位技术精湛又富有创新精神的植物学家将白色耐寒睡莲与颜色更加鲜艳的墨西哥品种杂交，首次培育出了能够在欧洲生长的彩色睡莲。在 1889 年的巴黎万国博览会上，马利列克展出了这些新奇的品种：在塞纳河畔、埃菲尔铁塔对岸的夏乐宫花园里，这些黄色、蓝色、粉色的睡莲第一次绽放于世人眼前。这些娇艳的花朵令莫奈一见倾心。他写道，他要修建一座"赏心悦目"的花园；而且，自从在夏乐宫一睹芳华，他就为自己定下了新的"绘画主题"。

莫奈向马利列克购买的第一批植物包括六朵睡莲——两朵粉色的、四朵黄色的，和其他一些水生植物，比如荸荠和棉花草。还有埃及荷花，尽管马利列克保证它们可以在诺曼底生长，却很快枯死了。睡莲的长势却很好，后来莫奈又购买了红色的品种。

1895 年冬天，莫奈在池塘边支起画架，第一次开始画睡莲。一年多之后，记者莫里斯·吉尔莫特（Maurice Guillemot）前来拜访；清澈如镜的水面上，睡莲在倒影之间"漂荡摇曳"，这让他兴奋不已。莫奈向他透露，自己计划用绿色的莲叶和紫色的倒影来装饰一间圆形的房间。

这个计划没有实现，莫奈的睡莲画被束之高阁。几年之后，莫奈购买了一片毗邻的土地，他开始扩建池塘。挖了数吨的土方，建了更多的水闸，引入了更多的茹河水。新池塘的面积足有原来的三倍大。还建了几座新桥，日式旧桥旁则搭起了紫藤棚架。池塘边以前只有婆娑的垂柳，现在增加了竹子、杜鹃花、樱桃树和日本苹果树。

这样的花园，日常维护费用当然高得惊人。温室是必不可少的，其中有一个专为睡莲而建，配备了特有的加温系统。园丁团队一年四季都必须辛勤工作。1907 年，洛伊路上车来车往，飞扬的尘土总是弄脏莲叶，结果莫奈出钱为这条路铺上了碎石。在此之前他就要求园丁每天擦拭一遍莲叶。他每年大约需要花费 4 万法郎用于维护花园。如此不计成本，是因为这笔巨款对他来说不算什么。他每年仅利息收入就将近 4 万法郎。

早些年，莫奈随身携带调色板和画笔遍访法国的山山水水。1886 年，他走过了布列塔尼 10 英里长的海岸线，描绘沿途迎风的峭壁。1888 年，他和雷诺阿一起游历法国南部的昂蒂布（Antibes），在那里创作了美丽的海岸系列作品。1889 年，他

1905 年，莫奈
站在新扩建的睡
莲池畔，就是在
此时他开始创作
水景画

去了巴黎以南 220 英里的弗雷瑟利内（Fresselines），在克勒兹（River Creuse）河畔险峻的峡谷旁写生。

1890 年买下苹果酒坊之后，莫奈也会偶尔外出写生：探访继子居住的挪威，游览诺曼底海岸，在 1899 年到 1901 年之间去了伦敦三次。1908 年他还和爱丽丝共赴威尼斯，两人没有错过这个旅游胜地的任何一处细节，在比萨圣马可广场的鸽群中间拍摄了无数张照片。但是，1890 年之后，莫奈的大部分作品都是在他家方圆两英里的范围之内完成的。1890 年之后的十年间，他开始致力于描绘当地的景物，比如吉维尼郊外草地上的麦垛、艾普提（River Epte）河畔的杨树，以及塞纳河下游城市弗农和上游港口维勒兹（Port-Villez）的风光。1896 年他描绘了矗立于弗农塞纳河畔古老的圣母大教堂。同年夏天，他每天凌晨 3 点半就起床，划着小船漂浮在塞纳河上，就为了感受黎明时分的薄雾。

这些的确是当地的景物。一位研究莫奈的学者保罗·海斯·塔克（Paul Hayes Tucker）指出，这些景物再现了法国风情的精髓，因而具有强烈的民族气息。比如莫奈描绘的麦垛这类巨大而持久的景物，塔克认为它们象征着"富饶安宁、生生不息的法国乡村"。再比如白杨树，它属于经济林木，既可以作为柴火，又能用于工业建设。确实如此，莫奈在艾普提河沿岸创作白杨树系列作品时，还没画完就到了砍树的时候，于是他不得不买下整片树林（不过他也并没有感情用事，画完之后把树林转卖给了木材商）。鲁昂的哥特式教堂就更是法国的典型象征，也

❶ ————————
法兰西岛（Ile-de-France）是
法国的一个行政区域，面积
约 12012 平方公里，人口约
一千一百万。位于巴黎盆地中部，
以巴黎为中心，因此俗称为大巴
黎地区。（译注）

代表了一种建筑风格。哥特式建筑发源于法兰西岛（Île-de-France）❶，在中世纪时期风靡整个西欧。1899 年 12 月，一位评论家写道，莫奈的这些画"表达了法兰西民族之魂的一切要素"。

尽管这些画为他赢得了财富，但到了 19 世纪末期，莫奈却突然放弃了吉维尼附近这类具有爱国主义色彩的典型法国乡村风光题材。他着了魔似的舍弃其他一切题材，开始只画一样东西——他的睡莲。正如他的朋友吉弗鲁瓦所述："这位伟大的风景画家曾经用浓烈的色彩表现海洋、峭壁、岩石、古树、河流与城市的伟大之处，如今他陶醉于一种清新秀雅的平凡之美——在那个花园的奇妙角落里，小小的池塘上绽放着迷人的花朵。"塔克认为转折点出现在 1898 年。当年，在德雷福斯案件的背景之下，政治丑闻曝光，而该案件的错误判决却并未得以纠正，揭示了法国权力核心中存在可怕的反犹太主义。莫奈的朋友克列孟梭和左拉在支持德雷福斯的运动中扮演了英勇的领导角色。克列孟梭在他的《震旦报》上刊载了左拉的名篇《我控诉》，这是论述权力真相的扛鼎之作。莫奈写信向左拉表示祝贺："一遍又一遍地为你喝彩。"然而左拉随后就被判诽谤罪而不得不渡过海峡逃往英国。自此，莫奈的笔下再也画不出爱国主义的法国乡村风光了，再也表达不出法兰西民族之魂了。莫奈这样一位德雷福斯的支持者，怎么可能在左拉所说的"最可憎、最深切的耻辱正危及我们民族的荣耀"之时，还有心情描摹法国的风物、欣赏法国的美景呢？左拉被判有罪之后，莫奈在长达 18 个月的时间里什么也没有画。

伏尔泰在小说《老实人》的结尾写道："让我们建造自己的花园吧。"莫奈确实这样做了：他建了自己的花园，花园里有日式拱桥、玫瑰花径、垂柳和睡莲。这一切在之后的四分之一个世纪里为他的大约 300 幅画提供了素材。精明的评论家很快就意识到，这一片面积相对狭小的地方非但没有让莫奈的艺术视野受到限制，反而是大大扩展了。吉弗鲁瓦认为："通过欣赏这些平凡之美，他看到了人眼能够观察到的一切，发现了无穷无尽的形状和阴影，揭示了简单之中蕴含的复杂。"如果说威廉·布莱克（William Blake）❶从一粒沙看到了世界，莫奈则是透过睡莲池清澈如镜的水面，领悟了大自然令人眼花缭乱的多样性和丰富性。

莫奈的睡莲画迅速在口碑和商业上取得了双重成功，甚至超越了他的《麦垛》系列、《白杨》系列和《教堂》系列作品。1909 年，他在巴黎个人画展上展出了其中的 48 幅，画展名称就叫作"睡莲：克劳德·莫奈水景画系列"。买家们纷纷出高价抢购这些画作，此次画展成为莫奈职业生涯中最轰动、最成功的画展。《美术公报》上的一篇评论断言："自人类诞生以来，自画家出现以来，这是迄今为止最为优秀的画作。"另一篇评论则将莫奈誉为"我们这个时代最伟大的画家"。人们把他的画与米开朗琪罗的西斯廷教堂壁画和贝多芬最后的四重奏相提并论。

❶
威廉·布莱克（1757—1827），英国浪漫主义诗人、版画家。他的一首诗名为 *A Grain of Sand*，第一句便是"从一粒沙看到世界（To see a world in a grain of sand）"。（译注）

"法国最伟大的画家"这一称号，对于莫奈来说是实至名归，同时他也堪称法国最著名的园丁。然而，

❶ ————————
厄尼斯特·梅索尼埃（1815—
1891），法国古典主义画家、雕
塑家。（译注）

在收获这一切成功之后，莫奈遭受了一连串的打
击：爱丽丝和让离世，他的眼睛出现问题，使他不
得不放下画笔。此时他或许也对自己的艺术生涯产
生了迷茫。1905 年，颇具影响力的评论家路易·瓦塞勒（Louis
Vauxcelles）称，莫奈让他想起厄尼斯特·梅索尼埃（Ernest
Meissonier）——莫奈青年时代的法国画坛巨匠。❶他指的是
外表：莫奈也有长长的白胡子和健壮的体格。不过，因为莫奈
的巨额财富和巨大成就，以及他家引人注目的宅院和他本人喜
怒无常的性情，多少也会让人们联想起梅索尼埃的傲慢和奢
侈。梅索尼埃也通过卖画获得了巨额财富，他也为打造豪宅花
费了巨资，他也将自家的院落画进自己的画里，他也是他那个
时代最受赞颂的画家。1891 年他去世之后，他的名字就几乎被
彻底遗忘了。梅索尼埃曾预见自己将难以荫庇子孙，他忧心忡
忡地说："许多以前声名显赫的人物现在都成了一无是处的垃圾，
就像膨胀的气球终究会爆炸。"如果莫奈也和梅索尼埃一样担
心自己的气球会爆炸，那绝非杞人忧天。他生前取得的非凡成就，
在死后将换来漠视与鄙弃。

预兆已然显现。莫奈及其他印象派画家的作品仍在遭受质疑。
1912 年瓦塞勒断言："印象派已经成为历史，这是人们的共
识。年轻画家虽然对印象派心怀敬意，但必须寻求新的突破。"
确实如此。印象派画家于 1886 年在巴黎举办的最后一次联合画
展已经过去将近 30 年了。当年那些参与者有的已经去世，有的
正在淡出画坛。爱德华·马奈在 1883 年就去世了，就在莫奈搬
去吉维尼的那个星期。贝尔特·莫里索（Berthe Morisot）、阿

尔弗雷德·西斯莱（Alfred Sisley）、卡米耶·毕沙罗（Camille Pissarro）、保罗·塞尚（Paul Cézanne）分别于 1885 年、1899 年、1903 年和 1906 年离世。还活着的几位也大都因为年老体弱而很难再拿起画笔。73 岁的雷诺阿罹患关节炎，只能依靠轮椅行动。他退出画坛搬到了法国南部。前去拜访的客人都被他的样子"吓到了"："他的画笔被绑在他变形的手指上。"快 80 岁的埃德加·德加情况更糟：满腔痛苦，离群索居。他告诉仅有的几位还能接近他的朋友："我现在思考的全是死亡。"玛丽·卡萨特（Mary Cassatt）形容他"就是个废人"。而她自己的境况也没比他强多少，她几乎完全失明了，跟他一样再也无法作画了。莫奈似乎也将遭遇与他们相同的命运。

莫奈面临被时代淘汰的危险。早在 1898 年，一位匿名评论家就宣称"莫奈先生"的艺术没有未来。他写道："这位印象派大师……再也无法征服年轻一代了。"这是毋庸置疑的事实。印象派的对手不再像以前那样还是保守派和评论家，而是变成了正在崛起的巴黎前卫艺术家们——新兴的野兽派和立体派。年轻画家们将塞尚而非莫奈视为他们的导师。他们认为塞尚的作品构思严谨，体现了"缜密的计算和认真的努力"，而莫奈的画作杂乱无章，只是"草率的想象"。1908 年，立体派画家乔治·布拉克（Georges Braque）在巴黎举办第一次个人画展，巴勃罗·毕加索（Pablo Picasso）的朋友，吉拉姆·阿波里奈尔（Guillaume Apollinaire）在展览前言里写道：印象派一无是处，体现了"无知与疯狂"。在展览介绍里，他更是宣称："这里展出的艺术更加高贵、更加精确、更加整洁、更加文明。"他所指的当然是布拉克和毕加索的立体主义。另一位评论家、阿波里奈尔和毕加索的朋友安德烈·萨尔门（André Salmon）断言："现代风景画家一旦放眼自然，甚至在拿起画笔之前就会谴责印象主义。"

最令人不安的恐怕是查尔斯·莫里斯（Charles Morice）的评论。他是一位备受赞誉的作家、艺术评论家，也是保罗·高更（Paul Gauguin）的朋友。1908年他宣称莫奈的作品之所以受到热捧是因为"大众固执又愚蠢"，而它们现在已经成为"通向未来的障碍"。就在几十年前，当时一位前卫的评论家也曾对梅索尼埃发表过类似的评价。1914年的那一天，克列孟梭前去拜访莫奈并非只是为了逃离巴黎关于选举的种种喧嚣，到莫奈家享受美食和观赏花园。如同往常一样，他还带去了安慰和鼓励。

莫奈"令人愉快的朋友"——萨沙·吉特里

莫奈不仅拥有幸福的家庭，也有幸结交了一群好朋友。近三年来，老朋友们都围绕在他的身旁。吉弗鲁瓦敦促他说："你还有很多重大而美好的事情要做呢！"他和克列孟梭，还有小说家奥克塔夫·米尔博（Octave Mirbeau），是莫奈最亲密的朋友及最重要的支持者。还有一位意趣相投的朋友是大受欢迎的年

莫奈，
和他痴迷的睡莲

轻明星——萨沙·吉特里（Sacha Guitry）。这位美男子被《吉尔布拉斯报》评价为"作家、演员、演讲家、漫画家、见多识广的男人、女性的理想丈夫、令人愉快的朋友"。28岁的吉特里和妻子夏洛蒂·利舍（Charlotte Lysès）邀请莫奈前往他们的乡村别墅做客。别墅位于鲁昂附近风景如画的村庄朱米耶日（Jumièges），就矗立在一座废弃修道院的背阴面。考虑到莫奈可能不太想画画，他们就在1913年夏天请求莫奈帮助他们重新设计花园，希望以此为契机促使莫奈摆脱消沉的状态。莫奈很喜欢跟他们在一起，亲切地称他们为"吉特里一家"。他们是热情的主人，开着豪车去火车站迎接客人，为客人提供吃也吃不完的龙虾、喝也喝不完的香槟。莫奈在那里做客时写信告诉布兰切："在这里每时每刻都非常愉快。"那年夏天同在此处做客的另一位客人证实，当时莫奈精神饱满，用餐时津津有味，将一瓶香贝丹葡萄酒一饮而尽，狼吞虎咽地吃掉了一整只山鹬。

莫奈欣然接受了这项重建花园的任务。经常看花边新闻的读者能够随时了解工程的进展，因为擅长自我炒作的萨沙永远是其中的主角。《吉尔布拉斯报》报道称："路易十四有勒诺特为其效劳，而萨沙有莫奈。萨沙完全不必羡慕路易十四。"1914年萨沙患上严重的肺炎卧床不起（各类小报会随时报道其病情）。而莫奈直到4月还会偶尔前往朱米耶日，送去他自家花园的图纸和植物。萨沙的妻子给他写了很多热情洋溢的信，让他"保持愉快"，并称呼他为"我亲爱的伟大的园丁"。

但园艺与作画毕竟是两码事。莫奈所有的朋友都希望他能重拾画笔。1913 年夏天，在朱米耶日做客期间，吉特里和米尔博的一番"肺腑之言"促使莫奈重新支起画架。几个月之后，巴黎的一家周报就刊登了一张引人注目的照片，使此事得以证实。照片里，莫奈穿着他的英式旧粗花呢外套，坐在画架前涂抹颜料，描绘他家的蔷薇花架。莫奈对记者说："我前三年停止作画是因为遭受了可怕的痛苦打击。我两三个月前才重新开始创作。"但他的重新创作也只是偶尔为之，而且随意、散漫，失去了以往的激情。他遇到的问题是，他认为自己的创作能力已经发挥到了极致。他在给一位画商的信中写道："我总是愿意相信我还可以更进一步，再做一些值得做的事情。但是现在，我已经不再抱希望了。"

克列孟梭那天去吉维尼就是要唤起莫奈的希望。应该是在午餐后的某个时间，克列孟梭和莫奈一起在花园里散步，并走进地下酒窖。在这个湿冷幽暗的地方，他看见了莫奈将近 20 年前画的睡莲画，这些画从未公开展出，莫里斯·吉尔莫特曾经在1897 年见过它们。克列孟梭为之一振，他告诉莫奈它们令他惊叹。不过他后来承认，虽然第一批睡莲画也很不错，但是"并不那么吸引人，而且过于素净了"。但他确实希望莫奈重燃梦想，实现当初向吉尔莫特说过的话，"用一系列大幅睡莲画装饰整个房间"。他说："莫奈，你应该把你的这些睡莲画卖给一位犹太巨富，用来装饰他的餐厅。"

莫奈的积极反应一定令克列孟梭惊喜不已。事实上，克列孟梭也没想到莫奈并不打算卖掉这些将近 20 年前的旧作，而是决定潜心创作一整套全新的、更具挑战性的睡莲画。几天之后，莫奈写信给吉弗鲁瓦告知克列孟梭的来访，并宣布他自己"状态极佳，一心想着画画。虽然恶劣的天气让他不能立即开始，但他准备创作出伟大的作品"。

这封信一定让吉弗鲁瓦长长地舒了一口气。作为莫奈最重要的支持者之一，这些话让他相信，无论如何，莫奈的艺术创造力还没有消失殆尽。但无论是他还是克列孟梭，谁做梦都没有想到，他们的鼓励和督促令莫奈释放出了多么巨大的艺术能量。"你发射了一枚永远不会落地的炮弹，"克列孟梭后来写道。他还就莫奈的新作品如此评价他："一个为了实现不可能的目标而疯狂努力"的人。

第 3 章

水之色

莫奈一生中大部分时间都在为实现不可能的目标而疯狂地努力。
他的目标是通过描绘自己精心选择的景物，比如教堂、峭壁、麦垛，
反映变幻无常的天气和转瞬即逝的光线。他坦承这是难以实现的。
正如他向一位英国访客所说的，他想要"把这些最短暂的瞬间
在他脑海中留下的印象表现出来"。

1889 年，一位评论家嘲笑莫奈的画作不过是"地形图和日历画"。
这是因为他没有理解莫奈的作品。景物的色彩和外观会随着季
节、天气和一天中不同的时间而变化。莫奈希望表现这些短暂
易逝、独一无二、不断变幻的视觉效果。他不仅仅关注景物本身，
还极其认真地观察他称之为"氛围"的东西——景物周围每时
每刻都在变化的光影和色彩。他画鲁昂大教堂的时候曾写信告
诉爱丽丝："一切都在变化，甚至石头。"在不断变化的光线
和天气之下捕捉景物某个瞬间的外观，绝非易事。1895 年，他
曾真诚地表示："我在追寻梦境。我想要实现不可能的目标。"

表现转瞬即逝的色彩和光线，是莫奈作品中必不可少的元素。面对鲁昂大教堂、霜冻草地上的麦垛或诺曼底海边迎风的崖壁，一旦支起画架，他就会画上一整天，记录光线和天气的变化，乃至季节的更替。为了再现那些瞬间的视觉效果，他必须在户外作画，而且往往是在恶劣的天气条件下。1889 年，在诺曼底埃特勒塔（Étretat），莫奈曾经冒着狂风暴雨在海滩上描绘岸崖，一位记者描述了当时的情景，"他的斗篷滴着水。在飞溅的海水泡沫里，他描摹着飓风的样子"。他想通过两三幅画反映不同的光线，于是不停地在画架上来回更换画布。

光线效果的变化非常快，按照莫奈的说法，每 7 分钟就会发生变化。他不得不同时在多张画布上作画，每 7 分钟左右更换一次画布，根据他想要捕捉的瞬间效果来回更换。克列孟梭曾经见过他在罂粟花丛中同时画四幅画，"他根据太阳的位置更换画布"。19 世纪 80 年代，作家莫泊桑（Maupassant）也曾在诺曼底见证了莫奈"对印象的追逐"。他描写了莫奈如何带着他的孩子们在田野里穿行，"孩子们扛着他的画架，他要通过五六幅画反映同一景物在不同时间的不同效果。他轮流在不同的画布上作画，捕捉天空的每一丝变幻"。

执着于表现光线的连续变化或者雾堤的密度，可能会引发一些让旁观者觉得滑稽却令莫奈暴怒的事情。1901 年，在伦敦萨沃伊酒店房间的窗前，莫奈支起画架，准备描绘泰晤士河上的黄色浓雾，他称之为"独特的空气"。画家约翰·辛格·萨金特（John Singer Sargent）前往酒店拜访莫奈，发现他周围至少摆着 90 个画架，"不同的画布用来描绘不同瞬间的光线效果。当效果重现或完成画作的机会到来之时、在他找到相应的那块画布之前，那种效果就已经消逝了"。

莫奈的作画方法还存在自相矛盾之处：反映某一瞬间视觉效果的作品实际上是耗费几个月时间完成的。莫奈曾对一位记者随口说道："我只在户外画画，在画室里我连碰都不碰它们。"然而事实上，他的所有作品确实都是在户外动笔的，但最终却是在远离素材的画室里经过艰苦卓绝的努力才完成的。米尔博说莫奈的每一幅画都要经过"60轮"打磨。有些画甚至涂了15层的颜料。他描绘伦敦浓雾的作品并不是在泰晤士河畔完成的，而是两年之后在塞纳河畔吉维尼的画室里，借助于照片才完成的。1905年，由于莫奈在伦敦的几位熟人（包括萨金特）口风不严或是故意为之，他借助照片作画的消息被披露，招致一些批评。

莫奈本人和他的画作之间，具有鲜明的反差。他的大部分作品都反映了乡村静谧的美景：夏日午后阳光斑驳的河岸，或是衣着时尚的女性在鲜花盛开的草地上漫步。正如米尔博所写，莫奈画中的大自然让人感受到"脉脉温情和阵阵喜悦"。灵动的笔触让他的乡村风景画体现出美妙绝伦的色彩变幻。这样带来的整体效果便是，很多人认为他的画既"悦目"又"赏心"，看后令人心情舒畅；人们也由此认定莫奈本人是一位"描绘幸福的画家"。吉弗鲁瓦坚信莫奈的画作能够慰藉心灵、缓解疲劳；而莫奈则谨慎地猜测自己的画或许可以舒缓"过度劳累的神经"，并为精神紧张的观者提供一个"平复思绪的港湾"。作家马塞尔·普鲁斯特（Marcel Proust）是莫奈的忠实拥趸，他甚至相信对于某些神经衰弱的病人（他所指的是那些精神脆弱、面对快节奏的现代生活无所适从的人），莫奈的作品能够起到"与精神治疗师类似"的治疗作用。普鲁斯特的观点并非一家之言。一百多年之后，伦敦索斯比拍卖行的一位印象主义专家也称莫奈为"伟大的抗抑郁治疗师"。

然而，这位"伟大的抗抑郁治疗师"自己却神经衰弱，他享受绘画的过程，却唯独做不到"平复思绪"。吉弗鲁瓦形容莫奈"无休无止地担忧焦虑，每时每刻都痛苦万分"；而克列孟梭则称他为"怪物"或"暴躁的国王"。莫奈大部分时候都喜怒无常、脾气暴躁；如果他作画过程中发生了出乎他意料的状况（往往非常可惜），他更是会勃然大怒，而且久久无法平静。克列孟梭在给莫奈的信中简洁地描述了这位画家身处天堂般的美景之中大发雷霆的典型场景："我想，你是站在五颜六色的瀑布里，恨不得和太阳打上一架。"

莫奈的信中也能找到他阴郁、暴躁的佐证。其中一部分原因是天气。莫奈会恨不得和太阳、风或雨打架。在野外作画极易受到恶劣天气的干扰，而这就会使莫奈像李尔王一样狂怒不已。因为他不停地抱怨刮风下雨，米尔博曾写信批评他："这种令人恶心的、极其讨厌的天气会一直持续到 8 月底，你有权诅咒。但如果只是因为刮风下雨就认定自己的画家之路走不下去了，那纯粹是发疯"。

另一件令人难以理解的事情是，莫奈希望在温暖、平静、阳光明媚的日子里作画，却经常选择去诺曼底写生。19 世纪的一本旅游指南用晦暗的文字描述这个地方："常年气候湿冷……天气变化剧烈，频繁的天气骤变导致温度常常不合时宜。"1896年春天，莫奈在诺曼底描绘迎风的岸崖，那里的天气就令他大为恼火。他写道："昨天我都快疯了。风吹翻了我的画架，我放下手里的调色板去扶起画架，结果调色板又被吹走了。我气得扔掉了所有东西。"有时候莫奈确实会扔掉所有东西。有一次，他盛怒之下将颜料盒扔进了艾普提河。等他平静下来，不得不发电报让人从巴黎寄来一个新的。还有一次，他把自己扔进了塞纳河。"很幸运，我没有受伤，"事后他这样安慰一位惊愕的朋友。

莫奈的怒火有时也会殃及他的画。让-皮埃尔就见过他对自己的画"施加暴力"：用小刀划破它们、将它们踩在地上，甚至用脚踢穿。一位美国访客曾看见莫奈继女的一幅画"正中央裂开了一个大大的十字叉"——被暴怒的莫奈猛踹了一脚。因为他当时穿着木屐，破坏力相当大。有时候他甚至会放火烧画，旁人都来不及阻止。怒火难以平息之时，他可能会在田野上游荡，然后离开家，住进弗农的旅馆。他也有可能一整天都把自己锁在卧室里，不吃饭，也不让人靠近。朋友们试图劝他去巴黎旅行散心。在他一次大发脾气的时候，米尔博恳求他："来巴黎待几天吧。我们可以散步、四处逛逛……去著名的植物园，去法兰西剧院看戏。我们可以尝尝美食、说说闲话，我们一幅画也见不着。"

莫奈还存在另一个自相矛盾之处。他热爱绘画，也确实为绘画而生——但他却宣称绘画对他而言是无休无止的折磨。他曾经写信向画家朋友莫里索抱怨："绘画像邪恶的魔鬼一样折磨我。"他对记者说："很多人以为我画得很轻松，但画家绝不是轻松的职业。我画画时经常觉得是在受折磨。那是巨大的喜悦也是巨大的痛苦。"莫奈作画时的愤怒和痛苦，说明他对梵·高的评论言不由衷。米尔博收藏了梵·高的《鸢尾花》，自豪地向莫奈展示，并称赞说："还有谁如此热爱鲜花和阳光？"莫奈反问道："还有谁把鲜花和阳光画得那么好，却把自己弄得那么痛苦？"

莫奈的一些朋友认为他的痛苦与煎熬是其绘画天赋使然，是他追求完美的体现。正如吉弗鲁瓦所说，他执着地追寻"梦幻的形状与色彩，几乎导致自我毁灭"。目睹莫奈有一次大发雷霆而导致消化不良之后，克列孟梭写信给莫奈说："如果不坚持追求不可能实现的目标，你就不可能画出这么多的杰作。"克列孟梭曾经向他的秘书解释莫奈疯狂的暴怒，他说："一个人必须忍受痛苦，必须不知满足……一个画家面对自己的作品时，划破画布、痛苦哭泣、勃然大怒，就意味着他还心存希望。"

克列孟梭一定明白，劝说莫奈重画睡莲，不仅重新激起了莫奈的希望，也将重新点燃他的疯狂与怒火，让他继续体会命运的痛苦煎熬。几十年来，莫奈经历了无数的考验与困难。早年，他历经贫苦和评论界的嘲讽。后来，他罹患风湿病，照他自己的话说，这是"他在雨雪中作画付出的代价"；还患有白内障，这或许是他长期在烈日下作画、凝视波光粼粼的水面所付出的代价。然而，创作《睡莲》系列遇到的困难是前所未有的，他从未如此痛苦地自我怀疑过，也从未撕碎过如此多的画布。1909 年举办《睡莲》画展是他一生中最为成功的时刻，但创作这些画的过程也令他陷入了焦虑与抑郁的深渊。

1903 年，莫奈开始描绘他扩建之后的新池塘。一年后，一位到访的记者看见他在池塘边支起 12 个画架，根据光线的变化轮流在不同的画布上作画。原本计划 1907 年春天举办画展，但他的创作并不顺利。在原定日期之前的一个月，他向画廊老板保罗·杜兰德 - 鲁埃尔（Paul Durand-Ruel）要求延期一年，并说他刚刚毁掉 30 幅画。同年春天，一场暴风雨又破坏了他的花园。一年之后，他还没有画好。莫奈出人意料地宣布"永远"取消画展。放弃了睡莲，他开始画篮子里的鸡蛋。

莫奈的妻子爱丽丝开始对他长期的阴郁状态感到绝望。她悲伤地说："他每天都刺破画布。"一家美国报纸用难以置信的口吻报道称，1908 年 5 月的一天里莫奈毁掉了价值十万美元的画作，文章作者由此提出疑问："莫奈到底是画家还是傻瓜？"他开始一整天都待在卧室里，还拒绝吃午餐——对于一个热爱美食的人来说，这可不是好兆头。他开始头疼、眩晕、视力模糊。他的朋友们像以前一样，不停地鼓励他、劝慰他。米尔博委婉地批评他取消画展的做法，说这是"我们这个时代最伟大、最杰出的画家"做出的"丧失理智、令人痛心"的行为。这样的"曲线赞美"令莫奈振作起来，他终于回到了画架前。1908 年夏天，他在写给吉弗鲁瓦的信中说："水面和倒影都令我着迷。"他计划创作 150 幅睡莲画，最终完成了大约 80 幅。

这 80 幅中的 48 幅最终于 1909 年展出，比原计划推迟了两年。这一次，莫奈的痛苦挣扎得到了广泛的宣传。一位评论家认为画家经历了"无数的犹疑、焦虑与谨慎"之后才将画作呈现在公众面前；而另一位评论家则告诉读者，莫奈因此疲惫不堪、神经衰弱。那个时代，人们普遍认为神经衰弱是女人、犹太人、体弱的男性、同性恋者，以及道德败坏的酒色之徒才会得的病。这则消息一定令人们震惊：莫奈，这样一位脚穿木屐、体格健壮、精神矍铄、满怀激情的"弗农农夫"，竟然遭受这种疾病的折磨。

莫奈神经衰弱的原因不仅仅是由于风吹翻他的画架，或者暴雨袭击他珍爱的花园；也不是简单地因为日复一日长时间地坐在同一个地方、盯着同一样景物（这种久坐的习惯被专家公认为神经衰弱的病因之一）。1892 年在鲁昂，莫奈经常做噩梦，梦见大教堂朝着他轰然倒下。莫奈的极度痛苦主要来源于他试图创作完全新颖独特的、真正具有革命性的作品。他自己对这个宏大项目的描述非常简洁："最关键的问题是，水面像镜子一样，随着天空的倒影而不断变化。"在他的画里，水的色彩确实不断变换，或灰绿，或暗紫，或浅粉，或橘红。但是，怎样才能通过他的艺术视角揭示天空和水面的渐变过程呢？这就是他勇敢挑战的试验，正如吉弗鲁瓦所说，这把他自己推到了自我毁灭的边缘。

莫奈是唯一一个尝试在近距离垂直视角描绘静态水面倒影的画家。水景画家通常专注于更远距离的视觉效果，比如月光洒在水波荡漾的河面上，或者汹涌的海浪冲上沙滩。莫奈自己也是这种水景画的大师。马奈曾经称赞他为"画水的拉斐尔"。而莫奈在他的睡莲池旁想要表现内心更深处的印象：他不仅描绘水面的花朵和倒影，还要反映若隐若现的水下景象。他很早就开始尝试捕捉这些微妙的水下效果。1890 年，他在艾普提河畔写生的时候就曾向吉弗鲁瓦抱怨："我无法实现不可能的目标，比如反映植物在水下的晃动。"莫奈画过一幅继女布兰切和苏珊娜划着小船沿河漂流的作品，体现了他对这一目标的不懈追求。米尔博富有诗意地描述了画中的场景："……漂流在清澈见底的河里，欣赏水下神奇的植物世界，纤长的野生水藻沾满淤泥，在水流的压力下颤抖着、扭动着。"

实现这些"不可能的目标"极其困难——不但要表现瞬息万变的阴影和倒影，还要反映植物在迷离的水下摇曳，这是导致莫奈绝望的原因之一。1909 年能够成功举办画展，要归功于他运用颜料的复杂技法。莫奈并非如塞尚所说"靠的就是眼睛"。除了非凡的敏锐视觉，他还有一只同样非凡的手，能够娴熟地运用各种精妙的技法。画家安德烈·马松（André Masson）❶，也是一位自由运用颜料的大师，他后来热情洋溢地赞颂莫奈"使用了多种重要的技法：堆叠、交错、点染。你必须凑得很近才能看出来。多么疯狂！"马松称莫奈的笔法是"最狂暴的龙卷风"。

❶————————————
安德烈·马松（1896—1987），
法国画家。（译注）

近距离地审视这些水景画，能够发现各种疯狂而华丽的笔法。莫奈选择特殊织法的画布，纬纱比经纱更粗。然后他会涂上一层又一层的底色，等每一层干透之后再涂第二层。他按照垂直于纬纱的方向涂色，这样可以让纬纱吸附更多的颜料，营造出一层层波纹的效果。一位印象主义研究者称，这样使得画布看起来具有"晃动的纹路"。也就是说，他利用颜料和画布的纹理，不仅模拟出了水面的波纹，还借助与经纱交叉的线条来反映水下的状态。他想要捕捉某一个瞬间留下的直观印象，却不得不在画布上涂抹十几层甚至更多层的颜料，这似乎又是自相矛盾的。他还会经常刮掉一两层，让画布的手感变得不平整，这样可以让后面涂上的颜色呈现闪烁的效果。

这样的笔法结合莫奈精湛的构图，造就了极其高超的技艺。莫奈多数早期的睡莲作品，比如 19 世纪 90 年代末期的日式拱桥系列，体现了传统的视角。前景是水面和漂浮的睡莲，随着视线的深入而逐渐模糊；中景是优雅的日式拱桥；后景则是远处的岸堤及郁郁葱葱的植物，有些画里的后景全部被天空占据。后来，画里的水面、岸堤和天空逐渐混合甚至互换位置，或者彻底消失了。因为莫奈站得离池塘更近了，视线放得更低，聚焦于更小的一片水面。1904 年，天空已经从莫奈观察池塘的视野中消失了，取而代之的是天空在水面投下的倒影；作为水面边界的岸堤也扩展到了画布的上沿。一年之后，岸堤也消失了，莫奈开始专注于水面。水面上连绵的倒影，被闪着光泽的莲叶打断。到了莫奈称之为"可怕的一年"的 1907 年，画面变得更加令人目眩神迷，他为了描绘那些高度大于宽度的景物而将画布转动了 90 度。睡莲散布在浓密的柳树倒影上，画面中央色彩变幻的部分，是一小片水面反射的天空。

1909 年，评论家路易·吉略特（Louis Gillet）注意到了这些水景画的绝妙之处：它们"上下颠倒"——天空在下，景物在上。因为都是水面反射的倒影，垂柳和其他植物跑到了天空的上面。吉略特称这些画为"没有边框的镜子"——反映出倒置的世界和若隐若现的水下景色。对于并非站在池塘旁边的观者来说，这些画看起来只会令人头晕目眩。观者缺乏一个固定的视角，也几乎无法感受空间和距离。岸堤、树木和天空全都消失了，看到的只有倒影。这些倒影或者在微风拂过水面时随波荡漾，或者在烈日照耀下熠熠夺目，又或者在黄昏时分变得朦朦胧胧。唯一真实的景物只有睡莲。一簇簇色彩明艳的睡莲因为距离太近而看不清楚，而画笔留下的痕迹却清晰可见。《美术公报》上的一篇评论称，从来没有人画过这样的画。不难推测，在表现这些令人困惑的视觉印象的过程中，莫奈又曾陷入绝望，暂时转而画篮子里的鸡蛋。

吉略特还赋予了莫奈 1909 年展出的水景画另一层意义。他认为，令这些画如此新颖的，正是它们的抽象性。但莫奈曾经断言："单纯的抽象艺术没有未来。"他也曾经宣称他的画并非对大自然的抽象表现，而是尽可能真实的还原。确实如此，他近乎偏执地专注于视觉效果，哪怕只是某个一闪而过的瞬间。让-皮埃尔后来表示，莫奈从不会"抽象地"作画。然而，吉略特和一些前卫的画家却持有不同的观点。他们认为，莫奈的精湛技艺——

灵动的笔触与和谐的色调，已经使他的画笔超越了一切乏味的写实功能。也就是说，相较于对池塘写实性的描绘，画作本身所体现的高超技法，还有变幻迷人的色彩在观者心中唤起的情感，都显得重要得多。即便在 1909 年也有某些评论家认为莫奈不值一提，但吉略特对他的作品"纯抽象"的评价将他推到了现代艺术发展的最前沿。

1909 年画展的巨大成功催生了"将这 48 幅画整体收购用于装饰同一个房间"的呼声。这让人想起克列孟梭曾于 1895 年（徒劳地）呼吁政府购买《鲁昂大教堂》系列以保护其完整性。莫奈自己也曾写信向吉弗鲁瓦表达他希望他的《睡莲》系列被用来装饰同一个房间，创造出一个"睡莲水族馆"，画的主人在那里可以享受彻底的放松与自由。他想象这些画"挂满了四面墙，合为一个整体，构成一片无边无际的水波，没有地平线，也没有岸堤"。媒体报道了这个想法，至少有五家报纸呼吁买家整体购买这些画作，以重现并延续观看画展时那种令人沉醉其中的美妙体验。"需要买画的百万富翁会读到这则消息吗？"一家报纸问道。

找到一位需要用某种静谧迷人的画作来装饰房间的百万富翁并不困难。在之前的几十年，用大幅油画装饰居室一直风靡巴黎。比如画家爱德华·维亚尔（Édouard Vuillard）和莫里斯·德尼（Maurice Denis）的很多系列作品，就是专为富翁们装饰整间客厅、书房或餐厅而创作的。德尼 1903 年就曾宣称，"装饰"对于法国年轻画家来说就是座右铭。三年后，一位法国评论家提出，不能仅仅因为一幅画作"具有实际用途或可以作为我们家里的装饰品"就否定其艺术价值；他也注意到每年的巴黎沙龙展上都会展出大量的装饰性壁画，使得展厅越来越像一个"装修豪华的公寓套间"。

莫奈早年也曾画过居室系列装饰画。19世纪70年代末期，他至少画了4幅大约6英尺见方的风景画，给厄尼斯特·奥什蒂用来装饰乡村别墅里全木装修的豪华客厅。这些画作展现了奥什蒂家巨大的院子：玫瑰园、波光粼粼的池塘，还有一群羽毛闪着白色光泽的火鸡挤在草坪上。这些画还没来得及挂上奥什蒂家的墙壁，他就破产了（他的妻子随后就跟莫奈私奔了）。几年之后，莫奈又为保罗·杜兰德-鲁埃尔画了36幅不同尺寸的画，用来装饰他位于巴黎的公馆所有房间的门；这些画的创作灵感正是来源于他自己在吉维尼的花园。

然而，在1909年，没有哪个百万富翁愿意拯救这一整套睡莲画。当时巴黎销量最大的晨报《高卢人报》发出感慨："人们再也没有其他机会、再也不能在其他地方完整地看到它们了。它们将散落各处，每一幅都优雅美妙，每一幅都只透露了一部分的奥秘。"这样的评论可能会激怒莫奈及其支持者，因为《高卢人报》的老板刚刚付钱给画家莫里斯·德尼，让德尼根据他的花园绘制田园风格的画作，用来装饰他位于默东（Meudon）的那座粉色豪宅的餐厅。

这些睡莲画将被分散的预言很快就实现了。《美术公报》报道称，其中几幅将去往"饥渴的美国，他们一直在窃取我们国家的优秀艺术品"。早在 1889 年，一位评论家就曾担忧"美国佬的贪婪"可能会导致莫奈最出色的作品归属于美国。这样的担忧看来并非空穴来风，两年后，贝莎·帕尔默就从欧洲将 25 幅莫奈画作带回了芝加哥。莫奈的作品在 1909 年再次跨越了大西洋。一位美国化工业巨头在画展上直接买走了两幅《睡莲》，用来让他的公馆显得更加高雅。这座位于波士顿的公馆由斯坦福·怀特（Stanford White）设计。睡莲画的其他买家包括来自美国新奥尔良的一位糖业大亨，还有美国前内政部长科尼利厄斯·布利斯（Cornelius Bliss），他位于纽约东 37 街的公馆里已经挂了一幅莫奈的埃特勒塔海景画。美国伍斯特艺术博物馆购买了一幅，这要归功于一位长期收藏莫奈作品的布鲁克林液压机工程师的建议。科罗拉多州一位著名律师的遗孀买下了另一幅。还有一幅归美国钢铁巨头哈里斯·惠特莫尔（Harris Whittemore）所有，他位于康涅狄格州的豪宅也是由斯坦福·怀特设计，墙上已经挂了许多莫奈的作品。自 1890 年起，惠特莫尔开始不遗余力地收集莫奈的画作，以至于他的父亲不满地表示："我们拥有的莫奈作品多得我们都顾不上照管了。"经过不懈地努力，他最终收藏了 30 幅莫奈作品。作为收藏家及鉴赏家，他还拥有莫奈的《白色交响曲 1 号：白衣女孩》，挂在一个楼梯转角处。

尽管没能实现用一系列睡莲画装饰整个房间以创造"睡莲水族馆"的愿望，但 1909 年莫奈的睡莲画一共卖出了 27 万 2000 法郎，这多少能够缓解他的失望之情吧。然而五年之后，因为克列孟梭的一句"犹太巨富"，这个曾经的梦想——也是他还未实现的少数愿望之一，在莫奈心中再次燃烧。

第 4 章

宏大的工程

莫奈的客人经常会受邀走上楼梯，进入他的卧室。卧室宽敞明亮，能够望见花园，吉弗鲁瓦称之为"莫奈最敬佩的同行作品博物馆"。除了几幅小尺寸的佳作，墙上醒目地挂着一幅德加的《沐浴者》、三幅毕沙罗的风景画、四幅马奈的作品、两幅欧仁·德拉克洛瓦（Eugène Delacroix）❶ 的水彩画。一对罗丹的青铜雕塑放在质朴的基座上。还有一幅雷诺阿的《美丽人体》画作，和塞尚的《黑城》。塞尚是莫奈最钦佩的同行，至少有 14 幅他的作品挂在莫奈的卧室和画室里。莫奈曾经声明："塞尚是我们中间最伟大的那个。"一旦他自己的创作遭遇挫折，莫奈就不得不蒙上家中的塞尚画作，因为感觉无颜面对这样的天才之作。他曾说："我觉得自己是巨人脚边的侏儒。"

❶———————
欧仁·德拉克洛瓦（1798—1863），法国著名画家，浪漫主义画派的典型代表。（译注）

莫奈每天早晨一醒来就能欣赏到这些优秀同行的作品，这让他很高兴。多年来莫奈一直习惯早起。他作画的时候，会连续好几个小时待在阳光下，从旭日东升一直到夕阳西沉。睡觉时甚至连卧室的护窗板也不关上。每天起床后，他先洗个冷水澡（一年四季都如此），然后下楼吃早餐，再抽上几根雪茄。他的早餐通常是一条烤鳗鱼或一片培根，加上自家花园里养的母鸡贡献的鸡蛋。有时候他也会享用英式早餐——涂了橘子酱的烤面包搭配卡多曼红茶，这是他去伦敦的时候发现的美味。萨沙·吉特里表示，莫奈有时也会沿袭法国劳动人民的古老传统，早餐时喝一杯白葡萄酒。早餐后就去户外作画，如果天气不好就在画室里画。11点半会有铃声准时召唤他吃午餐，他的开胃酒是一杯自家酿制的李子白兰地。两个小时后，他回到画架前继续作画，画上整个下午，直到身体实在支撑不住了。在备受煎熬的创作过程中，他的宝贵时间可不能浪费在理发之类的琐事上。于是，村里的理发师被请到他的池塘边，在他作画的同时为他理发；不过他沾满烟渍的大胡子是绝对不能碰的。

1914年4月克列孟梭来访之后，莫奈似乎重新恢复了往日高昂的创作热情。从5月到6月，他几乎整天都在画画。6月，他在写给一位画商的信中提到："我每天凌晨4点起床。"他还写信给一位评论家兼画廊老板说："无论天气如何，我都非常努力地画画……我心爱的宏大工程已经开工了。"

莫奈最先进行的准备工作之一是：画大量的草图。他曾经声明绝不会在"没有画笔和颜料"的情况下画画。他希望强调草图对他的艺术无关紧要。与他相反，19世纪的画家安格尔（Ingres）❶就宣称"完成草图，

❶ ————
安格尔（1780－1867），法国新古典主义画家，与浪漫主义相抗衡的旗手。（译注）

他的画作便已经完成了八分之七"，他一生中画了超过 5000 张
草图。莫奈刻意淡化草图对他的作用，是因为事先绘制草图与
印象主义"捕捉直观印象"的理念背道而驰。然而事实上，他
的炭笔画、钢笔画和铅笔画功底都非常深厚，他经常用铅笔或
蜡笔绘制草图，为他的油画创作做准备。最早帮助他成为"画家"
的其实正是铅笔。少年时期，在家乡阿弗尔，他画的当地名人
漫画就引起了人们的注意，被展示在一家文具店的橱窗里，逗
乐了来来往往的行人。后来，在 19 世纪 60 年代，他也曾在啤
酒馆为他波西米亚风格的朋友们画漫画。

克列孟梭来访之后，莫奈显然是把他的旧草图本翻了出来。说起来难以置信，其中一本已经有 50 年的历史了。里面有一些他半个世纪前画的简略草图。这个本子也跟着他去过很多地方，里面有他 1871 年在荷兰画的风车。还有一张让他心酸的素描，是他的儿子让上小学时的样子；当时，让去世才几个月，这张图一定令他悲从中来。

在这些破旧草图本的空白页上，莫奈开始用铅笔和蜡笔反复描画他印象中的鸢尾花、垂柳和睡莲。有时会给他准备画入油画的素材涂上紫色。画完倒数第二页的时候，没有空白页了。最后一页上原有一幅他多年之前画的已经变得模糊的草图：远处邻村教堂的塔尖和屋顶。于是他把本子倒过来，在旧草图天空的位置画上了一大簇睡莲，仿佛它们是天空中漂浮的巨大云朵。他笔下的线条如行云流水一般洒脱、自在。由此，我们可以想象甚至推断，在他的宏大工程刚刚开始的时候，他十分快乐地画着简洁、流畅的草图。

莫奈用紫罗兰色蜡笔画的一幅睡莲画草图

大约两年前，莫奈"惊恐地发现"右眼的视力变得模糊。但直到1914年春天，他的视力还基本保持稳定，这使他能够恢复创作。他接受了一位眼科医生的治疗，以推迟手术。克列孟梭的话也减轻了他的恐惧，不再那么担心即将失明。"相信我，前列腺的毛病可比白内障麻烦多了！"克列孟梭这样告诉莫奈。他说得很诚恳，1912年医生切除了他的前列腺。

莫奈左眼的视力也下降了，导致视野受限。同时他的色觉也出现了偏差，但他设法进行了弥补。后来他告诉记者，"一方面他依靠颜料管上的标签，另一方面通过在调色板上把颜料抹匀"来分辨颜色。不过他也坦承，"眼病"反而减轻了他的焦虑，让他不会再像视力清晰的时候那样没完没了地调整色彩平衡。总之，1914年春天，莫奈暂时停止了对视力的担忧和抱怨，并且理智地采取了保护视力的措施：避免阳光直射，出门会戴上一顶宽边草帽。

莫奈突然重整旗鼓的消息在巴黎成了新闻。6月中旬，一位记者发表了一篇题为《莫奈的健康状况》的文章。作者及时地向读者们保证："目前莫奈的健康状况非常好。不过几年来他的身体出现了一些问题，以至于他停止了一切创作。这位伟大画家的支持者们为此深感惋惜。居住在吉维尼的大师花了太久的时间用于思考，因此将画笔闲置了太久。如果他不再作画，不仅浪费了他的天赋，也是法国艺术的巨大损失。"但还是有不少人将信将疑，于是他们纷纷坐上经过吉维尼的火车，期待透过车厢的窗户看见莫奈正在他的池塘边，"利用他敏锐的视觉捕捉奇妙的色彩，正是这些色彩令他的视力恢复正常"。

这些透过车窗打探的人们，不但会惊讶于莫奈忙碌的身影，还会为他的画作大小惊愕不已。1914 年他开始创作的油画中，大部分都比他人还高。这样巨大的尺寸似乎也体现了他对这项宏大的工程投入了"宏大"的热情。初入画坛之时，为了吸引公众注意，争取使作品在巴黎沙龙展上展出，莫奈曾尝试过巨幅油画。那种画被人们称为"大家伙"，移动它们需要使用滑车、吊索甚至其他设备。1865 年，他开始创作《草地上的午餐》，画中是充满生活气息的场景和衣着时尚的人物（女性都身穿带有裙撑的克里诺林大摆裙）。画作高 13 英尺，宽达 20 英尺。然而，要在 260 平方英尺的画面上涂满颜料，确实成本太高，他不得不中途放弃了。

之前的半途而废并没有令他彻底放弃希望，1866 年他又开始尝试创作另一幅大型作品《花园中的女人》，高 8 英尺，宽约 7 英尺。因为要在户外作画，他不得不在当时巴黎郊外的住所花园里挖了一条沟放置画架，并使用滑轮系统来升降巨大的画布。他的艰苦努力最终却成了徒劳，这幅巨型画作没有入选 1867 年的巴黎沙龙展。1878 年，他把《草地上的午餐》抵押给了房东，房东收下之后飞快地将其卷起并扔进了地窖里。六年后莫奈赎回了这幅画，但已经因为潮湿发霉而损毁严重，莫奈将它切割成了三块。

从那以后，莫奈的画作尺寸就大大缩小了。19 世纪 60 年代中期之后，他的画就几乎没有超过 3 英尺宽。其中部分原因当然是因为他要在户外作画。少数几个例外是他于 19 世纪 80 年代末期创作的继女布兰切和苏珊娜在河中泛舟的画作，之前他告诉画商他希望"重新创作巨幅油画"。但这些画也没有超过 5 英尺宽。那些令他名利双收的作品——《麦垛》系列、《白杨》系列、《鲁昂大教堂》系列、《伦敦》系列，无论高度和宽度基本都没有超过 3 英尺。1909 年在巴黎画展上引起轰动的睡莲系列，大小也差不多。绝大多数的高度和宽度都在 3 英尺左右，其中最大的宽度也不超过 3.5 英尺。

而在 1914 年，莫奈开始创作 5 英尺高、6.5 英尺宽的油画。没过多久，他的画布尺寸继续扩大。他为这些巨幅油画预先设定的精确尺寸无从得知，尤其是在他刚开始画的时候。他可能是在池塘边的画架上先画出小幅睡莲，然后搬到画室里，按照比例放大尺寸。如果他一开始就是在池塘边画巨幅画，那就需要有人帮忙扛着画架和颜料盒，从画室走下楼梯，再穿过 100 多码❶的花园小径和隧道，然后才能到达"睡莲王国"。

莫奈当然可以让园丁帮忙，布兰切也给予了他很多帮助，就像多年以前她跟着他在田野上穿行，用独轮车推着好几个画架，然后在他的画架旁支起自己的画架，与他并肩作画。一位到访吉维尼的客人后来回忆，布兰切为莫奈"挪动沉重的画架"。莫奈不可能找到比她更合意、更博学的助手。她自己的画作也享有一定的声誉。1892 年贝莎·帕尔默购买了她的一幅作品。她也曾举办过独立画展，和继父

一样，她的作品被沙龙展评委会拒绝了。❶如今她
或许已经放弃了自己的画家梦想，全心全意地照顾
莫奈。让去世后一个星期，莫奈在给吉弗鲁瓦的回
信中说："她（布兰切）目前不会离开我，否则我
们两人都会孤独。"

❶
法国许多公共博物馆收藏了布兰
切的画作，如巴黎的克列孟梭纪
念馆和莫奈纪念馆、阿尔比的图
卢兹－洛特雷克博物馆、鲁昂的
美术博物馆、图卢兹的奥古斯丁
博物馆、瓦纳的珂琥博物馆、弗
农的普兰博物馆。

事实上，1914 年春天莫奈能够重启艺术创作，布兰切的陪伴和
支持，与克列孟梭的鼓励同样重要。吉弗鲁瓦后来评论道："莫
奈重新鼓起生活的勇气和创作的力量，要归功于那个为他尽心
尽力的女儿。"让去世后，布兰切开始像她母亲一样为莫奈收
拾房间，招待来访的朋友，比如克列孟梭。至关重要的是，她
也"鼓励他重新拿起画笔"——最终帮助他走出了悲伤和消沉。

1883 年，一位评论家曾经说："莫奈是用一种奇特的艺术语言
进行创作，只有他自己和其他几位创始人能够理解其中的奥秘"。
到了 20 世纪初，人们已经能够更好地理解这种艺术语言了。已
经出现了许多专著和文章对印象主义尤其是莫奈的作品进行解
释：通过具有视觉冲击力的笔法和看似随意的构图描绘日常景
物，符合中产阶级的娱乐取向和审美品位；但对底层人民则没
有什么特殊的吸引力。早在 1867 年，读者们就通过龚古尔兄弟
的小说《玛内特·萨洛蒙》中刻画的一位人物——画家克莱森
特，清晰地了解了印象派画家的艺术理念。克莱森特和那些"与
色彩为敌的严肃派画家"截然不同。那些画家在美术学院学习，
不相信"直观的印象"，而是"深思熟虑"之后再动笔，"通
过大脑的复杂运转和对概念的运用与甄别"进行创作。与之相反，

克莱森特凭直觉记录自己的视觉感受，描绘繁盛的草木、清凉的河水、路旁的树荫。小说中的讲述者说："他最渴望表现的，是对某个地点、某个瞬间、某个季节、某个时刻的印象，生动而强烈的印象。"

小说中的这段文字对莫奈即将要做的事情进行了非常准确的说明。那么，如何通过画布上的颜料再现这些细腻微妙、稍纵即逝的场景呢？比如颤抖的叶片、变幻的阴影、闪耀的光线。如何让这些微不足道的短暂景象成为伟大而永恒的艺术珍品呢？画家要怎么做才能捕捉到人眼在一瞬间所感知的视觉效果呢？

印象派画家的具体绘画技法各不相同，而且在这几十年间也在发展变化。但他们的"奇特语言"的要点之一就是，将一笔一划分散成无数个灵动的彩色触点，将现实世界描绘成了闪耀的梦境。早年间，许多评论家和画展观众曾为这种看似潦草混乱的点点戳戳感到震惊，这与当年那些蜚声画坛的名家流畅精细的笔法简直是天壤之别。例如梅索尼埃就极其注重微小的细节，曾有收藏家用放大镜欣赏他的作品。而印象派作品不适合如此近距离的欣赏。1873 年，一位年轻的评论家指出，印象派作品"简单粗暴"的背后其实隐藏着精准的视觉映像。她在文章中呼吁，"退后一点，这样才能看出不同色调之间的联系，才能将各个局部融合为整体，每一处细节才能显现出来。"不久之后，欣赏印象派画作的最佳距离便成了值得探讨的科学问题。毕沙罗后来曾表示希望将"科学方法"应用于他的作品，最终他推算出一个公式：欣赏印象派作品的最佳距离是画作对角线长度的三倍。

印象派画家的目标是表现直观的印象，而莫奈作画之前需要大量的规划设计和准备工作，这似乎是自相矛盾的。他那些据称是一挥而就的作品，其实是事先充分准备和周密安排的结果。一位到过他画室的客人曾经数过，那里有 75 支画笔、40 盒颜料。他的每一块画布都是从巴黎特殊订制的，会定期用火车运来。这种画布质量一流，底色是富有光泽的铅白色，便于涂上一层又一层鲜艳明亮的色彩。19 世纪 60 年代，莫奈及印象派的一大革新就是这种闪光的白皙底色。这种做法打破了"严肃派"的一切传统绘画原则，传统画家们都是在底色更深的画布上作画，这样可以增强景深效果。比如提香（Titian）❶和丁托列托（Tintoretto）❷就使用棕色或深红的底色，就连古斯塔夫·库尔贝（Gustave Courbet），莫奈的好友，也是早期影响莫奈画风的画家之一，有时候也使用黑色的底色。印象派画家追求一种通透明亮的效果，不但摒弃了深色底色，也不再像许多前辈那样在已完成的画作上方涂上厚厚的黑色沥青釉料，以体现一种古代大师般的庄严厚重。一位鉴赏家曾经告诉约翰·康斯特布尔（John Constable），❸ "一幅优秀画作，就像一把优质的小提琴，应该是棕色的"。很多颜料商人也会为画家准备一些原本是乐器工匠为小提琴上光使用的琥珀色釉料。

传统画家十分愿意为画作上釉而凸显古代大师的风范，却对展现逼真的色彩疑虑重重。19 世纪的艺术理论家查尔斯·布朗克（Charles Blanc）曾断言，绘画"会因为色彩而堕落，如同人类因为夏娃

❶
提香（1490—1576），意大利文艺复兴时期画家，威尼斯画派的代表，被誉为"西方油画之父"。（译注）

❷
丁托列托（1518—1594），威尼斯画派著名画家，是提香最杰出的学生与继承者。（译注）

❸
约翰·康斯特布尔（1776—1837），英国风景画家。（译注）

而堕落"。19世纪化学工业的进步带来了更丰富、更鲜艳的颜料，印象派画家们不但无法拒绝这些色彩的诱惑，还为此欣喜若狂。在职业生涯早期，莫奈在泰晤士河边重现了阳光照在水面上金光闪闪的效果。这就要归功于他的调色板里有1859年发明的钴紫色和1862年刚发明的氧化铬绿。

莫奈还急切地盼望能用上那些经得起时间考验的颜料，因为他知道很多颜料时间长了就会褪色或泛黄。据一位画商记述，莫奈经常一边作画一边思考"化学颜料的升级换代"。1914年春天他重拾画笔之后，他只使用那些他认为最为稳定的颜料。为了增强色彩的稳定性，他也不再像几十年前那样反复地混合颜料了。他还会先把颜料挤到吸水纸上，以吸干其中的油性黏合剂。他知道油性黏合剂会浮在画作表面，而这正是许多古代大师作品泛黄的主要原因。他希望自己的作品在若干年后不会变得像那些画一样色彩暗淡。

1914年6月之前，莫奈专心致志地作画，除非发生天大的事情，否则他不会离开吉维尼。他甚至拒绝了吉特里的邀请，不肯去朱米耶日监督他设计的花园施工。只有在意义重大的历史性时刻——他的14幅作品在卢浮宫展出，他才坐上火车去了趟巴黎。这样的荣誉确实是"天大的事情"。通常，画家死后十几年，他的作品才有可能进入卢浮宫。因此，莫奈是极少数在有生之年就看见自己的画作挂在卢浮宫墙上的画家。卢浮宫是法国最著名的博物馆，被誉为"伟大的艺术万神殿"。

莫奈不喜欢人群、旅行、新闻事件，甚至也不喜欢巴黎。正如他自己所说的，他是名副其实的"安土重迁之人"。"城市生活不适合我，"他曾经这样宣布。与马奈和德加不同，他更喜欢乡村的清幽小路而不是巴黎的林荫大道。10 年前就曾经有一位记者指出，莫奈的名气是促使他不喜欢巴黎的原因，"在巴黎，走不出 100 码，莫奈就会遇上胡搅蛮缠的人、粗鲁无礼的家伙、不懂装懂的傻瓜或附庸风雅之徒"。

能够吸引莫奈前往巴黎的理由很少。其中一个是和朋友一起去都彭街上的普鲁涅餐厅吃牡蛎，那是巴黎最受欢迎的海鲜餐厅。另一个是看摔跤比赛。他这样评价摔跤比赛："奋力拼搏永远是美好的。"他到访巴黎总是会引起骚动。一位曾经和莫奈、吉弗鲁瓦一起看戏的朋友回忆："我们低着头、安静沉稳地走在莫奈身旁，而他的手杖则大力地敲击着路面。在林荫大道上，他看起来就像个自豪、随性的'乡下人'"。剧院里坐满了"衣冠楚楚却思想浅薄"的巴黎人，莫奈与众不同的仪态和举止使得所有人都对他侧目而视。"他进入包厢的时候，引座员没有认出这位大人物，还以为他走错了"。

莫奈不喜欢人多热闹的场合，又恰逢他在进行"宏大的工程"，因此起初他拒绝参加卢浮宫画展的揭幕仪式。《吉尔布拉斯报》就此报道：莫奈不会出席，因为他"正处于创作期间，不能离开绘画素材"。但是，亲眼看见自己的画作挂在卢浮宫的墙上，实在是难以抵抗的诱惑。而且，多年来传统艺术权威们的蔑视与排斥，反而激起了莫奈的雄心：一定要让自己和朋友或其他印象派画家的作品在国家级博物馆里受万众瞩目。1890年，经过他长期不懈地努力，终于促使巴黎现代艺术博物馆收藏了马奈的《奥林匹亚》（1865年巴黎沙龙展上令舆论哗然的作品）。1907年，他又说服克列孟梭（时任法国总理）将其转移至卢浮宫成为永久藏品。如今，7年之后，他自己的作品也将要企及马奈的高度，在卢浮宫占据一席之地。

因此，莫奈最终还是为此去了趟他难得造访的巴黎。在卢浮宫馆长的安排下，他参观了只为他单独开放的卡蒙多展区。1914年6月上旬的一天，莫奈在他家5英里之外位于塞纳河畔的博尼耶尔（Bonnières）火车站上了火车。他的这趟旅程耗时大约只有一个小时，但火车的轰鸣声让他陷入了对往事的回忆。可以说，他的人生旅程是沿着这条从巴黎圣拉扎尔（Gare Saint-Lazare）通往诺曼底的铁路不断发展的。巴黎市内的第一段铁轨于1841年铺设，此前一年他生于巴黎。铁路在1847年修到他度过童年时光的阿弗尔，一两年前他家从巴黎搬到那里。1859年5月，18岁的他也是沿着这条铁路乘火车到140英里外的巴黎求学。然后，他又沿着这铁路回到诺曼底地区，在鲁昂、圣阿达勒斯（Sainte-Adresse）、翁弗勒（Honfleur）和特卢维尔（Trouville）写生。

1914年6月的那一天，莫奈在博尼耶尔登上了前往巴黎的火车。火车一路向东，载着他踏上了旅程。沿途的景物让他心情愉悦、备感亲切，有时也泛起酸楚。火车穿过塞纳河谷进入巴黎西郊——印象主义的发源地。对于莫奈来说，塞纳河与这条铁路象征着印象主义的两根主干，错落于其间的小船和咖啡馆、桥梁和沐浴者，以及从远处天边驶来的黑色火车，构成了色彩绚丽的枝叶。十几年后，一位评论家写道："印象主义诞生于法国首都的郊区。"没有谁比莫奈更热爱郊区和乡村的美丽风光，比他更欣赏宜人的景致和蓬勃的生机，比他更迷恋斑驳闪耀的阳光和水面的涟漪与倒影；也没有人能够像他一样，将这些美好的事物描绘得那么真切、那么动人。

从博尼耶尔出发，火车向南穿过草地，避开了塞纳河一段蜿蜒的河道；然后一路直行，穿过 2000 码的隧道。到罗斯尼（Rosny）后，火车重新驶上开阔的地面，波光粼粼的塞纳河透过河畔茂密的树林时隐时现。几分钟以后火车到达芒特拉若利（Mantes-la-Jolie），乘客可以瞥见卡米耶·柯罗（Camille Corot）❶笔下的古老石桥。这位画家被莫奈称为"历史上最伟大的风景画家"。20 分钟后，塞纳河对岸特里埃（Triel）的白色石灰窑出现在车窗外。后方比石灰窑高出许多的山上，郁郁葱葱的杨树林构筑了一个世外桃源，树林里矗立着莫奈的朋友，作家奥克塔夫·米尔博的乡间别墅。几分钟后，火车又轰隆隆地驶过梅丹（Médan），莫奈看见了另一位作家朋友的房子。那是已故的埃米尔·左拉生前居住的地方，他是印象派画家们的挚友。房子的窗户和尖顶从右边的树林上方露了出来。然后火车经过普瓦西（Poissy），莫奈搬到吉维尼之前曾在这里短暂居住。他称之为"糟糕的地方"，因为在这里他竟然找不到可以画的东西。

❶————
卡米耶·柯罗（1796—1875），
法国风景画家。（译注）

火车一路轰鸣地穿过圣日耳曼（Saint-Germain）的森林，跨越了塞纳河的环形河道，向着下游行驶。铁路右边是由小岛、咖啡馆及其他建筑组成的卡里埃尔（Carrières），这个地方在大约100年后被当地政府改名为"印象主义摇篮"。1881年被雷诺阿画进《船上的午餐》而得以千古留名的福尔奈兹（Fournaise）餐馆，大约在10年前关门了。下游蛙塘岛上的咖啡馆和舞厅还在营业。1869年莫奈和雷诺阿曾在这里的岸边并肩作画，描绘在河里起起伏伏的沐浴者们，还有名为卡芒贝尔（Camembert）的小岛礁周围随波荡漾的倒影。

再看看铁路的左边。石桥上游 3 英里处，河面变宽，约有 200 码。此时出现了阿尔让特伊（Argenteuil）的桅杆和烟囱。1871年到 1874 年，莫奈结婚后曾在这个城市的皮埃尔 - 奎因街居住，后来又搬到圣丹尼斯大道（为了纪念另一位曾居于阿尔让特伊的名人，这条路后来更名为"卡尔·马克思大道"）住了四年。在这里，莫奈经常在他们的花园里以卡米拉为模特作画，背景是绚丽烂漫的花朵。有的时候，他会带着画架和画布来到河畔，或是走上公路桥，描绘船只、铁路桥和港口。或者，在画家朋友卡勒波特（Caillebotte）的帮助下，在小船上搭建一个临时船舱作为他的移动画室，顺着塞纳河蜿蜒而宽阔的水面漂流。小船在水中荡漾，卡米拉坐在船舱里，而莫奈则盘腿坐在前甲板上，快乐地作画。现在我们确切地知道，在 1874 年某个阳光灿烂的夏日，马奈描绘了这样一幅场景。马奈还画过莫奈住在皮埃尔 - 奎因街时的场景：莫奈在走向花园的路上弯下腰欣赏盛开的鲜花，卡米拉和 7 岁的让在旁边的草地上小憩。莫奈后来回忆道："那些时光多么美好，充满梦想、意气风发、激情澎湃，它们永远都不该结束。"

在大碗岛上游的阿斯涅尔（Asnières），火车最后一次跨越塞纳河。30 年前，乔治·修拉（Georges Seurat）❶曾经将这座铁路桥作为背景画进《阿斯涅尔的沐浴者》。过桥之后，左边是一片低矮的灌木丛。100 年之后，当地政府也精明地将这里命名为"印象主义公园"。此时，巴黎城区终于进入视野，可以望见远处的凯旋门和更远处的埃菲尔铁塔了。经过克里希（Clichy）的烟囱和煤气柜，火车马上就进入巴蒂诺尔街（Batignolles）。在这条街上的布瓦咖啡馆，莫奈和朋友们曾经每天晚上都在固定的桌旁讨论"像大写字母 A 一样的艺术"，并决心让巴黎为之倾倒。这个咖啡馆紧邻莫奈的画室。1870 年，亨利·方丹 - 拉图尔（Henri Fantin-Latour）❷在画作《巴蒂诺尔街上的画室》里描绘了莫奈画室里的情景：风度翩翩、系着蓝色领巾的马奈坐在画架旁，而莫奈和朋友们聚集在他的周围。到了 1914 年，方丹 - 拉图尔去世已经 10 年了；而他画中的那些青年，也只剩下莫奈和雷诺阿还在世。

火车进入巴蒂诺尔隧道。驶出隧道之后，在扇形轨道交叉线上换轨进入圣拉扎尔火车站之前，乘客可以最后看一眼正上方的"欧洲大桥"。❸1877 年初，莫奈获得许可进入站台写生，创作了一系列描绘站台上弥漫着烟雾与水汽的画作。一位并不友

❶ 乔治·修拉（1859—1891），法国画家，曾学习古典主义绘画，后来又研究卢浮宫中的大师作品，对光学和色彩理论特别关注并为之做了大量的实验。也许正因为他太过致力于方法和理论研究，他一生绘画作品并不多。（译注）

❷ 亨利·方丹 - 拉图尔（1836—1904），法国画家。（译注）

❸ 古斯塔夫·卡勒波特 1876 年创作了画作《欧洲大桥》，描绘的是巴黎圣拉扎尔火车站上方空中广场上的行人。这个广场横跨六条街道，每条街道都以某个欧洲国家的首都命名。这个广场在当时被称为"欧洲大桥"。（译注）

亨利·方丹-拉
图尔的《巴蒂诺
尔街上的画室》，
最右边后排的是
莫奈

莫奈，
和他痴迷的睡莲

善但非常聪明的评论家指出，这些作品体现了印象主义最显著的特征——将各种元素"混合杂糅"，"粗放地使用颜料，描绘现实中的景物，反映直观的视觉效果，精心设计出混乱无序的表象，大胆涂抹各种明亮鲜艳的色彩，却对形状毫不在意"。这段文字非常精确地定义了莫奈那个时代的印象主义。那个时代，莫奈的人生旅程正如这条铁路上行驶的火车，在传统与现代、乡村与城市、美景与烟尘之间走走停停、来来往往。

进入卢浮宫的 14 幅莫奈作品属于艾萨克·卡蒙多伯爵（Count Isaac de Camondo）。这位犹太银行家及收藏家生于君士坦丁堡，长期在巴黎生活，拥有意大利国籍，具备"非凡的赚钱能力"。一位愤世嫉俗的评论家认为，卡蒙多为了得到巴黎人的认同和尊重，抛弃了祖先的"土耳其式拖鞋与毡帽"，戴上了保龄球帽，资助歌剧，饲养赛马，并获得了"一个贵族的姓氏"。同时他还成了绘画鉴赏家，在他位于香榭丽舍大街的豪华公寓里，收藏了全法国最顶级的印象派画家作品。1911 年 59 岁的伯爵意外去世，他的所有藏品都捐赠给了卢浮宫，包括马奈、塞尚和莫奈的作品。他还遗赠了 10 万法郎用于安装和布展。专门收藏这些画作的一系列展厅被命名为卡蒙多展区。

莫奈和朋友们的这些作品曾经遭受权威艺术机构那么强烈的鄙视，并在公众中引起那么巨大的争议；而如今，它们占据了卢浮宫的一个角落。能够见证这样的历史时刻，一定令莫奈激动不已。卡蒙多对其中的某些画作也并非十分钟爱。莫奈给他写了一封信之后，他才买下塞尚的《被绞死之人的房子》。然后，似乎是为了表示他对这幅画很满意，卡蒙多把莫奈的这封信放进一个皮袋子里，缝在画框背面。

这也是让他陷入美好回忆的时刻，如同在火车上他忆起自己的那些奋斗与成功，而那些都没有此刻这么激动人心。这 14 幅作品更加令他心潮起伏，其中很多是他职业生涯中里程碑式的作品，也代表了他人生的不同阶段：从年轻时在翁弗勒附近积雪的道路上写生；再从阿尔让特伊到维特尼（Vétheuil）、一路走来，一路描绘当地的风景；再到鲁昂，创作了令他名声大噪的教堂系列作品（卡蒙多拥有四幅）；最新的是一幅睡莲画。一位记者报道，在自己的画作前，"莫奈脸上闪现喜悦之情，他非常乐意回忆每幅画的具体创作日期和其他各种细节"。

莫奈造访卢浮宫之后不久，还是在那个 6 月，一场罕见的雷暴袭击了巴黎。一家报纸的头条标题就是："巨大的破坏。"倾盆大雨，加上本身的疏忽与缺陷，导致圣拉扎尔火车站洪水泛滥。排水系统倒灌，污水横流。地铁停运，路面塌陷。一辆出租车掉入塌陷处，司机和乘客均丧命。闪电击中一队铁路工人致队员全部死亡，并将屋顶击碎，碎片掉落在路上。煤气管道爆炸起火，圣 - 菲利普·杜鲁莱（Saint-Philippe-du-Roule）路上的一处爆炸尤为剧烈，在地面上炸出了一个 25 码深的大坑，吞没了一个家居用品商店。一头牛陷进内伊（Ney）大街的一个塌陷坑；9 匹马在夏贝尔门（Porte de la Chapelle）地下隧道施工工地被淹死，水深达 10 英尺。一位记者在深夜冒险外出采访，看到英勇救援的消防队员们只能依靠帽子上的乙炔顶灯照明；同时他震惊地发现博埃蒂（Boétie）街上的一栋建筑里灯火辉煌，鼓乐齐鸣，一对对舞者欢快地跳着"优雅的华尔兹和奔放的探戈"，似乎对外面到处发生的灾难一无所知。

此时这种无忧无虑的华尔兹，只不过是跌入深渊之前的最后狂欢。这名记者并未意识到，这竟然成了1914年夏天法国发生的一则极具讽刺意味的寓言故事——一个歌舞升平、追求享乐的世界即将被可怕的战争吞没。后来，人们回首战前岁月，会认为这段快乐幸福、纯真浪漫的时期是法国的黄金时代，同时也是不知居安思危，只赏阳春白雪的时代。这时的法国令德国人发明了"如法国一般蒙上帝恩宠"这样的短语。再后来，当一切灰飞烟灭之后，法国人也创造出一个词"黄金时代"来缅怀这段岁月。这个怀旧的词汇确实能够让人们想起这个时代和这片土地上即将被战争摧毁的一切。当时的法国人愉快满足，欢欣鼓舞。巴黎人称自己过着"甜蜜的生活"——就在一年前《费加罗报》曾这样报道。1913年6月，这家报纸的记者采访了47名来自美国旧金山的童子军成员，问他们对巴黎的印象如何。美国的孩子们不仅赞赏埃菲尔铁塔和巴黎圣母院，也喜欢喷泉、公共花园、三车道的宽阔大街，还有户外咖啡馆；因为坐在那里可以一边喝咖啡，一边观察街上的行人。孩子们羡慕法国士兵的红色裤子、年轻男子的胡须（他们手里拿着帽子，有时互相拥抱）、长条的面包、数量惊人的汽车（当时仅在巴黎就有600家汽车制造厂），当然还有"衣着时髦、年轻漂亮的女士"。看到这些年轻女士在大街上抽雪茄，这让美国孩子们感到难以置信，同时心存敬畏。

巴黎的大街、花园、咖啡馆和时尚女性，正是莫奈和其他印象派画家致力于描绘的主题——美妙优雅的多彩世界、悠闲快乐的日常生活。他们自己就过着这样的生活，也希望用画笔定格这样的生活。对于一些人来说，莫奈的花园，以及他描绘自家花园的画作，是巴黎视觉映像中非常重要的部分，就如同新艺术风格的地铁入口和富丽秀剧场里的舞蹈演员一样。莫奈的卢浮宫之行才过去几个月，一名曾经是小说家的士兵在战壕里给莫奈写信说："我的眼前经常出现吉维尼美丽的花园和宽敞的客厅。"

莫奈的花园在 1914 年 6 月的那场暴风雨中没有受到太大的破坏。他在写给夏洛蒂·利舍的信中提到了"恶劣的天气"。两天后他写信给另一位朋友说他"忙着干活"，没时间离开家。他在一份类似发言稿的声明中写道，"我现在的一切工作"都需要多年的时间才能完成。几周后，他又写了两封信。一封是写给一位卡萨利诺（Cathelineau）女士，邀请她前来观赏正处于盛花期的睡莲；另一封是告知画商保罗·杜兰德-鲁埃尔，他已经重新开始工作，他的视力有所恢复，"一切进展顺利"。

这些不同寻常、笔调轻松的信件落款日期都是 1914 年 6 月 29 日。这一天，法国所有报纸的头版都报道了奥匈帝国王储斐迪南大公在萨拉热窝遇刺的消息。

克列孟梭没有在深渊的边缘狂欢。他预见到了即将到来的风暴，并深感恐惧。当年 3 月，梅斯（Metz）举行了一位政治家雕像的揭幕仪式，他就曾断言德国"为了寻求欧洲霸主地位不择手段，势必图谋消灭法国。所以，一定要做好准备、做好准备、做好准备"。这是非常大胆的言论，因为自 1871 年起，梅斯就划归德国所有了。1914 年整个上半年，在他最新创办的报纸《自由人报》每天的社论里，克列孟梭都利用他铿锵有力的文字提醒法国人提防"德国的专制主义"。他写道，德国所有的军队都在按照称霸世界的目标进行统一部署——对它俯首称臣的国家可以得到和平，不肯屈服的国家就将招来战祸。他强烈谴责法国糟糕的武器装备，德国拥有 3500 门重炮，而法国只有可怜的 300 门。他主张实行两到三年的强制兵役，保证军队兵源充足、训练有素。东部边防部队因为反对这项政策而哗变的时候，他印发传单诘问道："当你们甩手离开的时候，难道没有听到孚日山（Vosges）那边的野战炮叮当作响吗？"

1914 年 6 月 23 日，克列孟梭在社论中指出"否认欧洲人民正面临巨大危机毫无根据"。这场危机因为斐迪南大公遇刺而变得更加迫在眉睫，甚至连克列孟梭也没有预料到它会如何开始。萨拉热窝事件发生两天后，克列孟梭发表了关于"骇人听闻的萨拉热窝惨剧"的社论，标题是"前路未卜"。法国社会党领袖让·饶勒斯（Jean Jaurès）更不愿意预测未来的局势。他是法国唯一一位在个人魅力、智慧与口才方面能够与克列孟梭相提并论的政治家。两人也是多年来势均力敌的老对手。如果说克列孟梭是法国政坛最具影响力的作家，饶勒斯则是最具感染力的演说家（有些人认为他是历史上最优秀的演说家）。1914 年 7 月，饶勒斯运用他难以战胜的雄辩口才反对法国加入"疯狂的巴尔干冒险"，他依然相信战争可以避免。7月25日，他在里昂（Lyon）附近的维斯（Vaise）发表演讲，苦口婆心地规劝："想想战争对欧洲来说将是怎样的灾难……将会是多么悲惨！多么可怕！多么血腥！"

然而，此时大多数法国人的注意力却被亨丽埃特·卡约（Henriette Caillaux）谋杀案吸引了。她是约瑟夫·卡约（Joseph Caillaux）的第二任妻子。卡约是克列孟梭担任总理时的财政部长，后来于1911年到1912年成为总理。1914年3月，《费加罗报》主编加斯顿·卡尔梅特（Gaston Calmette）在一场反对卡约的运动中披露了他的一些私人信件，包括他还未与第一任妻子离婚的时候写给亨丽埃特的信。卡尔梅特认为这些信件证明了卡约曾经通过不光彩的手段实现自己的目标。"他的面具被撕下来了，"他以胜利的口吻宣布，"我的任务完成了。"三天后，卡约夫人也完成了她的任务。她进入卡尔梅特位于德鲁奥（Drouot）街上的办公室，将勃朗宁自动手枪藏在她的毛皮暖手包里，朝卡尔梅特开了6枪。她于7月出庭受审。

欧洲正处在战争的悬崖边摇摇欲坠，而各大报纸却用更多的笔墨来报道卡约夫人的案件，而不是迅速恶化的政治局势。《巴黎回声报》甚至曾把所有版面都用来报道该案。连克列孟梭的《自由人报》也报道了一些案件的细枝末节：法庭上卡约夫人身穿黑色的裙子，头戴黑色草帽，仍然像最开始时那样坚称案发当时她正在吃午餐，菜单是鸡蛋冻和咸羊肉配依云矿泉水。这场审判牵涉了两位前总理、多位前任及现任内阁成员。法庭于 7 月 28 日宣判卡约夫人无罪。宣判之后几个小时就传来消息：奥匈帝国对塞尔维亚宣战，并开始轰炸贝尔格莱德。三天后，发生了另一起令人震惊的事件：饶勒斯在蒙马特（Montmartre）街的一家咖啡馆被一名法国民族主义者刺杀。

又过了一天，1914 年 8 月 1 日，一份全国动员令通过电报发到法国国民议会，马上就被公布了。议会大楼外，奥赛（Orsay）码头旁的报亭里，克列孟梭的《自由人报》赫然印着头条标题："坠入深渊"。两天后的清晨 6 点 15 分，如同闪电袭击巴黎、暴雨横扫街道，德国对法国宣战了。

第 5 章

前路未卜

"至于我，无论如何我都会待在这里，如果那些野蛮人想要杀了我，我也要和我的画死在一起，为我毕生的事业而死。"

这是莫奈在战争爆发近一个月之后写下的心声。两周后，他写信给让-皮埃尔的妻子，再次表达了这种不惧死亡的悲壮情怀（此时，让-皮埃尔已经和其他 300 万法国人一样从军了）。莫奈告诉她："如果出现动荡或者危险，我会支持布兰切离开，但我还是要留在这里。这里有太多的回忆让我不忍心离开。我的大半辈子都是在这里度过的。总之，我宁愿死在这里，跟我的画死在一起，也不愿意为了活命而把我视同生命的这一切留给盗贼或敌人。"

莫奈如今决心勇敢面对敌人的态度，与 1870 年那一次截然不同。那是德国上一次入侵法国。当时莫奈与卡米拉新婚燕尔，他们带着 3 岁的儿子让住在海滨胜地特卢维尔。当 20 万全副武装的普鲁士军队逼近巴黎开始围城的时候，莫奈毫不犹豫地横渡海峡逃往英国。整个普法战争期间，他一直待在伦敦，经常在公园里散步、写生，创作了几幅精美的风景画。在那段日子里，他喜欢上了康斯特布尔（Constable）❶和特纳（Turner）❷的作品，还有橘子酱。

❶————————
约翰·康斯特布尔（1776—1837），英国风景画家。（译注）

❷————————
约瑟夫·特纳（1775—1851），英国浪漫主义风景画家，著名的水彩画家和版画家。（译注）

1914 年 8 月，局势看起来与当年一样对法国非常不利。数百列火车载着法国士兵奔赴前线。他们戴着法式军帽，穿着令来访的美国童子军羡慕的红色马裤。骑兵们胸前的铠甲闪闪发光，军官们气势威严地挥舞着马鞭。一家报纸报道说："所有士兵都在唱着歌，因为他们知道自己是为神圣的人类文明而战。"他们当然也是为自己的国家而战。他们唱道："为祖国而死是最美丽的缘分。"成千上万的法国士兵都因为德国的枪炮而遭遇了这种"最美丽的缘分"。他们倒在了无情的炮火之下，就是克列孟梭曾经提到过的"在孚日山那边叮当作响"的重型野战炮。8 月 22 日，在沙勒罗瓦（Charleroi）战役中，2.7 万名法国将士阵亡，创下了单日法军损失人数的最高纪录。两天后，百万德军如潮水一般越过边境，冲进法国。

一家法国报纸称巴黎市民对战争的反应是"异常镇定"。但事实上，恐慌已经影响到了人们

1914 年，马恩战役中，一队法国士兵端着刺刀，发起冲锋

的日常生活。8 月底，巴黎人已经能听见炮声。一架被德国人称为"鸽子"的飞机从巴黎上空投下炸弹。人们仰望天空，焦虑地查看是否有齐柏林飞艇。国防部长预计德国人会在一周内攻入巴黎，人们开始仓皇逃离。历史仿佛回到了 1870 年普法战争时期，政府迁往波尔多（Bordeaux）。大批巴黎市民涌向德奥斯特里茨火车站（Gare d'Austerlitz）和奥尔良火车站（Gare d'Orléans），拼命挤进塞满行李的嘈杂车厢，让维持秩序的警察左右为难。另一些人试图乘船去鲁昂或阿弗尔，那里的医院正在紧急动员，准备接收伤员。更多的人乘坐农用车、骑着自行车，甚至推着手推车走公路离开巴黎。大量艺术品也被撤离。卢浮宫里超过 2500 幅画作从墙上被取下，装入密码箱，由军人押运至图卢兹和布卢瓦（Blois）妥善保管。这其中就有莫奈的那 14 幅作品，此时它们进入卢浮宫才刚刚两个多月。

平时用于运输牲畜的火车现在也满载着参战的士兵，缓缓经过吉维尼莫奈家花园的尽头，向东边前线的方向驶去。与此同时，吉维尼及附近的农户和村民纷纷向西逃难，后来莫奈说那是一个"可怕又荒唐的恐慌时刻。"一位目击者形容那个 8 月吉维尼的道路上肮脏、混乱，"尘土飞扬，挤满了可怜的人们；他们赶着牲口，马车上坐着老人和哭闹的孩子。人们痛苦不堪，惊慌失措，双手抱着头，无声地抽泣"。不久，一家比利时难民来到吉维尼，住进了德尔菲·桑若（Delphin Singeot）的一所房子，莫奈就是从这位桑若先生手中买下了苹果酒坊。

吉维尼因此少了 30 多个人，有的参军了，有的撤离了。美国侨民几乎一夜之间就走光了。其中就包括莫奈的继女玛特和她的丈夫，还有两个孩子。他们逃离吉维尼去纽约了。有一位美国人至少多留了几个月，他是弗雷德里克·麦莫尼斯（Frederick MacMonnies），一位来自布鲁克林的雕刻家，从1901年起就一直住在教堂附近一座17世纪的修道院里。他在一所爬满常春藤的房子里办起了医院，拥有14张床位，很快就住满了伤兵。

吉维尼的临时医院很快因为其护士长而声名远播。这位护士长名叫欧仁妮·贝菲（Eugénie Buffet），是法国家喻户晓的歌唱家，19世纪90年代她在巴黎夜总会及咖啡馆音乐会的表演让她全国闻名。在成为合格的护士之前，48岁的贝菲女士只是被请来为伤员更换纱布和提供心灵抚慰。她后来写道："我都看到了什么啊！每晚我都能听见可怜的伤员不停地呻吟……半夜里一点点动静就会让他们惊醒、尖叫，好像自己还在战壕里，尽管有我们在身边看护。"她还提到很多年轻的伤兵会悲恸地哭喊"妈妈"。一天晚上，她开始为他们唱歌，"渐渐地，他们放松下来、平静下来，睡着了"。

这所距离莫奈家不到半英里的医院，每天上演着痛苦和死亡的悲惨场景。吉维尼的居民为医院捐赠了亚麻布和床垫，莫奈也做出了自己的贡献：伤员和受炮火惊吓的士兵们可以吃到他家种植的蔬菜。这些豌豆和豆角并非产自莫奈那座著名的花园，因为莫奈觉得蔬菜会破坏花园的美感。他在附近另外租了一处带花园的房子，让园丁在那里种蔬菜。莫奈的花园也还是受到了战争的影响，他有几个园丁去前线参战了。他写信给约瑟夫·杜兰德-鲁埃尔（保罗·杜兰德-鲁埃尔之子）说："我们平安无事，也一直能收到亲友们平安的消息。但我们每天都非常痛苦和担忧。"

1914 年 7 月初，莫奈曾满腔热情地向吉弗鲁瓦宣布他已经"开始一项宏大的工程"。然而，此时此刻，是激战正酣的第一个星期，继子让-皮埃尔，还有继女热尔梅娜（Germaine）的丈夫阿尔贝·萨鲁（Albert Salerou）都在前线参战。他担心的事情不再只有他这项宏大工程的前景。他写信给让-皮埃尔，告诉他："既要勇敢，也要谨慎，要知道我们的心跟你在一起。"他的小儿子米歇尔因为身体原因被免于兵役，可能是因为几个月前刚接受外科手术，也可能是因为旧伤——1902 年他在弗农开快车撞断了一根股骨。但他依然在想办法加入军队。莫奈也担心他的朋友们。他给吉特里夫妇发电报询问近况，还尝试寻找米尔博的下落，也写信给朋友打听雷诺阿的消息，雷诺阿的两个儿子也上了战场。

莫奈还担心自己的画。敌军离巴黎只有 30 英里远了，敌机在巴黎上空扔下炸弹，还有绑在沙袋上的传单，声称巴黎即将沦陷。他害怕自己的画作落入德国佬手中。他永远也不会忘记 1870 年普法战争期间毕沙罗的大量作品是如何遭到破坏的：普鲁士人占据了毕沙罗在路维希安（Louveciennes）的家当作屠宰场，把他的画铺在地上当作地毯。1914 年 8 月的最后一天，他写信向约瑟夫·杜兰德-鲁埃尔询问"是否能够找到一个安全的地点"存放他的画，"你可以租一辆汽车，找一个可靠的人过来，能拿走多少就拿走多少"。如果这个办法得以实施，莫奈家中的画作，将和那些卢浮宫的珍宝一样，随着撤离的大潮漂泊异乡。

没有汽车从巴黎开来转移画作。但第二天确实有辆车带来了一个人，奥克塔夫·米尔博。他住在塞纳河上游的舍维榭芒（Cheverchemont），距吉维尼25英里。很少有客人能像他一样受到如此热情的欢迎，尤其是在这样一个兵荒马乱的时候。米尔博写信告诉莫奈"在所有人中，我最欣赏你"的时候，无疑是真诚的。还有吉特里，他与莫奈的友谊也是令人感动的，"他们彼此交换眼神时的目光比任何人都要真挚"。

从19世纪80年代初米尔博为莫奈的画作写下第一篇狂热赞美的文章开始，他们成为朋友已经30多年了。根据吉特里的记述，米尔博是法国最聪明、最善于表达的艺术评论家之一，因为很早就开始支持莫奈、塞尚和梵·高，他自己也成为巴黎主流舆论讨伐的对象。莫奈称他为"画作发现者"。他同时也是一位受人瞩目的小说家，有时会创作一些新颖的怪诞小说。1913年一家报纸称他为"伟大的奥克塔夫·米尔博，我们这个时代最具影响力的作家"。最重要的，他是一位斗士，不知疲倦地为捍卫真理和正义及弱者的权益而奋斗。还是那家报纸，评价他是"思想先进"的人。一位作家同行曾说，他每天早上都是在愤怒中起床，然后一整天都在寻找继续愤怒的理由。小时候他就从自家果园里朝毫无防备的行人扔苹果，成年之后，他继续朝不断变换的目标"发射炮弹"，其中最主要的目标就是教会。他于1890年发表了小说《塞巴斯蒂安·罗奇——谋杀一个孩子的灵魂》，以令人惊恐的自述口吻揭发了教会极力掩盖的神父

性侵儿童的罪行（他在布列塔尼上小学时就曾遭遇过）。

米尔博和莫奈一样喜爱美食。19世纪80年代，他创办了一个文学美食俱乐部，第一时间邀请了莫奈前来品鉴。园艺是两人的又一个共同爱好。到19世纪90年代，他对园艺的热爱与精通程度几乎要超过莫奈家的园丁了。"花朵是我的朋友……是一切快乐的源泉"。他热衷于培土。他曾向莫奈透露："一旦发现一块肥沃的土地，我会对它进行规划，冥思苦想好几个小时。然后堆肥！我热爱堆肥就如同热爱女人一样！我把肥料摊匀，看着这冒着热气的一堆东西，想象着美丽娇艳的花朵会从这里长出来！"米尔博搬过很多次家，所以也在很多花园里堆过肥。莫奈不断地给他提出各种建议，也不断地从他那里听说关于失败与挫折的幽默描述："我一朵花也没种出来！……那些罂粟，被蛞蝓吃掉了幼苗，被它们的幼虫吃掉了根。"1900年米尔博的父亲去世后，他把父亲的园丁菲利克斯·布勒伊（Félix Breuil）推荐给了莫奈。十几年后，布勒伊还留在吉维尼，自己也购置了一处小宅院。

年轻的时候，热情似火的米尔博外表却令人生畏：一头红发，

莫奈的挚友，作家奥克塔夫·米尔博

眼睛湛蓝，目光犀利，身材高大。有记者曾这样描述他："肩膀宽阔，一张大嘴就像大型獒犬的嘴巴，叫声响亮，咬人很疼。"他有一个古怪的习惯，经常牵着一条长相凶猛的大狗在巴黎街头游逛。狗的品种不确定（据说是澳洲野犬），但对于主人极其忠诚，就如同它的主人对莫奈的友情一样。他的另一只宠物反映了他温柔的一面，他还养了一只刺猬，刺猬的死让他悲痛欲绝。

从前，米尔博经常沿着塞纳河骑自行车到吉维尼。但 1914 年他已经 66 岁了，跟年轻时相比，他消瘦得就像一道影子，一部分原因是因为两年前的一次中风。他变成了"舍维榭芒的隐士"，出行非常困难，更为严重的是，他没法写字了。为了筹钱修缮住房，他不得不忍痛割爱，变卖他收藏的画作。1912 年拍卖了 3 幅梵·高的作品，包括《鸢尾花》和《三朵向日葵》，都是他在梵·高死后从唐吉老爹（Père Tanguy）手里购买的，梵·高为这位老爹画的肖像画也是他的藏品之一。"啊！他多么理解花朵优雅的灵魂！"这是他最早为梵·高写下的一句溢美之词。他十分钟爱这些画，不到万不得已是不会卖的。《三朵向日葵》卖出了 5 万法郎的高价，是他当初买入价的 166 倍，这多少给了他一点安慰。

米尔博到访吉维尼虽然备受欢迎，但却并不令人愉快。因为确信自己活不了多久了，这位深受疾病折磨的作家告诉朋友和客人们："你们不会再见到我了，不会了！我要死了！"有一次，他跟莫奈说："我们再也见不到面了，莫奈。我完蛋了，死期到了！"他心情阴郁还与其他原因有关。他是法国最著名的、立场最鲜明的反战主义者之一，他的小说经常反映战争、民粹主义和极端爱国主义的可怕之处。比如，他通过小说《塞巴斯蒂安·罗奇》的主人公之口指责极端爱国主义的庸俗与荒谬，而战场上的英雄主义则是"悲哀而危险的暴行和谋杀"。主人公最后不光彩地死在了战场上，这样的结局暗示了米尔博的观点：战争只会让青壮年去送死，终将毁掉"人类的希望"。战争的爆发当然令他十分沮丧。开战后几个月，他对记者说："战争压得我透不过气来，让我日日夜夜焦虑不已。"

米尔博看到莫奈的新作品还是非常高兴的，自己无法继续工作而莫奈还在坚持工作，他甚感欣慰。1914 年一位朋友发表了一篇关于米尔博的文章，形容他"心灵高尚，意志坚强，如同象征正义与优雅的圣骑士一样，在凡人的思想和作品中热切地寻找一种非凡之美，并愿意为之放下武器。"米尔博在莫奈那里找到了这种非凡之美，并愿意为之放下武器。多年以来，他的笔都在为莫奈提供源源不断的安慰与鼓励，尤其是在莫奈一次又一次遭遇危机的时刻。1907 年莫奈绝望地取消画展并剪碎他的睡莲画的时候，他写信给莫奈说"你无疑是我们这个时代最伟大、最杰出的画家"。1913 年夏天，他陪同莫奈前往吉特里的别墅，和吉特里一起，通过一番"肺腑之言"促使莫奈重拾画笔。

米尔博来的正是时候，成为最早见证莫奈宏伟工程的人之一。莫奈迫不及待地想要向朋友们展示最新的作品。7 月份他邀请了吉弗鲁瓦来欣赏"开始动笔的巨幅画作",但有两次吉弗鲁瓦都是说来最终却未能成行。克列孟梭也无法前来,作为参议员及参议院国防与外交事务委员会主席,同时兼任《自由人报》的主编,他在巴黎忙于各种事务,事实上,是在准备随政府迁往波尔多。还有吉特里,从春天到夏初,他的肺炎依然不见好转,7月初去埃维昂(Évian)疗养了。到了9月,他们夫妻准备加入撤离大军,开始在安全的昂蒂布装修别墅。

米尔博到底看到了什么,莫奈的作品在1914年9月进展如何,我们不得而知。7月初莫奈表示,他已经"不间断地工作了两个月,并未受到恶劣天气的影响"。7月初天气炎热,雷暴频发,快到月底的时候,天气变得凉爽了,经常下大雨。或许莫奈在7月完成了较多的工作,但是,由于战争带来的焦虑和难以预料的前景,看起来他在整个8月和9月彻底停笔了。米尔博在战争之初混乱不堪的日子里看到的刚动笔的作品,即便令人陶醉,也暂时被搁置了。

到了9月中旬,形势有所好转,法国对战局的研判几乎变得乐观了。马恩(Marne)大捷(这场战役中有600多辆出租车为法军运送增援兵力)解除了德军对巴黎的威胁。一家法国报纸兴奋地描述德军从马恩撤退的情景:"他们沿着失败和耻辱之路回家了!"当然,德国人并没有回家,而是在9月中旬开始沿埃纳(Aisne)河北岸修筑他们的第一道防御工事。与此同时,在河对岸,英国也在沿戴姆路(Chemin des Dames)挖掘壕沟,他们计划以这条地道为起点,修建一个可以经北海直达瑞士的地下交通网络。

这场战争已经被称为"大战"或"世界战争"了，说明战争规模扩大了。

开战之初令人心惊肉跳的 6 个星期过去了，吉维尼恢复了往日的平静，但生活显得不踏实、不轻松。村庄几乎空无一人。"整个世界都逃离了"，莫奈在 10 月写道。他写信给一位在巴黎的朋友，说他一个人也见不着，"除了可怜的伤兵"，即便是在更小的村镇，也到处都是伤兵。深受病痛折磨的米尔博在 10 月初再次来访，莫奈写信向吉弗鲁瓦汇报说米尔博"健康状况良好，因为局势好转而备感振奋"。至于莫奈的宏大工程，依然处于搁置状态。

1914 年 11 月，莫奈去了趟巴黎。这是战争爆发后他第一次到访巴黎。在开战之初，巴黎呈现一片肃杀的气氛。现在，许多撤离的人已经回来了，外加比利时难民和伤兵，整个城市人满为患。伤兵数量实在太多，丽兹酒店被征用，改成了临时医院。只有少数旅馆还正常营业。街头冷冷清清，剧院都关门了，卢浮宫里空空如也，太阳下山后街道也陷入黑暗。哪里都看不出一丝艺术氛围了。莫奈到达巴黎那天，一家报纸发出哀叹："可怕的战争让我们正经历严峻的考验，除了抱怨，甚至连艺术也无力发声。因为艺术正在为鲁汶（Louvain）、马林尼斯（Malines）、阿拉斯（Arras）和兰斯（Reims）的瑰宝默哀。"这些城市的艺术珍品和古老建筑在战火中遭到破坏，甚至被摧毁。唯一的一场展览是亨利·杜蒙（Henri Dumont）的"战争印象：废墟中的桑利斯（Senlis）"画展，由法国—比利时协会主办。一位评论家称这些画"为了受到亵渎的正义和即将来临的无尽惩罚而诉说、尖叫、哭泣"。池塘和花园所代表的美好时代似乎已经成为历史。

莫奈在巴黎和吉弗鲁瓦一起愉快地享用了一顿午餐。他们两人相识于 1880 年 9 月。当时他们住在贝勒岛（Belle-Île）灯塔脚下的同一家小旅馆。相遇之时，莫奈胡子拉碴，头戴贝雷帽，身穿厚实的毛衣，一副饱经风霜的样子，吉弗鲁瓦误以为他是个海军上尉。同年，吉弗鲁瓦进入克列孟梭的《正义报》担任记者。他和克列孟梭、米尔博一样，也是一位言语犀利、坚强果敢、奋斗终生的斗士。一位朋友说他致力于"维护司法公正"。一些朋友亲切地称他为"好人吉弗"。他那张"沧桑而微笑的面庞"（一位评论家同行如此描述），曾经出现在塞尚的画作和罗丹的雕塑中。1908 年成为巴黎一家壁毯制造厂的董事之后，他出版了许多研究艺术和博物馆的著作。他和他亲爱的母亲、残疾的姐姐德尔菲娜（Delphine）住在一套雅致的公寓里。那里还有他的藏书室，保存了 3 万本图书。他和克列孟梭、米尔博都认为莫奈是历史上最伟大的画家之一。他充满信心地断言，莫奈"堪称大师"。

令莫奈和吉弗鲁瓦遗憾的是，他们见面时克列孟梭没能陪同。他正在波尔多一间窄小的公寓里经营《自由人报》，只有少得可怜的几个员工，因为四分之三的员工都去打仗了。开战头一个星期，他从巴黎给莫奈写信说："我的神经紧绷，但我坚信只要每个人都保持昂扬的斗志，就像我现在看到的一样，我们

塞尚绘制的吉弗
鲁瓦肖像

就一定会胜利，只是时间问题。"从那以后，莫奈就再也没有收到他的只言片语。8月，他在《自由人报》上慷慨激昂地呼吁法国人放下政治嫌隙和分歧，"此时法国人之间不应该再有憎恨。到了我们相亲相爱、团结一心的时候了！"几天之后他给一位英国朋友写信，乐观地表示："我们正在经历艰难困苦，但我相信我们一定能够渡过难关。法国是令人敬佩的国度。无需哭泣，也无需歌唱。唯一需要的是冷静与坚定。"

克列孟梭倡导的相亲相爱与冷静坚定并没有持续多久。8月底，克列孟梭与时任法国总统雷蒙·普恩加莱（Raymond Poincaré）会面。总统认为巴黎面临德军强大的攻势，看起来即将沦陷。"克列孟梭完全失去控制了，他因为憎恨和暴怒而语无伦次"，总统这样形容他，"像一个狂躁的爱国者，幻想靠一己之力夺取胜利"。

普恩加莱总统并非唯一一个遭受"老虎"的怒火炙烤的人。1886年，克列孟梭就曾表示："战争太过重大，不应只依靠军队。"到了1914年，他更加坚定地认为，战争太过重大，不能只依靠将军们。9月，他开始猛烈抨击法国军队高层。他在《自由人报》上批评军队的医疗服务，因为军方用运输牲畜的火车运输伤员导致许多伤兵感染破伤风。然而，政府却实施了战时特殊政策，限制公民的各种自由，同时授予军方一系列的权力，使军队有权审查他们所认定的破坏公共秩序和军队士气的报社。克列孟梭受到一位将军的指控，称其发布"歪曲事实、误导大众的恶毒言论"。所有报纸都被没收，《自由人报》停刊一个星期。报纸最终还是复刊了，但是报纸的名称被改成了具有暗讽之意的《被锁住的人》。

1914年11月底，莫奈开始继续作画。他于11月1日写信告诉吉弗鲁瓦："我重新投入工作了。这是不让自己为当前局势而焦虑的最好方法。不过一想到有那么多人正在为我们忍受痛苦甚至献出生命，我在研究形状和色彩的时候就会略感愧疚。"莫奈的愧疚之情是可以理解的。一年之后的1915年，就有一位英国艺术评论家写了一篇名为《艺术与战争》的文章，无奈地表示，每一个人都在说同样的话"这不是谈论艺术的时候"！确实有许多画家投笔从戎，包括一些先锋画派的核心画家。《费加罗报》称，"如今我们的画家基本都上前线了"。至少就年轻画家来说，事实的确如此。比如莫奈的朋友，35岁的查尔斯·卡梅安（Charles Camoin），居住在弗农附近的野兽派画家，他在8月应征入伍并立即赶赴前线。还有一位时常拜访莫奈的立体派画家费尔南德·莱热（Fernand Léger）。另外还有野兽派的莫里斯·德·弗拉曼克（Maurice de Vlaminck）和安德烈·德兰（André Derain），以及立体派的乔治·布拉克。

很多其他的法国画家，特别是老一辈，已经开始或准备开始用另一种方式——他们的画笔和颜料为国家效力。在马恩战役中，曾就读于美术学院的画家，43岁的吕西安·维克多（LucienVictor）在炮兵部队服役。他们整个小队都穿着跟公牛眼睛一样红的军裤，因此遭到了敌军火力的猛烈攻击。"就在那个时刻，"后来他写道，"我想到了我们应该有所伪装，开始只是一个模糊的念头，逐渐变得愈发清晰。我觉得必须用一种简单有效的伪装方法保护所有的法国士兵。"于是，他开始做各种"颜色与形状"的实验，努力寻找一种伪装方法，以使战友们"不那么容易被敌人发现"。

吕西安·维克多的建议很快就得到了国防部的批准。第一支伪装小分队组建于1915年初，开始只有30位画家，最终发展成为3000人的部队。他们穿着漂亮的制服，佩戴着吕西安·维克多亲自设计的徽章：红色背景下的一条金色变色龙。这支队伍中还有几位从前线阵地上调来的立体派画家，比如，乔治·布拉克、雅克·维隆（Jacques Villon）、罗杰·德拉·弗瑞斯内（Roger de La Fresnaye）、安德烈·马雷（André Mare）。战前，立体派受到舆论攻击，谴责他们的作品不爱国、反法兰西。而吕西安·维克多宣称他们的绘画风格对他的部队至关重要："我采用了立体派的方法，让受保护的目标完全变形。因为以他们独特的视角，可以伪装任何目标，所以我征召了许多优秀的立体派画家。"。

就在吕西安·维克的小分队准备用迷彩头套替代法国士兵引以为豪的法式军帽时，另一支画家队伍在 1914 年年底就已经开始工作了。1914 年 9 月，马恩大捷之后，画家皮埃尔·卡里埃 - 贝勒兹（Pierre Carrier-Belleuse）和奥古斯特 - 弗朗索瓦·约古尔（Auguste-François Gorguet），在 20 名"优秀画家"组成的团队协助下、在贝勒兹位于贝尔蒂埃（Berthier）大道的画室里，开始创作巨幅画作《战争英雄》。这是一幅全景画，类似于 18 世纪末出现并风靡整个 19 世纪的一种大型装饰画——以细致、逼真的现实主义手法描绘 360 度视角的城市或战争场景，用来装饰圆形大厅或作为舞台中央的布景。据报道，这幅描绘了经典的战争场面和数百位法国英雄的《战争英雄》，长达 115 米。

法国艺术家还有另一种方式报效祖国：成为法兰西文化与文明的指路明灯。在 1914 年的危急关头，法国各家报纸不再犹疑。他们宣称这是"一场神圣之战"。8 月 4 日，《晨报》报道称，法国与德国的战争已经上升成为"文明对野蛮的神圣之战"。开战不到一周的时候，法国著名学者、哲学家亨利·柏格森（Henri Bergson）在享有盛誉的法兰西学院发表演讲，就曾指出这是一场"文明反抗野蛮"的战争，德国人的"残暴与冷酷"已经倒退回了"原始的蛮荒时代"。

这样的论点似乎得到了验证。1914 年 8 月底，德军在鲁汶屠杀了数百名比利时平民并焚毁了城市。正如《晨报》所说，鲁汶是"低地国家的文明中心"，那里古老的图书馆收藏了超过 25 万册的中世纪图书和手稿。两周之后，德军又将炮口对准了兰斯的大教堂，那里的中世纪雕刻曾被罗丹盛赞为"最伟大的欧洲艺术瑰宝"，被法国中世纪研究的先驱埃米尔·马勒（Émile Mâle）誉为"人类文明的至高点"。马勒写道，德国人"向那些象征和平的雕像开炮，那些雕像只会表达仁慈、温柔、无私……整个世界都因为这种暴行而震惊：每个人都看到，天空中的一颗星星暗淡了，地球上的一种美丽消逝了"。

以坚持法兰西的艺术与文化价值观对野蛮的暴行进行谴责，也是一种舆论战。"法国艺术会像法国军队一样以牙还牙、以血还血！"法国著名作曲家克劳德·德彪西（Claude Debussy）在1914年9月发出呐喊。到了10月中旬，舆论战变得更加激烈，德国人也开始在文化艺术的战线上加大火力。10月13日，《时间报》转载了一篇德国人的声明（最早刊登于德国《柏林日报》），标题为"向文明国家发出呼吁"。这篇文章由93位德国科学家、学者和知识分子起草并签署，其中包括生物学家保罗·埃尔利希（Paul Ehrlich）、物理学家马克斯·普朗克（Max Planck）和威廉·伦琴（Wilhelm Röntgen）。他们抗议法国人用"谎言和诽谤"抹黑"德国人为反抗被强加的苦难而进行的正义斗争"。文中充斥着自我开脱的借口和罔顾事实的辩解：是法国人和英国人而非德国人，破坏了比利时的独立；没有法国或比利时的艺术品或建筑物被破坏；没有比利时平民受到德国军人伤害，除了出于自卫的情况。对于法国和英国自诩代表欧洲文明的说法，文章这样反驳："法国人和英国人属于俄罗斯族和塞尔维亚族，并不害怕挑起蒙古族和黑人对白人的反抗，而这将是文明世界中最令人耻辱的事情。所以他们当然不配说自己是欧洲文明的守护者。"

这样的论调竟然由重量级的学术泰斗起草并签名，实在令人无比震惊。这些学者大多备受法国同行推崇，被认为是致力于审慎、公正地探究事实真相的科学家。但真正让法国知识分子觉得最受侮辱的是这些德国著名学者在文章最后所写的："相信经过这场斗争，我们会看到那些文明人的末日，他们只不过是在效仿与我们的土地、我们的家园一样神圣的歌德、贝多芬和康德。"

法国人开始准备反击，有人还试图证明贝多芬并非德国人而是比利时人。法国作曲家卡米耶·圣 - 桑（Camille Saint-Saëns）在几周内发表了数篇言辞激烈的文章。在《巴黎回声报》刊登的一篇文章中，他承认抹杀德国艺术家和学者的成就是没有意义的（"那与德国人说法国人是一群猴子"并无不同）；但他也指责"荒唐的亲德派"通过各种手段腐蚀了法国人的品位，比如把瓦格纳的音乐推荐给法国人。他继续写道："歌德和席勒确实是伟大的诗人，但是被捧得太高了！"他以饱含民族情感的文字结尾："有人说艺术没有国界。这是完全错误的。艺术的灵感直接来源于一个民族的特质。无论如何，即便艺术没有国界，艺术家却有国界。"

法国文学和艺术家们出版了一本书予以回击，由 100 位法国文化界名人签名，包括作家奥克塔夫·米尔博、阿纳托尔·法兰西（Anatole France）和安德烈·纪德（André Gide），作曲家圣 - 桑和德彪西，当然也包括克列孟梭和莫奈。作为法国（如果不是世界的话）最著名的画家，那些他曾经细致观察、欣赏、描绘过的法国教堂如今遭到德国炮火的摧残，莫奈是这场文化较量中不可或缺的人。因此出版方很快就邀请他加入并署名。他的回复是，他一般不参加任何委员会（事实如此），"但现在情况不同了，如果您觉得我的名字有所帮助的话，请随便使用"。

他自愿署名的这本书名为《德国人：古代教堂和文物的破坏者》，题献给外国作家和艺术家，以及"所有热爱美好事物的人们"。这本书相当于德军轰炸兰斯、阿拉斯、鲁汶及其他城市的"备忘录"，附录中配上了许多照片和其他证据。阿纳托尔·法兰西在附录中称这些轰炸是"对艺术成就和历史遗迹野蛮而又愚蠢的破坏"。

这并不是莫奈最后一次以自己的名字和天赋为法国的文化舆论战贡献力量。与此同时，他也可以更加安心地继续研究色彩和形状，因为他意识到，这也是报效祖国的一种重要方式。

第 6 章

巨型装饰画

1914 年 12 月，莫奈开始继续创作他的巨幅画作，同时，巴黎人的生活也逐步恢复正常。12 月 10 日，政府从波尔多迁回巴黎。红磨坊重启盛大的夜场表演。法兰西剧院和巴黎喜歌剧院也不再上演鼓舞人心的《马赛曲》，重新恢复了戏剧与歌剧演出。但战争的印迹无处不在：巴黎大皇宫成了伤兵康复医院，巴黎圣母院绚丽的彩色玻璃被难看的黄色玻璃取代，被罩住的路灯和黑暗的街道使得人们称此时的巴黎为"阴影之城"。人们普遍对局势持谨慎乐观的态度。官方通报称德军进攻皮卡迪（Picardy）和阿拉贡（Argonne）森林遭遇惨败，《晨报》刊载了这则通报之后断言，法国正走向"最终的胜利"。一位法国将军信心十足地表示："1915 年我们将迎来胜利与和平"。

克列孟梭却并不乐观。12 月的第一周，他给莫奈写信说"开战已经 6 个月了"，接着他严肃地预测"它恐怕会持续 3 年"。几天之后，克列孟梭和其他政治家及外交人员返回巴黎。当天他就去吉维尼拜访了莫奈。那天天气不好，阴沉晦暗，还下了几场阵雨；加上寒冬时节花草枯萎，又因为好几个园丁都上了前线，花园乏人照管，克列孟梭欣赏花园时的感受一定大不如前。不过莫奈家的美食一如既往。当时法国富人们的食品供应并未受到战争的影响，而法国报纸则兴高采烈地报道德军已经吃光了土豆，不得不开始吃"狗肉香肠"和"稻草面包"。莫奈一定向克列孟梭展示了他的新作品，但此时"老虎"克列孟梭除了鼓励他的朋友之外，还有更加紧要的事情要做。长期以来，他一直坚持在自己创办的报纸上为整个国家的命运大声疾呼，每天都会在头版发表激荡人心的长篇社评。在其中的一篇里，他赞扬了法国士兵"超乎凡人的勇气与力量"，同时也发出悲壮的呼吁"如今，祖国母亲在哭泣，她需要她的孩子们献出生命"。

我们不能指责克列孟梭虚伪。他 41 岁的儿子米歇尔，一位法军陆军中尉，两周前在交战中被德国骑兵所伤，几乎丧命。他显示出了从父亲那里继承而来的勇气与毅力，用尽最后一丝气力杀死了对手。而莫奈恐怕也并不会认同"孩子应当为祖国母亲献出生命"的观点。他自己的儿子（也叫米歇尔）最终还是入伍了，一部分原因是因为在损失了将近 30 万士兵之后，法国放宽了征兵条件。克列孟梭与莫奈谈论了多少关于政治或战争的问题，我们现在不得而知。可以确定的是，吉维尼是克列孟梭暂时逃离办公室和参议院里激烈辩论的庇护所。莫奈的陪伴对他而言弥足珍贵，原因之一就是莫奈对政治毫无兴趣。

克列孟梭的朋友们都记述了他的机智与健谈，他的每一句妙语都能赢得朋友们由衷的钦佩。与他恰恰相反，莫奈是个少言寡语的人。他曾经警告一位来访者："不要问我任何问题。不要试图撬开我的嘴。我什么也不想说。"吉特里评论道："莫奈不会像普通人那样'交谈'，只是你说他听。对于向他提出的那些最重要的艺术问题，他也只是以'是'或'不是'来回答……"事实上，莫奈回答"是"或"不是"的时候也并不太多。一位路人曾经无意中听到莫奈用低沉沙哑的嗓音回答吉弗鲁瓦友善的提问："嗯……嗯……嗯……"与克列孟梭谈话时，他也时常是一种不置可否的态度。克列孟梭曾向吉特里表示："即便是莫奈最亲密的朋友，也不了解他的思想"。

莫奈的朋友绝不会认为他的沉默寡言是不够聪明的表现。客人们从餐厅走到咖啡室的路上会经过莫奈的图书室"蓝屋"，里面的藏书非常丰富。吉弗鲁瓦说，莫奈初到巴黎就在小酒馆结识了许多作家和学者，从那时起，他就热爱读书。雷诺阿 1874年为莫奈画像时，画的不是他在画架旁的样子，而是他伏案阅读的场景：他抽着烟斗，专心致志，看上去很像个教授。晚上，只有爱丽丝在蓝屋陪伴他的时候，他会更加自然、从容，他会大声地念书；爱丽丝则坐在他身旁，一边缝补衣物，一边认真倾听。他最喜欢的作家，除了米尔博和吉弗鲁瓦，还有福楼拜（Flaubert）、左拉、易卜生（Ibsen）、哈代（Hardy）和托尔斯泰（Tolstoy）。他也涉猎古代经典，比如阿里斯多芬尼斯（Aristophanes）、塔西佗（Tacitus）和但丁（Dante）的作品。他从头到尾读完了一些非小说类巨著，比如蒙田（Montaigne）的《法国史》、伊波利特·泰纳（Hippolyte Taine）的《圣西门回忆录》和儒勒·米什莱（Jules Michelet）的《德拉克洛瓦日记》。莫奈并没有出现在德拉克洛瓦的日记里，尽管他年轻时经常在隔壁楼房透过窗户望向后者的画室，期望一睹他的画作。当年莫奈对德拉克洛瓦充满好奇与仰慕；与此相似，后来经过吉维尼的路人也忍不住想要打探莫奈的情况。

出于对文学和美食的兴趣，莫奈于1914年年底又去了一趟巴黎。圣诞节前一周，他去参加了龚古尔学院（Académie Goncourt）的月度午餐会。龚古尔学院当时更多的被称为龚古尔文学社，是1900年用爱德蒙·德·龚古尔（Edmond de Goncourt）的遗产创立的一个文学社团。吉弗鲁瓦和米尔博都是创始成员，吉弗鲁瓦自1912年起担任主席。从某种意义上说，这个社团是米尔博创立的文学美食俱乐部（1888年举行了最后一次聚餐）的延续：成员大致相同，都是对文学和美食怀有浓厚兴趣的人。

龚古尔文学社的10个成员（被称为"十人小组"）在每个月的第一个星期二中午聚餐，开始是在巴黎大酒店，后来地点更换为巴黎咖啡馆。开战后的几个月里，他们改在专营海鲜的德胡昂餐厅聚会。这家餐厅位于歌剧院附近，是克列孟梭和其他记者经常光顾的地方。龚古尔文学社总在同一间木质装修的私人包间聚餐。这间包间的名称是"路易十六沙龙"，后来很快就被称作"龚古尔沙龙"。一家报纸报道："他们一边享用美食一边讨论各种话题，餐后甜点上来之后，他们便开始研究今年的文学作品。"这些在梅尔巴蜜桃（pêche Melba）❶旁边进行的认真

❶ ——————
梅尔巴蜜桃（pêche Melba）是1893年由法国大厨奥古斯特·埃斯科菲耶，为澳大利亚女高音歌唱家内莉·梅尔巴创制的一道甜点。由放在淡香草味糖浆的沸水中煮过的半个桃子做成，配上香草冰淇淋及覆盆子浓汁。（译注）

探讨，在 1903 年催生了于每年 12 月颁发的奖金额为 5000 法郎的龚古尔文学奖。

莫奈并非龚古尔文学社的正式成员，但他会定期参加他们的聚餐。在聚餐会上，他不仅可以与那些重量级的文学家倾心交谈，而且他们的午餐一直由著名厨师奥古斯特·埃斯科菲耶（Auguste Escoffier）主理，直到这位名厨离开巴黎去了伦敦的萨沃伊酒店。这两者无疑都是吸引他前往巴黎的诱惑之一。

作为一位画家，莫奈与一群作家坐在一起似乎不合时宜。但事实上，除了米尔博和吉弗鲁瓦之外，他还与其他许多作家都保持了长期的友谊。19 世纪 80 年代，他参加米尔博的文学美食俱乐部聚餐时，就结识了许多作家，比如亨利·拉非登（Henri Lavedan）、保罗·艾尔维厄（Paul Hervieu），和被他称为"兼具良心与天赋之人"的大罗斯尼（J.-H. Rosny the Elder）。通常，他与作家待在一起的时候比与画家在一起显得更加自在。他与诗人斯特凡尼·马拉梅（Stéphane Mallarmé）的亲密友情一直持续到诗人 1898 年去世。他最引以为豪的收藏之一，就是马拉梅写给他的一封信，陈列在他画室里显眼的位置，和朋友们的照片放在一起。马拉梅也是吉维尼的常客，在那个泛黄的信封上，诗人将莫奈的地址写成了诗：

> 莫奈先生，
> 从冬季到夏天，
> 无论寒风或烈日，

都模糊不了他的视线；

他生活在吉维尼，

也在这里作画，

此地位于厄尔省弗农县。

这封信寄到的时候，莫奈甚感惊讶，奇怪这信居然没有被某个"精明的邮差"偷走。

作为画家，莫奈也受到许多作家的钦慕，最热切的一位应该算是马塞尔·普鲁斯特（Marcel Proust）。他毫不掩饰地对莫奈顶礼膜拜，也盼望能够造访吉维尼，甚至计划写一本关于莫奈花园的书。然而，两人却从未谋面。由双方共同的朋友安排的会见也不得不取消，最有可能的原因是，普鲁斯特对花粉过敏，去他家拜访的客人都必须摘掉别在扣眼上的鲜花；而莫奈家花园里弥漫的花香则可能引发他的严重哮喘。

于是，普鲁斯特通过去诺曼底那些莫奈画过的地方"朝圣"来弥补自己的遗憾。他多次在自己的著作中提及莫奈：笔记中 15 次、未完成的小说《让·桑特伊》中 24 次、《驳圣伯夫》中 12 次，在随笔和信件中就更是数不胜数了。在他 1913 年 12 月出版的鸿篇巨著《追忆似水年华》的第一部《斯万之路》中，也有 10 次提到了莫奈。

1909 年，小说家兼剧作家亨利·盖翁（Henri Ghéon）道出了莫奈作品吸引作家的主要原因，他用一句话概括了莫奈与其他画

马塞尔·普鲁斯特

家（比如德加和塞尚）的区别："他们画的是空间，而莫奈画的是时间。"与作家一样，莫奈热衷于描绘和探索时间的效应。他的系列画，比如《麦垛》系列，通过描绘不同季节以及一天之内不同时间的自然景观，同时反映了物体本身和人眼视觉效果随着时间而发生的变化，提供了一个观察人类和空间的时间维度。莫奈相信，我们对这些空间和景致的视觉体验，受我们观察它们的那个特定时刻的影响。普鲁斯特在《斯万之路》的最后表达了类似的哲学观点，他写道"我们对一个地方的认知，不只有空间上的位置信息"，更包含了我们在那里每时每刻的"连续体验"。莫奈的系列作品就是这样的"连续体验"——融入时间之中的物体和空间，正如普鲁斯特所总结的"啊，如时光一般短暂易逝的房屋、小路、街道"。

《斯万之路》获得了1914年的龚古尔文学奖参评资格。没有迹象显示莫奈曾经读过普鲁斯特的作品，或是对普鲁斯特的崇拜给予了回应。与此相反，莫奈支持的是其他作家。在龚古尔文学社聚餐会上享用美食的同时，莫奈也会非正式地参与决策，偶尔也会试图对评委们施加影响。一年前，评委之一小说家吕西安·狄斯卡维斯（Lucien Descaves）收到了莫奈的一封信，在信中画家坦承自己是"多管闲事"，但他"还是要"强烈推荐狄斯卡维斯投票给莱昂·维尔特（Léon Werth）的小说《白屋》。虽然这部小说本身是毋庸置疑的优秀作品，但莫奈之所以支持它，主要是因为维尔特是米尔博的密友兼助手，正在协助深受病痛折磨的米尔博完成小说《丁狗》。莫奈向狄斯卡维斯解释说，维尔特是"真正具有天赋的作家"，如果获奖将极大地激发其创作热情，而且（这才是问题的关键）会让米尔博高兴。

莫奈的支持并未让维尔特获得当年的龚古尔文学奖。后来备受推崇的亚兰 - 傅尼叶（Alain-Fournier）的处女作《故梦》也没有获奖。令人悲痛的是，亚兰 - 傅尼叶于 1914 年 9 月在战场上牺牲了，年仅 27 岁，留下了一部未完成的遗作。他牺牲的消息在龚古尔文学社 12 月那次聚餐的前几周才刊载在《费加罗报》上。这个噩耗一定让那天的午餐气氛凝重，而由于维尔特也正在前线作战，大家的讨论一定更加艰难。那天聚餐会的目的就是要决定是否颁发 1914 年的龚古尔文学奖，因为很多宣布出版并有资格参与评奖的作品因为作家、编辑和出版商的变动而延误了出版。最终，"十人小组"决定：当年的奖项推迟到 1915 年再进行评选。普鲁斯特和其他有望获奖的作家都需要继续等待。

1915 年被寄予厚望。1914 年 8 月，德国皇帝向士兵们保证在"树叶飘落之前"他们就可以回家了，与此同时冯莫克将军预言战争将在圣诞节前结束。德国人的这一表态得到了时任英国首相赫伯特·阿斯奎斯（Herbert Asquith）的回应，并在战争初期的几个月里深入人心。然而，随着圣诞假期的临近，和平的征兆并未显现。根据一份官方通报，圣诞节当天，德军在孚日山特迪德福峰（Tête-de-Faux）、朗斯（Lens）北部的洛雷特圣母大教堂（Notre-Dame-de-Lorette）以及埃纳河（Aisne）沿岸发起了猛烈的进攻。一位身在阿尔萨斯的法国记者在圣诞节当天日落时分写道："远处的枪炮声依然清晰可闻。"最终一场大雾才令双方暂时停战。

圣诞节后第三天，莫奈给一位画家朋友写信，表达了对这"糟糕的一年"强烈不满，希望来年局势有所好转。他说米歇尔马上就要跟随部队转移，家里就只剩下他和布兰切了。而在给吉纳维夫·奥什蒂（GenevièveHoschedé）的信中，他写道："今年在动荡不安中结束，我感到非常无助，对未来充满恐惧。"

1915年初，莫奈动笔创作新画作的消息流传开来。1月，他收到在巴黎的朋友雷蒙德·克什兰（Raymond Koechlin）的信。54岁的克什兰是富甲一方的文化赞助人，不过他并非克列孟梭所说的"犹太巨富"，而是一位新教教徒。他是卢浮之友协会会长、品味高雅的《政治与文学辩论》杂志前主编。他的财产继承自他的父亲，一位阿尔萨斯纺织品制造商，在普法战争后迁居巴黎，并最终成为第八区区长。他的妻子已经去世，他的财产完全归他个人支配。他位于圣路易岛上的公寓可以俯瞰塞纳河，房间里到处都是日本版画、伊斯兰陶瓷、中国瓷器以及当代画作，包括德拉克洛瓦、雷诺阿、梵·高、高更的作品，当然还有莫奈的。他称莫奈为"极度迷恋日式风格"的家伙。

克什兰急切地想要了解战争给莫奈造成了多大的影响。他希望无论如何莫奈都能完成他的睡莲工程:"我希望你能让我的圆形餐厅被水环绕,在与眼睛齐平的水面上漂浮着朵朵睡莲。"他对画面的描述与莫奈的想法十分吻合,1909年莫奈就曾表达过想要通过室内装饰画打造一个"睡莲水族馆",为某位承受巨大压力的产业大亨提供一个宁静的港湾。而莫奈给克什兰的回信却显露了更大的雄心。他表示尽管那么多人在为国受难甚至牺牲的时候,他自己却在画画,让他感到惭愧,但他已经重新开始工作了。"而且这种情绪确实也没有影响我画画,"他告诉克什兰,"我的创作计划是巨型装饰画"。

在这封信里,莫奈第一次给他的工程起了一个正式的名称,这个名称说明他的目标不再只是装饰餐厅墙壁的系列画。他向克什兰坦承:"这将是个大工程,尤其对于我这个年龄来说,但我有信心能在有生之年完成它。正如你已经猜到的,这项工程已经在我心里酝酿很久了:在极其巨大的表面上描绘水、睡莲和其他植物。"在信的最后,他邀请克什兰到吉维尼了解他的创作进度。

莫奈使用"巨型装饰画"这个名称,并特意将其大写,是为了吸引克什兰的兴趣。作为一位艺术史学者和管理者,克什兰本人尤其喜爱装饰艺术。他是法国装饰艺术联盟的理事,这个组织旨在支持和促进法国工艺美术行业的发展。他也是建立巴黎装饰艺术博物馆的主要推动者之一。这家博物馆创建于 1882 年，于 1905 年迁入卢浮宫的马尔桑馆，向公众展示法国最优秀的工艺美术产品：塞夫勒陶瓷、戈布兰挂毯、玛丽 - 路易（Marie-Louise）皇后❶的蕾丝帽子，以及已经消失的贵族图书馆里的藏书。这里也有许多来自东方的展品：象牙制品、高脚杯、地毯，还有日本刀和克什兰自己捐赠的葛饰北斋和安藤广重的版画。巴黎装饰艺术博物馆每年举办一次日本版画展，开战前也举行过一些其他的展览，比如令莫奈感觉亲切的——法国花园展。

这家博物馆里还展出了一些 19 世纪法国画家创作的大型装饰壁画，这些壁画最早都装饰在非常著名的地方，比如杜伊勒里宫（Tuileries）、爱丽舍宫（Élysée Palace），以及许多雄伟壮观的城堡。其中朱尔·谢雷（Jules Chéret）和 P.-V. 加朗（P.-V. Galland）两位画家的作品颇为引人注目，曾经装饰在巴黎市政厅。对这个装饰项目，莫奈再熟悉不过了，因为分别在 1879 年和 1892 年，莫奈曾经两次希望参与其中，但最终都未能如愿。

为公共建筑绘制宏伟的室内装饰壁画，一直被视为最高贵、最辉煌的绘画艺术。距此一个世纪之前，西奥多·杰利柯（Théodore Géricault）❷ 就曾宣称："真正的绘画，就是耗费一桶又一桶的颜料在几百平方英尺的墙壁上作画。"与他同时代的欧仁·德拉克洛瓦也由衷地赞同这种说法，他强烈谴责"艺术的衰落"，因为小型画作开始大行其道，而"画家怀着自己的作品将永恒不灭的期盼在神庙和宫殿中绘制的宏伟壮观的装饰

❶ ————
拿破仑一世的第二任皇后。（译注）

❷ ————
西奥多·杰利柯（1791—1824 年），被誉为法国浪漫主义艺术的先驱，对法国画坛产生了不可磨灭的影响。（译注）

壁画"却日渐式微。法国 19 世纪的壁画绝大多数都出自德拉克洛瓦之手。他一生中的大部分时间里都在著名公共建筑的墙壁和穹顶上绘制各种鼓舞人心的寓言故事和英勇壮烈的战斗场景。凡尔赛宫、波旁宫、卢森堡宫、卢浮宫的阿波罗画廊、市政厅的和平宫——法国的政客们在办公时抬眼望去,几乎总能看到德拉克洛瓦的大型装饰壁画。这些壁画不仅得到了政客们的喜爱,也是德拉克洛瓦本人的得意之作,他称之为"了不起的卓越艺术";同时也彰显了他对绘画艺术的远大抱负。

但德拉克洛瓦的时代已经过去了。莫奈的朋友,雕刻家古斯塔夫·杜雷(Gustave Doré)就对壁画不屑一顾。他总是对其竞争对手说:"闭嘴,你不过就是个装修工人!"德加和毕沙罗也轻视壁画,但莫奈和其他印象派画家,以及 20 世纪初出现的后印象主义画家,却和德拉克洛瓦一样热衷于大型壁画。印象派画家缩小了画布尺寸,是为了方便携带画架到田野上、森林里作画,但这并不意味着他们中没有人想过"耗费一桶又一桶的颜料在几百平方英尺的墙壁上作画"。1876 年雷诺阿就曾劝说政府的艺术管理部门将一处公共壁画任务交给他;1879 年,马奈和莫奈都曾尝试参与市政厅壁画的绘制;但他们都没有入选。因此,还没有一位印象派画家在雄伟的公共建筑中绘制过大型壁画。❶1912 年,诗人兼艺术评论家古斯塔夫·卡恩(Gustave Kahn)在一家法国报纸撰文指出,一个令人痛苦却不容否认的事实是,印象主义还没有获准在"国家宫殿的宏伟墙壁上"展示自己的装饰能力。莫奈的画作具有较强的装饰性,因此他无疑是进行此项

❶
唯一的例外是在美国而非法国:
1893 年女画家玛丽·卡萨特(Mary Cassatt)为芝加哥哥伦布纪念博览会妇女大厦绘制了《现代女性》三联画。

尝试的最佳人选。1900 年，卢浮宫的一位馆长写道："如果我是百万富翁，或者美术部部长，我就会邀请莫奈先生在人民宫为我装饰一条艺术画廊。"然而，还没有富翁或部长这么做。

莫奈的雄心已经超越了当初他和克列孟梭预想的"家居装饰"。他的目标是：在一个更大的公共空间，让他的"巨型装饰画"覆盖"极其巨大的表面"。问题的关键就在于，在 1915 年战乱不堪的日子里，哪一位富翁或部长能够找到这样一个地方，有足够大的墙壁来容纳这"巨型装饰画"。

在莫奈家中，孤独感持续了一整个冬天。他在 1915 年 2 月写下这样的话："我们看不到一个活着的灵魂，这一点尤其令人难受。"不过，布兰切一直陪伴着他，米歇尔也还留在吉维尼，部队还没有转移。"这让我高兴，"莫奈写道，"因为他就不用在冬天上战场挨冻了"。冬天战壕里刺骨的寒冷也让克列孟梭愤怒不已。他在一封信里大发雷霆："我们的士兵在挨冻，他们没有毛毯、手套或毛衣，甚至连暖和的内衣也没有！"

莫奈的情绪与工作的进展密切相关，在吉维尼的独处倒是对作画有利。1915 年 2 月，他写信向一位朋友表示："我没有创造奇迹，我浪费了很多颜料。不过画画占据了我大部分的精力，让我没有多少时间来考虑这可怕又可憎的战争。"他的工作进展得相当顺利，2 月底他联系了一位巴黎的画廊老板莫里斯·茹瓦扬（Maurice Joyant），询问画廊空间的具体尺寸。50 岁的茹瓦扬，绰号"莫莫"，是画家亨利·图卢兹 - 罗特列克的好友，1914年他的画廊主要都在举行亨利的作品回顾展。他也和亨利一样热爱美食，后来根据两人共同收集的食谱出版了一本烹饪书籍。他和意大利版画家米歇尔·曼茨（Michele Manzi）在塞纳河右岸合伙经营一家画廊。《费加罗报》称赞这两位"眼光独到的人"为"现代艺术流派的崛起"起了积极的推动作用。1912年夏天和1913年，他们举办了两次大型的印象主义展览，每一次都展出了大量的莫奈作品。

莫奈之所以联系莫莫，是因为1913年，他的画廊举办了一场大型装饰艺术展览，"涉及所有为现代艺术带来创新的艺术家的作品"。《费加罗报》热情洋溢地赞叹这场盛大的展览：从陶瓷到莱俪玻璃制品、戈布兰的纺织品设计，再到国家级的宏伟壁画，这一切全都是珍品，都代表了家居及装饰领域的最高水准。文章作者还写道："从来没有哪个时代的艺术家能够创造出如此丰富而美丽的艺术品供收藏家收藏；也从来没有人曾经想过用如此独特而和谐的艺术品来装饰他们的居室。"

这次展览也展出了莫奈、德加和雷诺阿的作品。《费加罗报》也像古斯塔夫·卡恩一年前一样，因为印象主义未能在艺术装饰领域发挥更大作用而表示遗憾。莫奈注意到了这次展览的另一个巨大成就：马奈和德加的老朋友，画家加斯顿·德·拉·图什（Gaston de la Touche）在爱丽舍宫和农业部大楼绘制的略带印象主义风格的壁画。雷蒙·普恩加莱和妻子参观展览时，在这些国家级的大型装饰壁画前"流连忘返"。

茹瓦扬曾经计划在 1916 年举办一场规模更大的装饰艺术展览，但因为战争不得不放弃了。但对于莫奈来说，这是一个机会，尽管他只是询问"你的画廊的具体尺寸：长、宽、高"，同时卖了个关子，"等我去巴黎的时候再告诉你原因"。

莫奈的个人画展通常在杜兰德 - 鲁埃尔画廊举行。画廊老板保罗·杜兰德 - 鲁埃尔当时已经 84 岁了。他从 19 世纪 70 年代起就一直坚定地支持印象派画家，有时甚至不惜花费巨资。"他为了支持我们曾经 20 次濒临破产，"莫奈后来回忆。杜兰德 - 鲁埃尔的画廊位于拉菲特（Laffitte）大街，因为街上画廊众多而被称为"绘画大街"。莫奈出生的房子与杜兰德 - 鲁埃尔画廊就隔着几个门（克列孟梭说"这可能是命运的巧合"）。在

画商保罗·杜兰德 - 鲁埃尔在他的画廊里

莫奈，
和他痴迷的睡莲

这家画廊，莫奈 1891 年展出了《麦垛》系列，1892 年《白杨》系列，1895 年《鲁昂大教堂》系列。杜兰德还资助了莫奈迁居吉维尼，以及购买苹果酒坊。莫奈 1913 年年底向一位记者表示："真该专门研究一下这位伟大的画商在印象主义发展史上的重要地位。"

尽管如此，莫奈还是决定换一家画廊展示他最后的作品。原因显然是因为杜兰德的画廊比较小，只适合展出小型画作，不够容纳他的"巨型装饰画"。可能还有另一个原因，就是光线不足。路易·瓦塞勒 1905 年参观了莫奈在吉维尼建造的画室之后写道："那里的采光可比地牢般的杜兰德 - 鲁埃尔画廊好多了。"

从 10 个月之前与克列孟梭在酒窖里突发其想开始，莫奈的工作进展相当快。事实上，这些巨幅连作已经基本完成了。但是，在 1915 年 2 月就展出这些巨型睡莲和池塘连作，还是过于大胆，甚至是不现实的：正如他所坦承的，在其他法国人都在受苦甚至牺牲的时候，他却创作了这些能够让人逃避战争焦虑的作品。莫奈无法确定：法国人此时是否已经准备好了，能够欣赏如同诺曼底海滨一样美丽的水景了？

莫奈虽然不打算在杜兰德的画廊展出他的"巨型装饰画"，但他另有要事找这位一直慷慨无私地给予他坚定支持的画商。1914 年 8 月战争带来恐慌的时候，莫奈就开始向杜兰德和他的儿子约瑟夫催讨自己的卖画收入。第一次催讨无果，他在 11 月又写了一封信，语气似乎比前一封更加直截了当，要求约瑟夫"在将来我缺钱的时候至少先支付一部分之前欠我的款项"。显然，约瑟夫未能预见到他缺钱的时候；但他反应很快，不到一周就给莫奈寄去了 5000 法郎的支票。莫奈得体地写信表达了谢意，但又意味深长地加了一句附言："我注意到了你承诺在你有能力的时候支付其余款项。"其余款项在 1915 年 4 月初付清了，杜兰德慷慨地一次性支付了 3 万法郎。这可是一笔大数目，相当于一个参议员一年的薪金和费用。在战争时期，艺术市场十分萧条，杜兰德一定是排除万难才筹措了这笔钱。而莫奈在1915 年春天制订了一项重大计划，需要花费巨资。

第 7 章

偌大的画室

1915 年 6 月 17 日，是一个星期二，芒特拉若利火车站，早上 8 点 13 分从巴黎开来的火车到站了，两辆汽车驶入站台，接走了刚从火车上下来的几个人。然后汽车沿着蜿蜒曲折的乡村道路来到莫奈的家。这可以算是龚古尔文学社成员的一次旅行。三天前，莫奈写信给吉弗鲁瓦说："就靠你通知狄斯卡维斯和罗斯尼了，其实就是转告大家。"

那天文学社的 10 个人并没有全部出动，但至少有 5 个坐着汽车行驶了 15 英里来到吉维尼。除了吉弗鲁瓦和米尔博，还有狄斯卡维斯、大罗斯尼和莱昂·恩尼克（Léon Hennique）。另外还有米尔博的妻子爱丽丝，以前是位演员，后来成了小说家。莫奈准备提前向这些杰出的作家朋友展示他的"巨型装饰画"。

他们是最适合的欣赏者。龚古尔文学社的成员是一群撼动法国传统文学与社会的"反叛者"，就像多年以前印象派画家挑战法国保守主义艺术品位和习惯一样。龚古尔文学社打破了法兰西学院在文学评判领域的垄断地位。法兰西学院的 40 名成员负责评判法国文学作品的水平，正如美术学院（印象主义的最大敌人）负责品鉴法国艺术作品一样。法兰西学院以捍卫传统为己任，而龚古尔文学社的宗旨是（根据爱德蒙·德·龚古尔的遗愿）推动创新，鼓励"新颖、大胆的思想与形式"。生于比利时的大罗斯尼就创作了很多"新颖、大胆"的作品，他曾经向爱德蒙·德·龚古尔承认，他的作品"与当代文学潮流有点背道而驰"。不过，只用"新颖、大胆"来形容大罗斯尼笔下的外星人、基因突变、平行宇宙，以及《火之战》中回溯几千年又预测未来 500 年的时间跨度，显然是太保守了。莫奈后来说："我读过他（大罗斯尼）的所有著作，内容充实，令人赞叹。"

在 1915 年 6 月那个阳光明媚的日子里，这些作家们在莫奈的餐桌旁享用了美食，然后欣赏了莫奈美丽的花园，接着在莫奈的带领下来到车库。车库里除了莫奈收藏的各式汽车，还有一座大型鸟舍，里面的鹦鹉在嘎嘎叫嚷，乌龟"在一片片生菜叶之间缓慢爬行"。经过车库里的楼梯，他们来到了莫奈的画室。狄斯卡维斯后来回忆说："那里有惊喜等着我们。"顶棚很高的画室宽敞明亮，光线要比展厅好上一倍。墙上挂满了莫奈漫长绘画生涯中的不同作品。他最新的巨幅画作——睡莲和池塘的印象之作，自然而然地吸引了大家的目光。"他在巨大的画布上表现了这些印象，每幅都高约 2 米，宽 3 到 5 米，"狄斯卡维斯写道。这些画作的尺寸，比 1909 年展出的那些睡莲画至少大了一倍，大多宽 14 英尺（如果狄斯卡维斯没有记错的话）。

莫奈在家中的会客室里，拍摄于1914 年。这里原本是最早的谷仓画室，后来莫奈将其改成了会客室。左边的雕塑作品是罗丹创作的莫奈胸像

不出莫奈所料，朋友们对这些巨幅画作赞不绝口；在了解到他还计划创作更多类似作品之后，大家更是啧啧称奇。米尔博询问这项雄心勃勃的新工程大约还需要多长时间才能完成，莫奈回答"还要五年"。而米尔博清楚地看到了莫奈全心全意的投入和高涨的热情，他提出了异议："你太夸张了。要我说，两年吧。"

根据这个预估的时间长度，朋友们对莫奈这项工程的规模基本心里有数了。他们知道，在两三年的时间里莫奈能够在多大面积的画布上涂满颜料。只要按照他自己习惯的节奏，莫奈的创作效率非常高，简直就是一台"绘画机器"。1908 年，莫奈在

威尼斯待了两个月，总共画了 35 幅画，差不多两天就能画一幅，大部分的尺寸是 2.5 英尺 × 3 英尺。1899 年到 1901 年之间，莫奈去过 3 次伦敦，一共待了大约 6 个月的时间，他画了 95 幅画，又是差不多两天一幅（但引起争议的是，其中一些伦敦风景画，和之前的部分威尼斯画作一样，其实是在吉维尼完成的）。米尔博所估计的时间长度预示着莫奈的"巨型装饰画"将包括上百幅甚至更多的巨幅画作。

莫奈的朋友们一定还想知道这一系列巨幅画作最终的用途和展示地点，以及在战争时期是否能够实现。没有文献记载莫奈具体是如何向朋友们展示这些画作的，但他应该是在画室中将它们摆成了圆形或椭圆形，让朋友们对最终展示效果有个大致的了解。他一定也解释了他早在 1897 年就已经萌生的那个念头：用这些画装饰一个圆形的房间。有意思的是，龚古尔文学社聚餐的饭店包间——龚古尔沙龙就是椭圆形的。莫奈参加聚餐时一定曾经触景生情：那里正是他一直梦寐以求的最佳展示地点，一个雅致的沙龙，里面的"一小群人孜孜不倦地追寻着美好的事物"。然而，随着画作尺寸的增大，莫奈的雄心壮志也不断高涨。在他的画室里欣赏巨幅作品的朋友们，想到大家亲密交谈的龚古尔沙龙一定觉得空间非常局促，因为那里最多只能容纳一小部分这样的大型画作。

到底什么样的房间才能容得下莫奈的"巨型装饰画"？朋友中可能会有人隐约感觉莫奈的新工程大而无当：在战争时期投入大量的精力创作这样的巨幅作品；而且，莫奈已经是即将度过

75 岁生日的老人了。

莫奈那天还向朋友们透露了另一个计划。据狄斯卡维斯记述，莫奈"要专门为创作这一系列巨幅画作建造一个画室"。朋友们一定也意识到了莫奈还需要更大的空间进行创作。事实上，他们所在的这个旧画室墙上已经挂满了画作，甚至许多小型画作从地面开始一幅接一幅地一直挂到顶棚。这里已经挂了两幅他在 19 世纪 60 年代创作的巨幅作品：《草地上的午餐》和《花园中的女人》。两幅都大约高 8 英尺，宽 7 英尺。现在又多了这些更新、更大的巨幅画作，它们将成为莫奈绘画生涯的又一个里程碑。

所以，莫奈需要一个巨大的新画室。朋友们来过之后几个星期，1915 年 7 月 5 日，莫奈获得了新建画室的施工许可。很快，莫奈在吉维尼的第三个画室就开工建设了，由弗农的一位建筑商兼采石场老板莫里斯·朗蒂（Maurice Lanctuit）负责。新画室的位置在院落的西北角，与房屋成直角，土地是莫奈不久前从邻居手里购买的。拆除地面上的旧房子之后，一座巨大的建筑破土动工了。这座新画室最终花费了莫奈 5 万法郎。

动工之后一个月，一位法国地质学家发表文章忧心忡忡地表示，法国缺乏修复战争损坏的要塞、道路和铁路所需的石料。然而，朗蒂似乎没有在石料供应方面遇到什么困难，筑墙所需的石灰石直接从附近他所拥有的采石场运来。施工持续了整个夏天。完工之后，新画室将长 76 英尺，宽 39 英尺，高于莫奈的住房；

它的斜挑屋顶高达 49 英尺，采光非常好。

夏天过后，新画室已经封顶了。莫奈开始担忧建筑费用，而它的巨大规模和张扬的现代工业气息更令他不安。1915 年 8 月，他写信给正在前线开救护车的让 - 皮埃尔，承认建造如此"巨大"的画室实在不太明智。他说："是的，这太愚蠢了，极其愚蠢，而且还花了这么多钱。朗蒂给我造了一个丑陋的大怪物。我感到羞愧——我自己一直大声反对那些想要丑化吉维尼的人。"20年前，莫奈就曾四处奔走游说，强烈反对吉维尼议会将一块土地卖给一家化工企业建造淀粉厂。他甚至因为吉维尼架设电报杆影响了美观而发表过激愤之词。如今，他自己在吉维尼中心地段盖起了一座足有飞机库那么大的画室，而且很不幸，外表也与飞机库类似。

还有另一个原因让莫奈对巨大的新画室感到尴尬。一个通过在大自然中作画赢得声望的画家，却建造了一个历史上最大的画室，这当然是一个巨大的讽刺。莫奈喜欢刻意打造自己"从不在画室中作画"的传说，吉弗鲁瓦则尽心尽力地撰写评论文章予以支持：莫奈是"历史上第一个在户外的景物前开始并完成创作的画家，拒绝对他在自然条件下认真观察并绘制的画作进行修改和重新上色"。1880 年，有记者要求参观他在维特尼的画室，而莫奈的反应令人难以置信。"我的画室？我从没有画室……那就是我的画室！"他这样回答，同时用夸张的手势指向野外。事实上，当时莫奈有两个画室，一个在维特尼，另一个在巴黎的芬提米尔（Vintimille）大街，房租由他的朋友卡勒波特支付。

18年后，一位记者报道称莫奈在吉维尼没有画室，因为这位"户外画家只在户外作画"。文章结尾言之凿凿地表示："大自然就是他的画室。"然而，不等这篇文章墨迹干透，莫奈就在吉维尼建造了宽敞的两层画室，取代他以前使用的谷仓画室。这个两层画室是由路易·邦尼尔（Louis Bonnier）设计的新艺术风格建筑。

在户外工作依然是莫奈创作最新巨幅画作的重要环节，尽管他要靠滑轮才能移动这些他职业生涯中最大的作品。1915 年 7 月 8 日，新画室获准开工后的第三天，有记者拍摄了他在睡莲池旁画画的照片，他正专心致志地在一块宽度和高度都超过 5 英尺的画布上作画。这就是让 - 皮埃尔后来称之为"睡莲画大型习作"的巨幅画作之一。让 - 皮埃尔表示，莫奈的这些"大型习作"（其中有些宽度超过 6 英尺）全部都是在户外，即池塘旁边完成的，用以作为后来那些更大型作品的参照基础；由于搬运困难，最终展示的那些更大型的画作是在画室内完成的。

1915 年 7 月 8 日的那张照片上，莫奈坐在巨大遮阳伞下的高脚木椅上，头戴一顶宽边草帽。布兰切也戴着草帽，忠实地站在他身旁。她帮助他准备画布、画架和颜料。除了防止他的画架倒下，布兰切似乎还协助他作画。克列孟梭后来说："她为他的画做出了贡献。她为他上底色。"但布兰切自己却极力否认，她说"那是一种亵渎"。不过，如果布兰切确实在莫奈轻盈地点染和涂上另一层色彩之前，帮忙在巨大的画布上涂抹了大量底色，倒也无可厚非。对于一个 70 多岁的老人来说，为技术含

量低的重复性工作而耗
费有限的体力，是不明
智、不必要的。

照片的前景里出现了莫
奈的一位继孙女，6 岁
的妮西亚·萨鲁（Nitia
Salerou）。她的出现说明，
尽管莫奈总是抱怨孤独，
但他的住所依然是这个
重新组合的大家庭所围
绕的核心。在莫奈的画
作里：染上淡紫色烟霞
的蓝天倒映在水中；垂
柳的绿色倒影将平静的
水面分割成一缕一缕；

莫奈在作画，拍
摄于 1915 年。
他身旁是布兰切

睡莲点缀在水面上，莲叶的轮廓是蓝色的。一簇簇睡莲绽放着
或红或黄的鲜艳花朵，在它们前方，是柔和、淡蓝的天空倒影。

那是一幅绝妙的画作。照片和画作本身都显示了景色宜人的田
园风光：那是一个蝉鸣阵阵又温和恬静的夏日黄昏，夕阳西斜，
给天空染上了淡淡的紫色。然而，表象往往具有迷惑性。事实上，
当天凉爽得不像夏天，根据埃菲尔铁塔上的温度计，那天气温
只有 19.8 摄氏度，一整天都是多云和阵雨的天气。两天后，暴
风雨袭击巴黎：闪电击中一家医院造成火灾，狂风刮倒了烟囱

和树木。杜伊勒里宫的一株大树被吹倒，砸坏了前总理皮埃尔·瓦尔德克-卢梭（Pierre Waldeck-Rousseau）的塑像。这位法国传奇英雄的塑像严重受损，似乎是一个不祥之兆。那天莫奈显然也很不好过，那把巨大的遮阳伞没法给他（和他的画）遮阳反而只能挡雨了。

1915年夏天，欧洲西部的气候十分恶劣，尽管气象学家做了解释，但人们还是开始诅咒西线战场上持续的降雨。莫奈给伯恩海姆－尤恩（Bernheim-Jeune）兄弟写信表示："恶劣的天气严重影响了我的研究，但我并没有停止工作。"伯恩海姆-尤恩兄弟的画廊不只展出莫奈的作品，还有他的女婿巴特勒的画作。在爱丽丝刚去世的前几年，莫奈陷入消沉，伯恩海姆-尤恩两兄弟曾在巴黎邀请他赴家宴，为他遍访眼科名医；1913年夏天还曾在多佛（Deauville）附近维莱尔（Villers-sur-Mer）的一座新哥特式庄园里盛情款待他。1915年夏天，他们又邀请莫奈再次前往，但莫奈拒绝了他们的好意。每一个夏日里的好天气，他都要作画，而不是去诺曼底海滨的豪华庄园享受清新的海风。

萨沙·吉特里在那个夏天也用一台手摇摄像机记录了莫奈为巨幅画作所做的坚持与努力。德国学者1914年10月签名并发表于《柏林日报》上的那篇声明令吉特里激愤不已，他决定拍摄一部电影来进行回击。他希望那些在《德国人：古代教堂和文物的破坏者》书后签名的法国文化界名人能够帮助他完成这部名为《我们国家的那些人》的纪录片。他开始带着摄像机和妻子一起在法国旅行，拍摄这些法国优秀文化的杰出代表人物。

他的拍摄对象对此的反应各不相同。罗丹对他的摄像机和电影的概念都不感兴趣："随你怎么说，它跟照片还是没啥区别。"不过罗丹还是满足了吉特里的要求。于是，这台新奇的设备拍下了这位正在精雕细刻的大胡子雕塑家。他英俊魁梧，前额宽阔，颧骨高耸，就像他自己的人像作品一样。

罹患关节炎的雷诺阿在影片中的形象就没那么好看了。1915年6月中旬，吉特里在海滨小镇卡涅（Cagnes-sur-Mer）拍摄了他。吉特里看到他坐着轮椅，"因为疼痛而使劲弯着腰，上身几乎贴到大腿上了"，但完全没有"忧郁和悲伤"。非常不巧，吉特里到访的时候，雷诺阿的妻子刚刚去世几天，正准备举行葬礼。"雷诺阿先生，这一定很痛苦，"他低声表示哀悼。雷诺阿却在轮椅里反问道："痛苦？你猜对了，我的脚很痛！"在影片中，雷诺阿戴着硕大的尖顶贝雷帽，胡须像乱麻，显得很憔悴。他的双手关节肿大，无法握笔，只能用丝带将画笔绑在手上。在14岁的幼子克劳德（被称为"可可"）的帮助下，他吸了一口雪茄，喷出了大朵大朵的烟雾；满怀着勇气与决心，他用绑在手上的画笔往画布上涂抹颜料。

吉特里拍摄德加时遇到了更多困难。隐居的德加脾气暴躁，拒绝拍摄。他只得在画家公寓所在的大街上悄悄守候，终于在德加毫无察觉的情况下拍到了一段十秒钟的画面：德加和外甥女让娜·勒弗（Jeanne Levre）沿着人行道散步；德加的络腮胡子已经白了，头戴保龄球帽，手里拿着一把收起的伞。

吉特里夫妇在吉维尼一定受到了热情的款待。在影片的一组镜头里，他戴着平顶运动帽，和头戴草帽的莫奈走在房前的石子路上。背景是妮西亚·萨鲁和两条小狗在玩耍嬉戏。两条蹦蹦跳跳的小狗应该

是妮西亚养的。莫奈喜欢小鸟和其他动物，他甚至会打开餐厅的窗户让麻雀飞进来啄食餐桌上的面包屑。克列孟梭送来的日本小鸡在花园里悠闲地散步，甚至可以进入画室，享用画家亲手奉上的食物。但莫奈拒绝养猫狗，因为担心它们摧残他的花。就连让-皮埃尔的爱尔兰水猎犬，1913年在卡昂（Caen）犬展上获得大奖的莱西（Lassis），也被禁止进入花园。

然后，影片中出现了池塘，水面在风中泛起涟漪。镜头从池塘右边缓慢平推到左边，逐一聚焦鸢尾花、一簇簇的睡莲和日式拱桥。尽管莫奈抱怨说他的园丁大都上战场了，但花园里的一切看起来都得到了精心的照管。远处，画家在池塘边巨大的太阳伞下作画。他面前的巨幅画作（"大型习作"之一）引人注目。

接着镜头切换到近景，更加清晰地拍摄大师作画的状态。在这

段长达 77 秒的镜头里，莫奈轻松愉快地站在画架旁，嘴里叼着一支雪茄，一英寸长的烟灰悬在雪茄前端，眼看就要掉了。因为画布很大，莫奈无法直视前方，只能望向右边的垂直角度，观察垂在水面上的柳树枝条。他握住画笔上部，在画布上点了几笔，同时不停地瞥向右方，继续观察。风吹动枝条搅动水面的时候，他换了一支更细的画笔，用抹布擦干净，然后在形似莲叶的大调色板里调色，再在画布上涂抹。在微风和画笔的共同作用下，画布轻轻地抖动。莫奈偶尔会转过脸来（眉毛和眼睛都被帽子遮住了）和摄像师简短交谈。在这组生动的画面里，莫奈始终表现得自信、沉稳。

摄像机又从池塘对岸拍了一组远景。莫奈离开画架，用一块大手帕擦了擦手，然后走开了。他甚至允许吉特里使用快镜头，使他的步态看起来格外轻快，像是在跳吉格舞。

莫奈的新画室，在引起诸多"麻烦与担忧"之后竣工了，工期不到四个月。他写信给伯恩海姆 - 尤恩兄弟，说他终于可以使用"美妙的新画室"了。他逐渐放下了对新画室外形的不满，一部分原因是因为巨大的新画室可以让他好好鉴赏自己的巨幅作品。"我终于可以评价我的工作成果了"，他在 1915 年 10 月中旬写信给吉弗鲁瓦，热切地表达了期盼之情。新画室正如他预计最终装饰巨幅睡莲画的地方一样，又高又大。他把画作放置在装有轮子的大型画架上，这样就可以在木地板上缓慢地移动。这些画作的数量在不断增加。1915 年整个秋天，莫奈"极其勤奋"地作画，期间还生了一场病，卧床休息了几天。"可能是有点过度劳累了，"他写信向吉弗鲁瓦解释，"并不严重，只是有点烦心，我是习惯在户外待着的。"

1915 年 11 月初，新画室刚一落成，莫奈就去了趟巴黎，逗留的时间也相对长了些。莫奈拜访了很多朋友，包括米尔博，他冬天住在巴黎。莫奈还和伯恩海姆 - 尤恩兄弟共进了晚餐。这是开战以来的第二个冬天了，巴黎人享受美食越来越不容易了。比如莫奈最喜爱的海鲜，成了昂贵的稀缺品，因为许多渔民也参战了，再加上气候恶劣，近海还有德国的 U 型潜艇出没。就在莫奈抵达巴黎当天，巴黎中心食品市场的天价海鲜引发"群情激愤"，数百名愤怒的市民掀翻了海鲜售卖箱。事件很快得以平息，政府开始采取措施增加野味和冻肉的供应，并为冬季储备煤炭。

战争的印迹依然无处不在。珑骧（Longchamps）赛马场成了放牛的牧场，巴黎荣军院的庭院里陈列着法军缴获的德国大炮和飞机。空袭造成的破坏也清晰可见。1915 年 3 月的一天傍晚，几艘齐柏林飞艇在瓦兹山谷（Oise Valley）上方低空侦察，然后转向巴黎西郊，在"印象主义摇篮"上空投下了炸弹。在莫奈乘坐的火车轰隆隆地驶向圣拉扎尔火车站的时候，如果他望向左边，能看到阿斯涅尔（Asnières）街上被炸弹毁坏的房屋，几分钟之后，再望向右边，能看到巴蒂诺尔街上被击碎的屋顶。这些地方并非战略要地，只是具有艺术上的象征意义。一家法国报纸愤怒地嘲讽德国轰炸了"阿斯涅尔要塞"和"巴蒂诺尔要塞"。或许德军也曾尝试袭击"吉维尼要塞"。1915 年

5月，齐柏林飞艇轰炸巴黎西郊之后2个月，空袭似乎逼近吉维尼。一个令人恐怖的"巨大热气球"在吉维尼坠毁，上面血迹斑斑，但吊篮和驾驶员都不见了；一棵小樱桃树因为缠住了飞艇长达300米的缆绳而被连根拔起。可能是一艘德国侦察飞艇被号称"飞艇猎手"的法国空军飞行员击落了。热气球被放气然后送去弗农检查。

莫奈在巴黎的这两天里，克列孟梭当选了参议院对外事务委员会的主席，这是一个颇有实权的职位。他一直强烈抨击政府在战争上的失责——军需物资匮乏，伤员救治不力，将军们的指挥能力糟糕。他的政敌指责他是在进行"可恨又可怕的政治斗争"， 1915 年 8 月，他的报纸再次被迫停刊。然而，这却使得他的声望得以巩固，人们普遍将他视为法国士兵的保护人，据说士兵们因为无法刮胡子、理发而"毛发蓬乱"。1915 年 9 月底，他亲自去前线慰问士兵。回来之后他撰写了一份报告，刻意减少了那些显示他对这场战争"从无好感"的批评，而是表现得相当乐观。他说他很快就发现自己"遭到了法军士兵大规模的快乐围攻"。他跟士兵们交谈，他宣称这次经历让他对形势"不再只有模糊的印象，而是有了更深刻的体会"。报告的最终结论是，"我非常高兴，我所看到的一切都让我非常满意"。这一定改变了政敌对他的看法，不再认为他只会"打击士气"。

几周后，勒内·维维亚尼（René Viviani）政府垮台，老牌社会党人阿里斯蒂德·白里安（Aristide Briand）组建了联合政府。他联合了各个派系的政治家，从激进的社会党人路易·马尔维

（Louis Malvy），到右翼的天主教徒丹尼斯·科钦男爵（Baron Denys Cochin）。这位男爵也是一位现代艺术收藏家，收藏了莫奈、马奈、梵·高、塞尚和保罗·希涅克（Paul Signac）的画作。白里安邀请克列孟梭加入联合政府，但克列孟梭答复说，除非担任政府首脑，否则他绝不进入政府。政治斗争和超时工作开始损害克列孟梭的健康。1915 年他患上了糖尿病。

1915 年 11 月，莫奈在布兰切的陪同下，又去了一趟巴黎。15 日他在写给伯恩海姆 - 尤恩兄弟的信中解释说，去巴黎是"观看那部著名电影在下周日的首映，先睹为快"。

吉特里的《我们国家的那些人》将在综艺剧院上映。19 世纪 80 年代，莫奈年轻的时候，这家剧院经常上演雅克·奥芬巴赫（Jacques Offenbach）❶创作的精彩歌剧，比如《美丽的海伦》《格罗什坦公爵夫人》，大受欢迎。但莫奈却从没坐在剧院的豪华包厢里观赏过。雷诺阿和德加的很多精美画作都是以舞者、乐队和剧院包厢为主题的，而莫奈对描绘或观看高雅的歌剧、芭蕾舞及最新潮的电影，都毫无兴趣。让 - 皮埃尔表示，莫奈"对电影不感兴趣"。《我们国家的那些人》应该是他看过的唯一一部电影。

这部电影下午 4 点 15 分开演，片长 22 分钟。在闪烁的黑白镜头里，观众看到了那些健在的国宝级艺术大师的活动影像。电影放映的同时，著名女演员莎拉·伯恩哈特（Sarah Bernhardt）坐在

❶————————
雅克·奥芬巴赫（1819—1880 年），德裔法国作曲家。奥芬巴赫是法国轻歌剧的奠基人和杰出的代表。（译注）

吉特里身旁，热情洋溢地朗诵诗篇。影片中，音乐家圣 - 桑的手指在琴键上飞舞，之后又挥动双臂，仿佛面前有一乐队由他指挥；米尔博在花园里一脸尴尬，好像（引用《费加罗报》的说法）"正在监牢之内遭受酷刑折磨"；阿纳托尔·法兰西（AnatoleFrance）❶则坐在书桌旁做研究，在一张纸上奋笔疾书，"强忍住没有笑出来"。另外几位被吉特里说服接受拍摄的文化名人还包括综艺剧院的老板安德烈·安托万（André Antoine）和剧作家爱德蒙·罗斯坦（Edmond Rostand），他创作的《大鼻子情圣》正在另一家剧院上演，与这部电影争夺观众。

《高卢人报》断言："电影海报上萨沙·吉特里的名字就是新颖性的保证，因为这个年轻人不走寻常路。"千真万确，观众从没欣赏过《我们国家的那些人》这样的电影。"令这部电影如此吸引观众的，是吉特里先生的解说。"《高卢人报》继续评论。电影放映的时候，吉特里夫妇躲在舞台侧面，根据影片内容进行现场解说。莫奈出现在镜头里的时候，吉特里如吟诵诗篇一般娓娓道来："他的生活是世界上最简单的。他观察、倾听、吃饭、喝酒、散步。其余时间，他都在作画。"也是通过吉特里的画外音，观众们惊讶地听到了令人难以置信的信息：莫奈和雷诺阿年轻时曾经有整整一年就靠土豆充饥。

吉特里最具创意的做法——《费加罗报》称之为"新颖而奇妙的电影技巧"，不止于此。影片中的人物说话的时候，吉特里还按照口形为其配音，这样便造就了最早的有声电影。一家报纸报道："在舞台侧面的暗处,吉特里先生和夫人,声情并茂地复述片中角色所说的话,为荧屏上出现的人物配音。"就这样,综艺剧院里的观众亲耳听到了莫奈和头戴运动帽的吉特里"交谈",莫奈讲述了美国陌生女士向他索要画笔的故事。莫奈问道:"人们会有些稀奇古怪的想法,对吧?"吉特里回答:"就是,就是。"接着,吉特里又以解说员的身份讲述后面发生的事情。他观察几支旧画笔的时候,莫奈却对他说:"你拿走一支新的吧,看看能用来干点啥。"

公众和评论家都对这部电影给予了"热情的赞美"。《费加罗报》的一位评论家写道:"你的心灵随着镜头的变换而悸动。"莫奈和雷诺阿的片段让他尤为感动,"我们看到这些大师们在画架旁充满激情地工作,比如莫奈,在户外一边作画,一边抽烟、用餐、饮酒。"他热情洋溢地表示,观众能够更深刻地理解"画家面对画布时眼里看到的光线、空间和形状,还有绘画的乐趣"!但他对影片可能暴露"这些天才们的隐私"而略有不满。

这部电影一直上映到 1916 年年初,夜场和上午场轮流放映。1915 年 12 月,吉特里又在皇宫剧院演出戏剧《必须拥有》。当时他不得不马不停蹄地奔波于两家剧院之间,几乎没有时间休息,直到电影也转至皇宫剧院放映。他有理由为自己的电影艺术成就而感到自豪(后来他在 1939 年和 1951 年又重新剪辑了这部电影),但他似乎并没有打算立即投身电影事业。事实上,他对电影行业的发展前景相当悲观,他说"我认为电影的黄金时代已经过去了"。

莫奈,
和他痴迷的睡莲

1915 年 12 月，就在民众蜂拥前往剧院观看电影《我们国家的那些人》时，一小群人悄悄赶到巴黎西北角贝尔蒂埃大街的一个隐秘地点。《费加罗报》报道，当地居民对军方将领和各级军官频繁往来此地甚感迷惑，"他们出现在这个没有战事的地方很奇怪"。流言开始四处传播，说一个战争委员会在这里的"一栋神秘小楼"里开会，他们所有人都神出鬼没。报纸很快为读者们指点迷津，"贝尔蒂埃大街的那个地方正在筹备一场法国英雄纪念活动，以歌颂军人"。所有军方人员都是"为卡里埃-贝勒兹和约古尔两位画家而来"。两位画家邀请法国最杰出的将领和军官来到卡里埃-贝勒兹的画室，要把他们画进全景画《战争英雄》里。

创作中的全景画
《战争英雄》

两位画家用一年的时间完成了这项宏伟工程的第一阶段。1915 年 6 月，《费加罗报》的一位记者报道他参观了画室，看到全景草图已经完成了，"尽管草图的尺寸比较小，但也能让人大致了解最终作品的样子，最终作品将长 115 米，高 15 米，面积接近 2000 平方米"。卡里埃-贝勒兹预计画布面积将超过 2000 平方

米。画中将包括上千个人物，人物将屹立在遭受炮火摧残的著名建筑前方，根据这些建筑人们能够分辨出那些城市：伊佩尔（Ypres）、阿拉斯、苏瓦松（Soissons）、兰斯、南西（Nancy）、梅斯和斯特拉斯堡（Strasbourg）。尽管有许多合作者协助，卡里埃 - 贝勒兹预计完成草图之后还需要一年的时间。

此次前往卡里埃 - 贝勒兹画室的客人中，有一位法国将军路易·德·马德（Louis de Maud），是马恩战役中的英雄。将军坐在画室中当模特的时候，一位士兵来到了画室，这是一位年轻的中尉，头上缠着绷带，胳膊上着夹板。将军动情地慰问年轻的伤兵。中尉回答："哦，我只是受了一点伤，我失去了一只眼睛，一颗子弹穿透了我的胳膊。"但他说，这没关系，他过几天又要上前线了。简短的交谈之后，将军拥抱了伤兵，脸上挂着泪滴。他对卡里埃 - 贝勒兹说，"我拥抱过的许多孩子都再也见不到了"。

莫奈也想要拥抱一位年轻的士兵。1915 年 11 月底，他前往凡尔赛和儿子米歇尔道别。米歇尔在那里完成了训练，正准备上前线。然而，因为各种混乱，这是一次令人失望的旅行：米歇尔在一天前就已经出发了。莫奈"沮丧又悲伤"地回到了吉维尼。他写信给吉弗鲁瓦说"我这一把年纪了，难以接受这个"。两周前他刚刚度过 75 岁生日。年关将至，他写道："我受够了，这可恶的战争。"

第 8 章

战火之下

1916 年到来了，新年的气息给法国人带来了一丝短暂的乐观情绪。元旦当天，前总理路易·巴尔杜写道："1916 年，我们将迎来自由与胜利。"这是大胆的预测。当时，法军已经伤亡过半。德军最高统帅埃里希·冯·法金汉（Erich von Falkenhayn）向德国皇帝汇报："法国已经到了崩溃的边缘。"法金汉计划 1916 年发动一场大规模进攻，迫使法国全力防守，直至"流干最后一滴血（这是法金汉令人不寒而栗的原话）"。为此，德军 1 月份就开始挖掘掩体和隧道，并通过 10 条专用铁路线向前线运送了几百门陆地战使用的重炮。

德军向前线部署重炮的同时，齐柏林飞艇也在空中穿梭。1916 年 1 月 29 日傍晚，天气温暖如春，在街上闲逛的人们惊奇地发现有一队人发疯似的熄灭煤气灯、关闭电灯，消防队员开着车冲上街道，鸣响警笛。过去的 12 个月里，伦敦和英国沿海地区一直遭受齐柏林飞艇的轰炸。而一家法国报纸则安慰法国人：

"请放心，巴黎人，你们不会听到齐柏林飞艇引擎的轰鸣声。"1915年3月，四艘齐柏林飞艇穿过云层缓缓飞向巴黎，其中两艘中途返航，另外两艘毫无理由地轰炸了郊区"印象主义摇篮"附近的民居。"巴黎人民一向非常冷静，"一家报纸自豪地宣称。沉寂了10个月之后，这种长达536英尺、外形酷似雪茄的庞然大物再次飞临巴黎上空。警报响起，一束束探照灯的光线纵横交错地划破天空，街道上的巴黎人并没有四散奔逃，而是抬头望去，同时口中诅咒着："德国佬去死吧！"很快传来了预料之中的爆炸声。飞艇一共投下了18枚炸弹，造成26人死亡，32人受伤。

凡尔登战场上的炮弹弹壳，背景是被烧毁的森林

3个星期后，一位年轻的德国士兵在巴黎以东140英里的法国要

塞凡尔登（Verdun）给他的母亲写信说："这里即将打响规模空前的战斗。"他的预言后来得到了惨烈的证实。1916 年 2 月 21 日，有传言说，那天凯旋门上"马赛曲"浮雕中女神高举的宝剑断裂了，这是个不祥之兆。早晨 7 点，西线战场的大地开始颤抖。接下来的几个小时里，成百上千枚德国炮弹如同密集的雨点一般落在凡尔登的法军阵地上。持续的炮火摧毁了法军的掩体和战壕，然后德军第五军的士兵背着火焰喷射器跃过一个个炮弹坑，一边冲锋一边喷射火焰。一位德军飞行员在空中俯瞰下面的一片焦土，向长官汇报："任务完成了，我们胜利了，那里已经没有活着的生物了。"

这一天在历史上留下了沉重的一笔。然而，德军并没有胜利。"他们不会胜利的！"这句话是尼维拉（Nivelle）将军最先说出来的，后来成了全体法国人民凝聚力量的口号。但是法军伤亡惨重。《小巴黎人报》报道："我们损失巨大。"这篇报道一定让经常阅读该报的读者们十分震惊和哀伤。开战以来的 18 个月里，《小巴黎人报》一直坚持不懈地表达乐观态度，竭力鼓舞人心，甚至获得了"麻醉报"的绰号。比如，它曾报道法军士兵"笑对德军的枪口"，他们把打仗看作是"度假，他们如此开心！他们谈笑风生！他们打趣逗乐！"而这一次，不再有谈笑风生，不再有打趣逗乐。一旦凡尔登失守，巴黎也将陷落，整个法国就面临灭亡。当时在巴黎的一位美国人后来回忆，凡尔登战役打响之后的最初几天是"整个战争期间最黑暗的日子"。

凡尔登战役开始一周后，莫奈从卧室里望向被白雪覆盖的花

园，萧瑟的景象让他心生伤感。多年以前，他曾热衷于画雪景。
1868 年，一个寒冷的雪后冬日，在埃特勒塔的海边，他裹着三
层外套，点着火盆取暖，戴着手套描绘闪耀着蓝紫色光泽的冰
雪海岸。1874 年到 1875 年之间的那个冬季，圣诞节前一周雪下
得非常大，人们在巴黎的街道上滑冰，调皮的孩子向行人扔雪
球；在阿尔让特伊，他画了 18 幅雪景画——道路、房屋、小径
和铁轨都覆盖着厚厚的白雪。在其中一幅画的画面里：人们撑
着被风吹得歪斜的雨伞顶风冒雪地在铁路路基旁艰难前行，他
们正朝着不惧风雪安然作画的莫奈走过来。然而，到了 1916 年，
75 岁的他患有风湿和胸痛的毛病，再也不适合在冬天那样"英
勇作画"了。他写信给伯恩海姆 - 尤恩兄弟说："唉，我现在
是没法再在野外作画了，尽管很美，但最好还是不要下雪，免

得我们可怜的士兵们受冻。"

莫奈特别担心的士兵只有几个。可是，当 1916 年 3 月米歇尔请假回家的时候，莫奈却"发现了一些糟糕的事情"。他不满地抱怨他儿子在家"显然打破了他的平静，扰乱了他的生活"。他继续通过疯狂地作画来对抗战争带来的不安与焦虑。他写信给让 - 皮埃尔说："这可怕的工作占据了我的生命。我每天早上一醒来就奔向大画室，只有在吃午餐的时候才离开，然后回去继续工作直到睡觉时间"。上床休息之前他会和他的"重要精神支柱"布兰切讨论报纸上的消息。他继续写道："在可怕的战争期间，我们没什么可说的，只能说仗已经打得太久了、太糟糕了，我们需要胜利，我孤独的生活令人悲哀。"

和往常一样，莫奈又夸大了他的孤独。1916 年前几个月，他冒着遭受飞艇轰炸的风险去了几次巴黎。不过主要是去看病而非会友，现在他的牙齿取代眼睛成了新的困扰。自从新画室落成之后，他就开始忍受"严重的牙疼，牙龈肿痛、发炎"。这使他不得不三番五次地去看牙医。牙疼并没有影响莫奈的食欲，他设法安排好时间，在参加龚古尔文学社聚餐的日子里顺便去看牙医。4 月他给吉弗鲁瓦写信说："如果你打算邀请我参加下一次龚古尔聚餐，请尽早告诉我具体日期，不胜感激！我可怜的牙会让我经常去巴黎的。"

莫奈这次还计划做点什么帮助伤兵和他们的家庭。一年前，他捐出了几幅画作为慈善彩票的奖品，并且自己购买了 200 法郎的彩票。1916 年 2 月，他又捐赠了一幅画给一家向法国战俘提供衣物的慈善组织。他还给商业与工业部部长的夫人艾蒂安·克雷蒙戴尔（ÉtienneClémentel）写信，商议捐赠画作筹款资助孤儿院的事情。莫奈渴望为孤儿们献出爱心，可遗憾的是，部长夫人希望他捐出一幅素描。莫奈向她解释："我从来不画素描，那不是我的工作方式。"他捐赠了一幅略微上色的草图，并向她保证"一定很容易卖掉并筹到钱帮助孩子们"。最终，部长夫人和孤儿们得到了这幅草图换来的两箱颜料，莫奈亲自去巴黎的孤儿院分发给了孩子们。

毋庸置疑，莫奈为战争出了一份力。然而，他向部长夫人的慈善项目捐赠画作也并非毫无私心。捐赠草图的前一天，他注意到一则消息：部长正在说服雕塑家罗丹签署一份同意捐赠他的作品的文件，然后罗丹在巴黎的住所将由政府出资改建为以他的名字命名的博物馆。罗丹正在致力于将自己的作品送进博物馆。他的雕塑已经在伦敦和纽约的博物馆占据了一席之地。1914 年秋天，罗丹向英国捐赠了 20 件雕塑（后来在南肯辛顿博物馆展出），以"略表对英国英雄的敬仰之情"。两年前，美国纽约大都会博物馆的罗丹作品展开幕，展出了 40 件罗丹的作品，包括一尊 27 英寸高的青铜雕塑《思想者》。展品非常丰富，包括青铜雕塑、大理石雕塑、陶土雕塑、石膏雕塑及素描，分别由法国政府、富商托马斯·瑞安（Thomas F. Ryan）、罗丹本人捐赠。现在，罗丹准备朝着万古流芳的目标继续迈进，在巴黎市中心的豪华公馆里建造以他的名字命名的博物馆，正对面就是金色穹顶的巴黎荣军院。

雕塑家罗丹

莫奈支持政府将毕洪酒店改建为罗丹纪念馆。自从这座贵族宅邸 1908 年改成酒店以来，罗丹就一直租住在这里。莫奈和罗丹是老朋友，他的职业生涯与罗丹有着某种紧密的联系。两位艺术家生于同一年，但并非传言所说的同一天，而是差了两天。他们在同一时间名声大噪：1889 年的万国博览会上，他们两人在小乔治画廊举办了联合展览，一举成名。在那次联展上，巨大展厅的墙上挂了 145 幅莫奈的画作，地上错落放置了大量的罗丹作品。令莫奈生气的是，罗丹把自己的一些雕塑放在了莫奈画作的正前方，挡住了画作。罗丹听说莫奈的不悦之后愤怒地大喊："我不在乎莫奈，我不在乎任何人，我只在乎我自己！"两人后来和好了，展览也大获成功，从此他们双双踏上了通往名望与财富的坦途。罗丹曾经写信给莫奈表示："我们都一样珍惜兄弟情谊，都一样热爱艺术，这让我们友谊长存。"

但莫奈并不认为自己与罗丹达到了一样的高度。在罗马的时候，他曾告诉法国大使，"罗丹代表的是荣耀，而大使代表的只是法国"。即便如此，莫奈也还是为自己制订了一个与罗丹类似的计划，艾蒂安·克雷蒙戴尔和毕洪酒店都将是其中的重要环节。

从 1916 年春天到夏天，75 岁的莫奈风风火火地执行他的计划。他写道："我老了，没有时间可以浪费了。"5 月，他给他的画布和颜料供应商写信表示："我发现我需要更多的画布，请尽快发货。"他订了 6 块 2 米 × 1.5 米的画布，以及更多 2 米 × 1.3 米的画布，"尺寸务必保持精准，没有误差"。发货速度也很关键，他要求"装在密封箱里用高速火车运到吉维尼"，为此他不惜花费高昂的包装和运输费用；"如果您能再次派汽车送来，那最好了"。

莫奈的绘画用品供应商是巴黎的贝纳尔（Besnard）公司（销售画布、优质颜料、嵌板），位于皮加勒广场（Place Pigalle）附近。莫奈与公司职员巴里荣（Barillon）女士联系。她想必是已经习惯了莫奈这些要求苛刻的订单，而且知道将来还会有类似的订单不断地从吉维尼发来。从 1915 年冬到 1916 年春，莫奈一如既往地为他的"辉煌装饰画"（他又开始使用这个新名称了）"努力工作"。他的视力还不错，但有其他事情令他忧心，尤其是恶劣的天气；人们又开始普遍担忧天气会给硝烟弥漫的西线战场带来不利影响。

还有一个问题是，开战 18 个月之后，法国面临物资短缺。与战前相比，香烟和雪茄的供应量减少了上百万支。1916 年 4 月，莫奈写信给夏洛蒂·利舍，感谢她赠送的香烟，他告诉她"这真是雪中送炭，它们救了我的命"。莫奈不抽烟就无法认真思考。他经常一边抽烟一边画画，仔细规划他的工作；他还经常把只抽了一半的烟随手扔掉。家人会把这些半截烟收集起来放在盒子里；每当莫奈像个"饿极了的乞丐到处搜寻食物"一样疯狂地找烟时，看见这个盒子就会让他眉开眼笑。

除了烟草，某些食物也比较紧缺，所有食品的价格都上涨了许多。1916 年春天，奶酪价格比战前上涨了 20%，黄油上涨了 24%，牛排 36%；而糖高达 71% 的涨幅则令人欲哭无泪，5 月政府规定了糖的最高限价（10 月就又上调了）。一年前，法国各大报纸纷纷兴高采烈地报道称，据传德国物资十分匮乏，德国人已经开始吃"稻草面包"了。而到了 1916 年 5 月，法国政府开始推广"国民面包"——由小麦粉、大米粉、黑麦粉三种面粉混合做成的面包，口感粗糙，又干又硬，难以下咽。

一家报纸宣称，保证军需供应是第一位的，"普通公民应当节衣缩食"。于是莫奈也开始吃"战时简餐"。他向夏洛蒂·利舍描述了令他烦恼的缺烟少食的"悲惨生活"：因为天气恶劣他无法在户外作画，又因为战争造成的物资短缺而无法享用美食。他告诉她，自己有时候会"彻底灰心，冲着身边的人大发雷霆，比如全心全意照料我的布兰切，可怜的她一直在忍受我的坏脾气"。

1916 年 7 月，米尔博到访吉维尼。老朋友日渐恶化的身体状况令莫奈忧心忡忡。春天，米尔博搬回舍维榭芒之后，原本早就计划前来拜访莫奈，但因为身体不好而取消了。两个月之后终于成行，但看到他本人并未让莫奈感到丝毫宽慰。7月底莫奈写信给吉弗鲁瓦悲伤地说："我们可怜的朋友，他的状态太糟糕了。"事实上，问题已经不再只是身体方面的了，从1916年开始，米尔博经常一连几个月意识模糊，认不出朋友了。

米尔博比莫奈小8岁，他的老弱失能成为莫奈心中挥之不去的阴霾。莫奈几乎看到了自己在不久的将来失去工作能力的样子，他深感恐惧。另外一个老朋友也被病魔击垮了：罗丹连续中风两次，第二次是7月10日，导致他从家中的楼梯上摔了下去。罗丹跟米尔博一样，突然之间就失去了工作能力，不过根据罗丹的朋友、传记作家朱迪斯·克拉德拉（Judith Cladel）所述，他依然"相当愉快——满脸微笑，平静安详"。也与米尔博类似，罗丹出现了严重的认知障碍，克拉德拉写道："他以为他在比利时。"

1916年夏天，还有一位朋友来拜访莫奈。克列孟梭在前往维希（Vichy）度假之前专程去了趟吉维尼。总算还有一个老朋友看上去状态很好：尽管克列孟梭患有糖尿病而且工作繁忙，但仍然身体强健、精神抖擞。这让莫奈受到了鼓舞。克列孟梭依然同时在报社和政坛进行"战斗"。他担任法英委员会的主席，在2月份主持了一次会议，他在会上的慷慨陈词振聋发聩，让他的朋友和敌人都震撼不已。一家报纸报道称："我们知道克列孟梭一直是一位优秀的演说家，而这一次发言是他一生中最值得称道的演讲之一。"他谴责德国人和他们"野蛮愚昧的可怕暴行";他也谈到了法国人的牺牲精神:"我们牺牲了我们的孩子,我们牺牲了我们所拥有的一切——一切,一切!我们忍受了锥心刺骨的巨大痛苦,但我们却从未抱怨,因为,身为人的独立与尊严就是最好的回报!"

一个多星期之后,1916 年 3 月初,克列孟梭的一篇关于凡尔登战役的文章违反了审查条例,他的报纸再次被关停一星期;他的另一份报纸《工作报》因为重新刊发这篇违禁文章而被关停 15 天。克列孟梭所引发的争议日益激烈,人们对他的看法也两极分化。因为他积极关注前线士兵的境况,因而深受一线官兵的爱戴;但他也曾在一天之内受到十次死亡威胁,多数都来自极右势力。《法国行动报》的主编查理·莫哈(Charles Maurras)就认为克列孟梭破坏了法兰西民族精神,称他为"制造灾难的江湖骗子"和"无政府主义者克列孟梭"。这种"无政府主义"的指控是毫无根据的:克列孟梭在法英委员会的演讲中强调了法律是文明的基石。连一向不赞同其政治理念的《费加罗报》也赞美了他"崇高的爱国主义精神"。同样荒谬的还有指责他是失败主义者的说法。在法英委员会的发言中,他第一次说出了"坚持到底",后来这成了他的战斗口号。

1916 年夏末,另一个人来到了吉维尼。莫奈的次子米歇尔,在经历了"凡尔登可怕的三周"之后,他请了六天假回家。这次战役开始让人们反思这场战争的惨烈血腥与毫无意义。8 月,一家报纸指出,凡尔登战役持续的时间和 1870 年到 1871 年整场普法战争的时间一样长。到了 1916 年夏天,由于东西两线战场的巨大损失，德军的攻势已如强弩之末。德国统帅法金汉让法国人"流干最后一滴血"的残酷目标只实现了一部分：到 1916 年 9 月，法军死伤人数已达 31.5 万人。而德军也同样伤亡惨重。德国负责战争事务的埃里希·鲁登道夫（Erich Ludendorff）在 9 月初（与米歇尔·莫奈请假回家的时间差不多）视察了前线，这位强硬的普鲁士将军也为血腥的战场而感到震惊。他说："凡尔登是地狱，凡尔登是噩梦。"

在距离凡尔登地狱不到 200 英里的地方就是天堂——吉维尼的莫奈花园，那么多客人都称之为天堂。如此对比是虚幻的"超现实主义"，这一词汇是几个月之后由吉拉姆·阿波里奈尔创造出来的。这种剧烈的反差一定让米歇尔·莫奈难以适应。离开凡尔登的恐怖场景之后，他先路过巴黎。巴黎人民依然过着平常的逍遥生活（那个夏天，巴黎除了放映电影、上演戏剧、举办音乐会之外，还举行了多场足球比赛和一场巴黎至乌当（Houdan）的公路自行车赛）。然后，他回到吉维尼，看到他的父亲，法国最著名的乡村美景描绘者，亦如往常一样，坐在画架旁，在枝繁叶茂、水光潋滟的花园里专心作画。

我们不清楚米歇尔是否曾试图向他的父亲叙述凡尔登的恐怖。很少有凡尔登战役的幸存士兵能够描述他们的感受。其中有一位写道："我们也无法用言语表达，只能像那些没能回来的战友一样永远沉默。"而在那个夏天，《工作报》的读者们一定对战争的残酷有了清醒的认识。这份报纸在 1916 年 3 月曾因为刊登克列孟梭关于凡尔登战役的文章而被关停。8 月，《工作报》

1916 年夏末，莫
奈（右二）与布
兰切、米歇尔、让-
皮埃尔在一起

莫奈，
和他痴迷的睡莲

开始连载亨利·巴比塞（Henri Barbusse）的战争小说《火》。小说的题献写道"献给克鲁伊和119号阵地上那些在我身旁倒下的战友们"。巴比塞希望，通过坦诚叙述战争令人震撼的残酷真相，刺破其浪漫虚幻的外壳。他给小说中的一个士兵角色取名为帕拉迪（Paradis）❶，颇具讽刺意味。帕拉迪对叙述者说："战争意味着非常可怕、难以忍受的疲倦，还有齐腰深的污水、烂泥、臭屎和垃圾。它让人蓬头垢面、伤痕累累；它甚至让死尸都不再像死尸，残肢断臂漂进地狱的血盆大口。它是无休无止、无法改变的痛苦，只会被更加惨烈的悲剧所打断；它并不是闪着银光的刺刀，也不是向着旭日吹响的号角！"

令人惊奇的是，《工作报》这次似乎躲过了审查。1916年年底，这部小说出版了图书（不久就被翻译成英文，英文书名为《战火之下》）。莫奈可能并没有读过这部小说，但小说中所描写的战争残酷的真相，已经成了龚古尔文学社聚餐时讨论的话题。莫奈还是积极参与"龚古尔人"（他这样称呼他们）的聚餐，甚至支持聚会延期，等待米尔博身体好转。莫奈向吉弗鲁瓦表示："少了米尔博，'十人小组'就不能称之为'十人小组'了。"1916年，十人小组决定当年的龚古尔文学奖参评资格只有一条：参过战的作家创作的作品。12月，龚古尔文学奖颁给了巴比塞。

就在龚古尔文学奖颁奖的同一天，参议院投票通过了政府出资在毕洪酒店建造罗丹纪念馆的提案。1916年秋，"罗丹的捐赠"占据了法国各大报纸的大量版面。9月，国民议会通过了这项遗

❶
法语单词"天堂"。（译注）

赠协议，之后参议院就此议题从10月一直讨论到11月。由于许多参议员并不赞同在战争时期花费政府资金修建博物馆，最终参议院只是以微弱优势通过了这一议案。一位持反对意见的参议员说："我想知道战壕里可怜的士兵们会对此事作何感想。"而支持者则坚称，罗丹是"用大理石进行创作的诗人"和"伟大的民族艺术家"。一位表示支持的参议员认为，战争也不应阻止法国人"对美的追求"。经过长期的辩论，12月22日，罗丹的遗赠协议获得参议院通过，具有了法律效力，政府"必须执行"。

然而，一位具有影响力的参议员却拒绝支持罗丹的遗赠协议。克列孟梭对这位受人尊敬的雕塑家并没有多少好感，他曾跟自己的秘书说罗丹"愚蠢、自负，太看重金钱"。或许他说的没错，但两人交恶其实另有缘由。几年前，罗丹应阿根廷政府（1910年克列孟梭曾访问阿根廷）的要求为克列孟梭塑像，但克列孟梭对塑像极为不满。克列孟梭恼怒地表示："他把我的形象完全歪曲了，看到塑像只会想到那些最著名的罗马雕塑，根本看不出到底谁是模特。我并不虚荣，但如果一定要为我塑像，我不希望是由罗丹来做。"他觉得罗丹把他塑造成了"蒙古将军"。对此，罗丹反驳道："你瞧，克列孟梭，他的做派就是铁木尔，就是成吉思汗。"罗丹拒绝修改塑像，而克列孟梭则不同意他的塑像在1913年的巴黎沙龙展上展出。自此，两人再也没有说过话。

在离毕洪酒店不远的地方，荣军院的另一侧，另一项更受政府

重视和支持的工程已经初具规模。和莫奈一样，画家卡里埃－
贝勒兹和约古尔也发现他们需要更大的空间。11 月，他们搬到
了一间形似神庙的展厅里继续工作，这间展厅是由发起人和捐
助者集资专门为他们的全景画《战争英雄》建造的。展厅所占
土地属于军校，由巴黎军事总督加列尼（Galliéni）将军批准交
由他们使用。两位画家和合作团队将所有画作和设计图纸都运
到了这里，除了总面积达上千平方英尺的画，还有几吨重的金
属电枢，用来吊起画作。

在他 1916 年去世之前，加列尼将军也去贝尔蒂埃大街的卡里埃－
贝勒兹做过模特。这项工程的发起人之一《高卢人报》报道称，
两位画家"告诉烈士的家属，为了歌颂英雄，他们有权决定描
绘哪些英雄，无论是历史上的还是当代的，无论是按照真人还
是照片。"于是，戴着黑纱、神情哀伤的女人们在这间宏伟的
新展厅里排起了长队，她们的至爱亲人在战争中牺牲了，她们
"带来了亲人留下的珍贵照片，泪流满面"。卡里埃－贝勒兹表示，
逝去的英雄们创造出了"一个新的英雄"。哀伤的女人肯定不会少，
两位画家搬进新展厅的时候，法国阵亡将士已接近百万。

克列孟梭在百忙之中抽时间去做了两位画家的模特，他在画中
的姿势是双臂交叉，显示出坚定的决心。他很可能并不欣赏两
位画家的传统绘画风格，但看来他也不会抱怨他的形象被歪曲了。
无论如何，他都非常理解和支持这项歌颂法国英雄主义的工程。
1916 年秋天，他再次赴前线慰问。之后没多久他又再次造访吉
维尼。莫奈写信给吉弗鲁瓦说："克列孟梭在我这里，他对我

所做的事情大加鼓励。我告诉他，我太需要他对这项艰巨工程的意见了，说实话，我觉得自己纯粹是在发疯。"

莫奈急于将自己的工作成果展示给朋友们，比如克列孟梭和吉弗鲁瓦，并获得他们的建议和鼓励。尽管天公不作美，他又牙疼，还有"战争带来的一切痛苦和焦虑"，但1916年大部分的时间里，莫奈的情绪都是乐观的。他告诉克列孟梭，他最大的恐惧就是"不能完成这项宏大的工程"；说这话的时候，他心里很可能想到了米尔博和罗丹的病弱之躯。

1916年11月，刚过完76岁生日，莫奈写信回复伯恩海姆 - 尤恩兄弟发来的生日祝福，信中的这几行字充分表达了愉悦之情："我很高兴地告诉你们，我对工作的热情日益高涨，我最大的乐趣就是描绘自然、享受自然。"

极度焦虑

1916 年 12 月，莫奈准备接待一位大名鼎鼎的访客。"对于马蒂斯（Matisse）先生❶，"莫奈写信给伯恩海姆-尤恩兄弟表示，"请您转告他，我很高兴能接待他。"但他希望能将马蒂斯的来访推迟几周，他说"我的大画还需要再补上几笔"。这些巨幅画作在毫无特殊准备的情况下向许多人展示过，比如克列孟梭、"龚古尔人"，以及格莱蒂丝·迪肯（Gladys Deacon）❷。而莫奈显然认为，在另一位画家鉴赏它们之前，需要再对它们进行一些修补。

---

❶ 亨利·马蒂斯（Henri Matisse，1869—1954），法国著名画家，野兽派的创始人和主要代表人物，也是一位雕塑家、版画家。（译注）

❷ 格莱蒂丝·迪肯（1881-1977），美国社交名媛，英国马堡公爵九世的情妇，1921 年成为其第二任妻子。（译注）

亨利·马蒂斯可不仅仅只是"另一位画家"，他声名远播，享誉世界。一位评论家称赞他为"当代最具天赋的画家之一"。十几年前，马蒂斯是野兽派画家的领军人物。当时野兽派是颇受争议的年轻画家群体，他们的作品震惊了画坛。有评论家抨击野兽派描绘"病态而虚幻的奇观"。如今他已经成为备受尊重与赞誉的知名画家，1910 年在伯恩海姆 - 尤恩画廊举办了作品回顾展，还在美国纽约举办了个人画展。米尔博曾经不无嫉妒地向莫奈描述伯恩海姆 - 尤恩画廊马蒂斯回顾展的盛况："从早到晚来参观的人络绎不绝。俄国人、德国人，男男女女，都在每一幅画前流着口水欣赏，当然是带着喜悦与敬意的。"

1916 年年底，马蒂斯快 57 岁了，精干利落，戴着眼镜，留着大胡子，看上去像一位教授。然而，1913 年，美国芝加哥的艺术学院学生们仍然视其为异端，烧掉了他的三幅自画像，讥讽他为"长毛亨利"，称他为"杀害艺术的凶手"和"毁灭绘画的罪犯"。他和莫奈从未见过面，主要是因为莫奈很少关注新生代画家。1905 年，莫奈告诉记者他不理解高更的画，"我从没关注过他"。而马蒂斯却是莫奈最具天赋的追随者，以狂热的崇拜之情研究他的画作。19 世纪 80 年代中期，马蒂斯通过澳大利亚的画家朋友拉塞尔（Russell）接触到了莫奈的作品，拉塞尔称赞莫奈是"这个世纪最具创新能力的画家"。很快马蒂斯就追随莫奈的足迹，在他描绘过的地方支起画架，比如贝勒岛。他变成了莫奈的忠实拥趸，他的一个朋友说"马蒂斯只向莫奈起誓"。

"极具天赋的"
亨利·马蒂斯

但这种崇拜并没有持续太久。几年之后，马蒂斯自己开创了全新的大胆画风，摒弃了印象主义模式，而是用与自然景物不一致的明艳色彩作画，为他和他的朋友们（比如莫里斯·德·弗拉曼克、安德烈·德兰）赢得了"野兽派"的绰号，被视为"艺术挑衅者"。对于野兽派画家来说，莫奈是要学习并超越的人。他们宣称自己的目标是表现更加永恒的"实质"，而不只是像莫奈那样在画布上再现瞬间的"印象"。1906 年德兰写信给弗拉曼克表示："尽管我非常敬重莫奈……但归根结底，他不也就是通过不断变幻的色彩表现对自然的印象吗？都是无法持久的东西……而我个人想要追求的目标与之相反，是不变的、永恒的、复杂的。"

1908 年，马蒂斯宣布"印象主义不适合新生代画家（他自己和他的朋友们），我们不表现第一印象，因为它具有欺骗性。快速定格瞬间的景色，只能反映一个短暂的片刻"。马蒂斯坚称他要描绘的是景物的"本质特征"，而非印象派画家匆忙捕捉的"表面形式"。他评价印象派作品"全都彼此雷同"。他希望抓住本质特征，对现实进行"更加持久的诠释"。显然，对于此时的他来说，在狂风大作的贝勒岛支起画架，艰难地捕捉光线、飞沫和浪花瞬间效果的日子，已经成了过眼云烟。

这一番对印象主义的轻慢之词发表在了 1908 年年底的《大回顾》上，这是一份颇受关注的文艺期刊，莫奈肯定也读到了。为此，米尔博在 1910 年写给莫奈的一封信中痛批马蒂斯的作品："那些画太愚蠢、太疯狂了，令人难以置信。马蒂斯喝多了。"但到了 1916 年，风格多变的马蒂斯又改变了立场，他再一次关注起光线与空气的细微变化。"我觉得我现在必须这么做，"他对记者说。他对印象主义，尤其是莫奈和雷诺阿的作品重新燃起了兴趣。他请伯恩海姆 - 尤恩兄弟和其他中间人安排他拜访莫奈和雷诺阿。

那时，马蒂斯住在位于巴黎西南几英里的伊西莱穆利诺（Issy-les-Moulineaux）。1914 年由于超龄他没能参战。他 1909 年就开始创作一幅巨幅作品，高 8.5 英尺、宽 13 英尺的《河中的沐浴者》。因为他忙于学习和超越毕加索的立体主义，这幅巨幅画作的创作时断时续。在"一战"之前的几年里，马蒂斯和毕加索处于一种你追我赶、互相激励的状态。他们借鉴彼此的画风，创作出越来越多由几何图形构成的作品：拉平、折断或交叠的截面，大片平涂的黑色，线条生硬、棱角分明、只具备最基本特征的人物形象。《河中的沐浴者》是马蒂斯最接近立体主义风格的作品。

马蒂斯融合立体主义元素的尝试很快就开始了。1916 年，他和毕加索举办了名为"法国现代艺术"的联合展览，受到了不少评论家的抨击。原因之一是毕加索第一次公开展出了《亚维农的少女》。有评论家指责，"立体派等不及战争结束就又开始表达恶意了"。还有评论家断言，"实践出真知的时代结束了"。战争对多数画家都不利，尤其是像马蒂斯和毕加索这样没有参战的画家。马蒂斯的处境则相当尴尬。他与毕加索交往密切，而毕加索是外国人，又是著名的和平主义者。马蒂斯当

年是在暂居巴黎的德国画商支持之下逐渐崭露头角
的。开战之后，这些画商的藏画都被作为敌方资产
扣押了。德国收藏家卡尔·恩斯特·奥斯特豪斯
（Karl Ernst Osthaus）是泛日耳曼同盟❶的活跃分子，
他购买了马蒂斯的许多作品。融合立体主义的尝试
使他被归为现代派艺术家，而在战争期间现代艺术
被斥责为"德国式"。1916 年夏天，一份名为《反对德国》的
图文周刊的封面图片就是一幅模仿立体主义风格的漫画：德国
威廉皇帝用德语在尖叫"立体主义！！！"。战争时期，法国
民族主义和仇德情绪高涨，与德国的丝毫关联都会成为众矢之的。
法兰西学院就曾严肃地讨论如何消灭法语中的德语字母"K"。

马蒂斯感受到了来自政治的重压和面对艺术的迷茫，正是在此时，
他联络伯恩海姆-尤恩兄弟，希望造访吉维尼。莫奈开始"新工程"
的消息已经在艺术界传开了，或许他只是对此感到好奇。同时
他应该也希望为自己找到新的绘画方法，放弃靠立体主义激发
灵感的"外国"风格，回到更接近印象主义的关注色彩与光影
的画风，这样才能更贴近法国。

直到 1916 年年底，莫奈和马蒂斯的历史性会面也未能实现。
12 月初，莫奈接待了仰慕他的画家安德烈·巴比尔（André
Barbier），一个很会说话的年轻人。莫奈写信给吉弗鲁瓦（他
安排了此次会面）高兴地说"这个年轻人似乎对他看到的一切
都充满了热情"。他甚至允许巴比尔带走了一份纪念品——他
的一张蜡笔画。巴比尔显得懵懂、幼稚，而马蒂斯可完全不同。

突然之间，莫奈对自己的作品充满了怀疑，才刚同意接待马蒂斯又随即出尔反尔，取消了计划。12月中旬他告知伯恩海姆-尤恩兄弟："我要专心修改我的巨幅画作，不能出门。我现在心情很不好。"他在信尾还加上了一句附言："如果你见到马蒂斯，请向他解释目前我的一切都乱七八糟，等我整理好之后会尽快通知你。"

两天之后，吉特里送给莫奈两张票邀请他前往巴黎观看自己的新戏，也没能成功诱惑莫奈。莫奈解释说："我正经历创作上的艰难时期，我现在极度焦虑。我想要把画改得更好，结果却毁了它们，现在不得不竭尽全力进行修复……目前，我不能离开这里，什么人也不能见。"

马蒂斯要求见面，让莫奈的情绪突然发生了变化。在前两年半的时间里，他一直快乐地工作，效率非常高；战争带来焦虑与不安、间歇性的牙疼和眼病、恶劣的天气、偶尔的灰心，都没有影响他的工作。他愉快地将"巨型装饰画"展示给朋友们并观察他们的反应，一直认为他们的反应都是积极的；他甚至写信试探了一些文化界大亨，计划（或者至少是梦想）将来如何展示或安装他的巨幅画作。到 1916 年 11 月，他似乎认为工作已经基本完成了。然而，他突然对自己的工作成果失去信心了，显然是因为预见到马蒂斯会对它们认真审视，这似乎令他不知所措或者改变了他对自己画作的看法。

这场心理危机在圣诞节期间依然持续，直到新年。1917 年 1 月中旬的两天里，莫奈的画作在纽约拍卖会上大获成功。但即使是这样的好消息也没能令莫奈情绪振奋。《纽约论坛先驱报》称这场拍卖会是"全世界最成功的莫奈作品拍卖会"，拍卖的莫奈作品全部是詹姆斯·沙顿的藏品。根据《纽约论坛先驱报》，拍卖总金额创下了纪录，高达 16.16 万美元，超过 80 万法郎。拍卖师展示每一幅画作的时候，"观众中的莫奈支持者都会报以热烈的掌声"。然而，想象美国富人们为他的画作掏腰包和使劲鼓掌的场景并没有令莫奈高兴，他还曾经毫无风度地评价买他画的人都是"白痴、自以为是的家伙和唯利是图的商人"。伯恩海姆-尤恩兄弟兴奋地通知他美国拍卖会的好消息，他对此嗤之以鼻："价格有点太高了吧。"不过他也坦诚地告诉他们："我现在心情不好，看什么都不顺眼。"几天之后，他写信向吉弗鲁瓦表示："这可怕的战争让我陷入悲伤，担心我可怜的米歇尔，他时刻都有生命危险……我对我所做的一切感到恶心，我想我无法完成了。我觉得筋疲力尽，对任何事情都提不起兴趣了"。

写完这封信后几天，莫奈克服了糟糕的情绪，开始计划去巴黎探望吉弗鲁瓦。但在最后一刻他又取消了计划，他列举了旅程中可能遇到的困难作为不去的理由：火车经常晚点，吉维尼附近的火车站又没有候车厅，那样他就不得不在寒风中等车，"对我这个年纪的老人来说，这样太冒险了"。

当时的天气确实比较冷。1917 年 1 月底，天气寒冷，巴黎的最高气温一直低于零下 5 摄氏度，夜间最低温度甚至低至零下 10 摄氏度。巴黎协和广场的喷泉都结了冰，塞纳河的灌渠和西堤岛（Île de la Cité）南面的支流也一样。塞纳河上的其他航道也因为浮冰而变得危险重重，事实上，因为港口结冰，巴黎至鲁昂的一切水运都被暂停了。煤炭供应极度短缺，令生活更加艰难。有些巴黎人不得不拆毁家具烧火取暖。一家报纸绝望地发问："这样的日子还要持续多久？" 2月1日，一场暴雪横扫巴黎地区。第二天是圣烛节，人们紧张不安地吟诵古老的谚语："圣烛节，冬天要么就此过去，要么永远停留。"当天日出时分的气温是零下6摄氏度，似乎给人们带来不祥之感。《晨报》称天气"依旧严寒"。

在位于默东的家中，因为缺少煤炭，罗丹在寒冷中挣扎。他和自己多年的伴侣兼终身模特，72岁的萝丝·伯雷（Rose Beuret）只能终日躺在床上。两人几天前才正式结婚。婚礼当天萝丝染上气管炎发烧，很快就转成肺炎；罗丹深受打击。1917年1月底，《费加罗报》忧虑地报道"大师身体非常虚弱"。2月，罗丹开始慢慢恢复，而萝丝却于14日去世，此时，"罗丹夫人"这个名号归属于她才不过两个星期，而她为此已经苦苦企盼了50多年。

两天后，莫奈认识的另一个人去世了，是他亲密的朋友，这让他非常难过。1917年2月16日，他写信给吉弗鲁瓦询问下一次龚古尔文学社聚餐的时间，他说："天气转好，我有几件要事需要去巴黎办理，计划近期去一趟。"他的这些"要事"与他的创作毫无关系，他依然对自己的画作毫无信心、深感绝望，还没有丝毫恢复工作的迹象。约瑟夫·杜兰德-鲁埃尔前不久刚联系莫奈，询问是否能卖一些最新的作品。他希望莫奈能准许他的兄弟派一位摄影师前往吉维尼："他相信如果能拍下画作的照片并获悉您的期望价格，就能卖掉它们。"但莫奈拒绝了所有要求，他在回信中直截了当地说："在我的工作基本完成之前，我不想给它拍任何照片，我也并非一直对它感到满意。出于同样的理由，我现在也不考虑卖的事，我都不知道能否完成。"

莫奈后来确实去巴黎了，但并非去参加快乐的龚古尔聚餐。1917 年 2 月 16 日，在 69 岁生日当天，米尔博在巴黎的寓所去世。葬礼于 19 日在帕西公墓举行，吉弗鲁瓦、克列孟梭、"龚古尔人"、吉特里夫妇，所有人都参加了，当然还有莫奈。这群受人瞩目的哀悼者跟随挂满花圈的送葬马车前往墓地，莫奈因为悲痛欲绝而一直紧紧地抓着吉特里夫人。另一位参加葬礼的朋友对莫奈苍老憔悴的外表和难以抑制的悲伤印象深刻："在雾气缭绕的冬天，他没有戴帽子，不拘小节却真情流露，站在那里抽泣。哭红的双眼里满是深深的悲伤，泪珠滚落到浓密的胡须上，他的胡子已经很白了。"后来他写信向吉弗鲁瓦解释，那天他实在太过悲伤，离开墓地的时候"脑子里一片空白"，以至于都忘了跟朋友们道别。

米尔博的去世或许并不令人意外，但之后发生的事情则让他的一些朋友和读者深感震惊。葬礼当天，"全世界发行量最大的报纸"（报纸宣传语这样自豪地宣称）的《小巴黎人报》在头版刊登了米尔博的"政治遗嘱"。尽管身体虚弱，1915 年夏天米尔博还是为《小巴黎人报》撰写了一篇有关战争的头版文章，于当年 8 月发表。这篇题为《致我们的士兵》的文章，据说是"一位心怀宽广的女士"为了前线的战士们，"一行一行、一句一句甚至一个字一个字"从米尔博那里求来的。作为一个曾经指责战场上的英雄主义荒谬可笑，是"悲哀而危险的暴行和谋杀"的作家，米尔博最不可能写文章来安慰战壕里的士兵。但他还是适时地向浴血奋战的年轻士兵所表现出来的英雄主义和勇敢无畏表达了敬意（肯定是在一位助手的帮助之下）。他心酸地提到他在舍维榭芒自家花园门口遇到的一位伤兵："他告诉我的事情让我难以置信，我流泪了。"

文章真实地表达了对普通士兵的同情，令人无可辩驳。而在米尔博葬礼当天刊登的那篇文章则大有蹊跷。《小巴黎人报》主编加了一段简介，称米尔博"被一位女士（米尔博夫人）的祈祷所感化"，表达了他对法国、对战争的"最后看法"。主编向读者保证，在这份遗嘱中，米尔博表现出了爱国主义、理想主义，以及对法国"神圣之战"即将胜利的信心。在文章中，米尔博强烈谴责了"德国骇人听闻的侵略是世界历史上最严重的罪行"，支持"为法国牺牲一切"。他请"亲爱的老朋友们"放心，法国傲立于世界的卓越文明是人性复兴的希望。

莫奈并不会对这些文字感到太过吃惊，他自己认同其中部分观点，而另一些则是克列孟梭反复表达的观点。但这些言论让米尔博某些左派的"亲爱的老朋友们"震惊，他们知道米尔博是坚定的和平主义者和反战人士。事实上，正如《小巴黎人报》所介绍的："在和平年代，很多人丝毫不敬畏战争女神，米尔博正是其中最激进的那个。"而如今，最著名的反对者竟然都在战争女神的圣殿里臣服参拜了。米尔博刚刚下葬，就被视为"伪君子，他之前的全部著作都毫无意义了"。

很快，这份遗嘱被指为伪造，是由米尔博夫人和一个名叫古斯塔夫·埃尔韦（ Gustave Hervé）的记者拼凑出来的。埃尔韦被认为是政治变节者（从社会主义者转为极端民族主义者），"在垂死的米尔博床边进行了恶毒的谋划"，在墓地旁信笔写下保守主义颂歌。米尔博临终之前很长一段时间都认不出老朋友，也不再理会政治立场和道德伦理的争论。由此基本可以确定这篇文章出自他人之手，但已经对米尔博的声誉造成了巨大的损害。米尔博的身体和精神早已每况愈下，莫奈一直都为他担心和难过。因此，莫奈并不只是因为朋友离世而哀伤，更是为朋友的名誉遭到严重玷污而悲愤。

春天终于逐渐取代了寒冷的冬季。莫奈还是几乎没有碰他的"巨型装饰画"。他频繁地去巴黎看牙，用他自己的话说，这"让他的生活颠三倒四"。不过牙疼并没有妨碍他偶尔去德胡昂餐厅享用美食，也没有少吃加斯顿·伯恩海姆 - 尤恩夫人送来的甜点。他向加斯顿真诚地表示："您的夫人对我真是太好了，她知道我有多贪吃。"他还读书：泰奥菲尔·戈蒂耶的《法兰西队长》，17 世纪法国传奇小说；还有圣 - 伯夫（Sainte-Beuve）的《名女列传》，关于玛格丽特王后（Marguerite of Navarre）、赛维涅夫人（Madame de Sévigné）和曼特农夫人（Madame de Maintenon）等著名法国女性的传记。怀着对巨幅画作的绝望，莫奈让自己沉湎于书本之中法国旧时代的华服丽裳和刀光剑影。

有几次他也重新拿起了画笔，但不是画池塘，而是画自画像。这可非同寻常。没有哪个画家像莫奈这样极不喜欢画自画像。他对池塘水面的倒影远比自己在镜中的影像要感兴趣得多。他偶尔会为朋友当模特，比如 1867 年卡罗勒斯·杜兰（Carolus-Duran）为他画过肖像；5 年后雷诺阿也画过一幅：莫奈伏案阅读，嘴里叼着一根长烟斗。1886 年他为自己画过一幅自画像：头戴贝雷帽，表情严肃，满脸疑惑。但这幅画并未完成。1917 年他的自画像也没有完成，而且其中两幅被他毁掉了。"它们毁于一个不开心的日子，"克列孟梭如此评论，他从莫奈的怒火之下抢救出了一幅。

幸存的这幅自画像画得非常随意，甚至粗暴：下笔力道很大，仿佛把画笔当成刀剑在画布上砍刺。画中的莫奈有着红润的脸颊和发黄的大胡子。当年的晚些时候，莫奈拍过一张照片，他认为照片虽然"栩栩如生"，却让他"看上去像一个越狱逃犯"。而这幅自画像却丝毫看不出逃犯的疯狂或恶意，而是更像一位饱经风霜的"弗农农夫"。也正是这副形象，让一年后的一位访客觉得他充沛的精力与雪白的胡子极不相称，就像"一位年轻的神父为了让孩子们相信有圣诞老人而戴上了假胡子"一样。而克列孟梭则认为这幅脸颊红润的自画像显示了莫奈"非凡的抱负"。然而事实上，当莫奈对着镜子画自画像时，已经丧失了抱负与信心。

1917 年春天,一个新的契机出现了。4 月 30 日,两位重要的客人造访吉维尼:艾蒂安·克雷蒙戴尔和阿尔贝·达利米耶(Albert Dalimier)。 这两位都是白里安政府的高级官员:克雷蒙戴尔是商业与工业部部长,达利米耶是美术部的副部长。3 月,白里安政府倒台之后,亚历山大·里博(Alexandre Ribot)重新组阁,这两位部长都保留原职。但克列孟梭依然没有担任一官半职。英国大使在一份报告中表示,"老虎"克列孟梭因为"在自己的报纸上持续攻击白里安及大部分官员"而得罪了太多人,削弱了自己的地位,从而使"自己不可能东山再起"。高个子却驼背的里博也已经成了克列孟梭无情嘲弄的目标。据说躲避齐柏林飞艇轰炸的最佳地点是拱顶下面。法语单词"拱顶"(voûté)还有"驼背"的意思。克列孟梭借此讥讽道:"里博确实是'拱顶',但他可没法保护你。"

两位政府高官的亲自到访,给莫奈带来了很大的震动,使他走出了长期的消沉。他们不但对美术有深刻的理解,而且手握财政大权，是最受欢迎的客人。克雷蒙戴尔53岁，精力充沛，是规模庞大的实权部门部长。看看他的正式职务名称——商业、工业、邮政与电报、海运与商船部部长，就知道他的权力与责任有多大了。他是出了名的大忙人，好几个秘书跟在他身后递给他等待签名的文件，还有下级官员及企业巨头请求会面的日程安排表。所有这些人都必须争分夺秒，因为除了与这些人会面，他还要抽时间处理堆积如山的文件，还要回到凡尔赛的家中陪伴自己年幼的孩子。

克雷蒙戴尔长期以来一直大力支持艺术，尤其是印象派画家。从政之前他还学过绘画和雕塑。在冗长的政府会议中，他经常用铅笔给同事画小像；他难得的度假时间也都是在乡村作画。一位朋友评价他的画"大多数都体现出了做画家的他与当部长的他一样精力充沛"。他是雷诺阿和罗丹的朋友，也是他建议罗丹向国家捐献作品，以使毕洪酒店的一部分得以改建为罗丹纪念馆。他还是罗丹最后一件作品的模特——一尊胸像：肩膀裸露，下巴上扬，八字胡狡黠地翘起。

克雷蒙戴尔和达利米耶一定受邀到莫奈的画室欣赏了他的"巨型装饰画"。他们对这些作品的具体印象如何，我们不得而知，但他们提出的建议令莫奈耳目一新。第二天莫奈写信告知吉弗鲁瓦："我同意去画兰斯的教堂，就画它目前的样子（当然至少要等德军的轰炸停止）。这让我很感兴趣。"莫奈之前最著名的系列画就是《鲁昂大教堂》系列，多年以前他似乎就很喜欢描绘法国的教堂。他的一本笔记里就记录了他想要"画法国

教堂"的愿望。如今，又有新的机会让他在另一座教堂前支起
画架，而且是受政府的委托；这说明他仍然是政府认可的顶级
文化巨匠之一。

兰斯的圣母大教堂不仅仅意味着另一座教堂。1914 年战争爆发
之前，评论家查理·莫里斯（Charles Morice）在一篇文章中称
其为"国家教堂"。曾有 26 位法国皇帝及皇后在这里加冕。从
13 世纪初开始，教堂里装饰了许多美丽、新颖的欧洲风格的雕
像，罗丹认为这些雕像的艺术水平超过了意大利。然而，开战
之后，兰斯和她雄伟的教堂遭到了德军轰炸——这是"德国鬼子"
野蛮暴行的罪证之一。1914 年 9 月，德军对兰斯的轰炸持续了
5 天，投下了超过 200 枚炸弹，造成数十名平民丧命，大教堂遭
到破坏（德国人辩称这次轰炸是为了观测弹着点及爆炸点，因

而是正当的）。窗户上的彩色玻璃碎裂了，屋顶燃起大火，教堂外部正面一尊甜美微笑的天使雕像（一件举世闻名的艺术珍品）被击中，头部掉落在地，摔成了碎块。德军对如此重要的历史及宗教圣地进行轰炸，给了协约国（一名德国记者事后懊恼地评论）"一个极好的宣传工具"。

确实如此，谴责之声迅速蔓延。法兰西学院公开谴责这是"对高贵历史遗迹的野蛮破坏"，美术学院怒斥这"摧毁了法国天才们最杰出的艺术作品"。一位参议员则表示"全世界发出的悲愤呐喊将永不停歇"。教堂遭到轰炸的照片四处传播：教堂正面硝烟弥漫，残留的石头构件依然屹立在成堆的碎石之上。图书《德国人：古代教堂和文物的破坏者》迅速出版，兰斯在书中占据了最多篇幅。教堂废墟中的残片，比如玻璃、碎石，以及变形的耶稣受难像，都如神圣的遗物般受到景仰。教堂里安娜·雅特（Anna Hyatt）的圣女贞德雕像旁一根受损的壁柱被运到了美国纽约，放置在河滨公路边，并举行了盛大的揭幕仪式。另外，那个被炸碎的微笑天使头像以"兰斯的微笑"为标题在美国、加拿大、阿根廷和智利巡回展览。

愤慨的讨伐之声并不能阻止轰炸。直到 1917 年那个严寒的冬季，兰斯（据一家报纸报道）已经遭受了"28 个月几乎从未间断的轰炸"；其人口从 12 万缩减到 1.7 万人。就在两位高官到访吉维尼的前一天晚上，"殉道之城"（因为遭受轰炸而得名）兰斯再次遭受猛烈的轰炸。上千枚"令人窒息的炸弹"和其他爆炸物（前三周共计 6.5 万枚）连续袭击这座城市。如此密集的轰炸迫使城内剩余的居民全部撤离到了巴黎和特鲁瓦（Troyes）。"啊，这些土匪！"《晨报》的一篇文章如此怒斥德军，声讨了德国再次对教堂进行的"野蛮破坏"。这一次，教堂的塔楼全部被毁，1914年幸免于难的石头穹顶严重坍塌，只剩下一片没有屋顶的残垣断壁。两位官员到访吉维尼当天，《晨报》称"这些野蛮的德国人似乎想摧毁每一块屹立不倒的巨石"。

此刻，政府交给莫奈的任务就是：描绘在战争中遭受破坏的教堂"目前的样子"，作为针对德国"野蛮行径"的宣传攻势之一。出自克劳德·莫奈笔下的教堂系列画，画中是遭受德军轰炸的残损教堂；这样的宣传会在全世界产生相当深远的影响，其效果将是照片无法企及的。

尽管莫奈热情地接受了任务，但他面临着许多挑战。最严重的当然是他可能让自己身处险境，除非轰炸真的停止，但在1917年春天，这看起来不太可能。没有谁比76岁的莫奈更不像战地画家。一个在自家花园里作画都会因为风雨而暴跳如雷的人，怎么可能泰然自若地应对可怕的炸弹和崩塌的碎石？另外，他还要经历一百多英里的行程才能从吉维尼到达兰斯。

这些艰险与困难背后却是极其诱人的回报和特殊照顾，其中有些是莫奈可以立即获得的。两位官员刚刚离开，莫奈就给吉弗鲁瓦写信："我不确定他们两位过问我的汽车会有什么后果。"1914年年底，军方对法国的所有汽车进行了调查统计，以确认"军方可以征用的汽车数量"。所有车主都必须将自己的汽车停放在当地政府办公楼门前，并填报汽车的详细信息，以方便军队随时征用。莫奈收藏的数台爱车也面临同样的风险，1917年4月，正是两位官员拜访莫奈的那个月，他收到通知要求他将一台车停放到15英里之外的安德利（Andelys）镇。莫奈显然向克雷蒙戴尔提出了这个问题，希望得到特殊关照。尽管日理万机，克雷蒙戴尔还是立即过问了此事。他到访吉维尼之后仅一天后，莫奈就接待了一位当地官员，并为他带来了好消息。"我不需要把车送到安德利了，我可以保留我的汽车了，这让我很高兴。对您和达利米耶先生的关照，我感激不尽。"他写信向克雷蒙戴尔表示感谢。

莫奈的汽车虽然免于被军方征用，但没有汽油还是开不了。由于供应非常紧张，1917年4月16日，法国颁布了严格的法令限制个人汽油消费，只有"确有需要"的人才可以获得汽油配给，而且也必须"厉行节约"。而莫奈向克雷蒙戴尔提出请求之后，汽油配给车就从弗农的燃料库专程开到了吉维尼。这些还只是莫奈从部长那里得到的第一批好处，或者说是他接受"战争任务"的前提条件。

1917年春夏之交，形势似乎并不适合一位老年平民前往西线战场进行户外写生。法军伤亡人数巨大，而在国内几乎已经没有新兵可招。4月在兰斯西北几英里之外的戴姆路遭遇惨败之后，法军内部发生哗变：整个21师拒绝上前线，他们都是参加过恐怖的凡尔登战役的老兵。他们蓄意破坏了运送士兵去前线的铁路，一边挥舞红旗，一边唱起战歌。

在巴黎，物价继续攀升，食物愈发匮乏。从 1917 年 5 月中旬开始，为了保证士兵的食物供应，星期二和星期五所有商店、旅馆、餐厅、食堂和酒吧都禁止销售肉类。一位餐厅老板抱怨鱼成了"无法实现的假设"。根据 5 月 3 日颁布的法令，除了星期五，面点师还可以用小麦粉做蛋糕，但是饼干只能用大米粉制作。这一规定招致法国饼干保护委员会的抗议。

抗议的不只有饼干制造商。五月节当天的节日游行队伍中就有几个人高喊"和平万岁""不要战争"的口号。5 月 11 日罢工开始了，开始是服装产业工人，到了 6 月，生产防毒面具、头盔及其他军需品的企业也开始罢工。6 月中旬，一家火药厂的 5000 名工人罢工了，其中一些工人举着红旗，高唱《国际歌》。一时间，《国际歌》的开篇歌词"起来！饥寒交迫的奴隶"响彻整个法国。

莫奈设法节衣缩食，过着他所说的"节俭了三倍"的生活。朋友们也为他提供了一些帮助，比如伯恩海姆 - 尤恩兄弟，在 5 月中旬寄给他"一大包"美味的食物。他还设法准备了丰盛的午餐招待一位客人，不是别人，正是亨利·马蒂斯。他造访吉维尼的计划一直被延期到了克雷蒙戴尔和达利米耶到访之后的某一天，这也清楚地说明描绘兰斯教堂的任务振奋了莫奈的心情。他写信给伯恩海姆 - 尤恩兄弟表示："如果马蒂斯和马尔凯（Marquet）愿意下周光临，我将非常荣幸。"马尔凯是马蒂斯的一位老朋友，42 岁的野兽派画家，和马蒂斯一样也曾研究莫奈的作品。他也画过很多幅《巴黎圣母院》，其中几幅被米尔博收藏。

1917 年 5 月 10 日，马蒂斯和马尔凯前往吉维尼。火车在等待了将近 3 个小时之后终于开动了（"没有其他交通方式"，莫奈懊恼地写信告诉他们），将两人送到芒特拉若利火车站。站台上有辆汽车正在等候他们。只要天气好，莫奈的客人一般都会在刚享用完午餐、餐盘被收走的同时，就自觉地起身快步走到门口准备告辞，好让大师回画室继续作画。而马蒂斯和马尔凯在莫奈家里愉快地待了整整一个下午。最后汽车将他们送回芒特拉若利火车站，去搭乘下午 6 点的火车。对于法国两位擅长描绘阳光美景的伟大画家（莫奈和马蒂斯）来说，尽管天气阴沉，但这春日田园的美丽风光意味着：天堂之门已经开启。

关于他们之间的谈话，没有查到相关的文献记载。那个下午，莫奈花园留给马蒂斯的印象在他几周之后创作的《音乐课》画作中得以体现。这幅画表现了马蒂斯一家人聚在自家客厅里的场景。女儿玛格丽特在指导弟弟皮埃尔弹钢琴；而他的另一个儿子，17 岁的让，正在读书，嘴里叼着烟，前额的头发垂了下来，象征成年的胡子骄傲地翘着，他马上就要应征入伍了。背景里，马蒂斯的妻子正心无旁骛地在阳台上缝补衣物，从她身后打开的窗户望出去，是满目苍翠的花园，花园里有池塘和雕塑。花园里生机蓬勃的茂盛植物，还有那个斜倚着的性感裸女雕塑，与房间里的一派安宁景象形成了鲜明的对比。花园中央，好几片既像心形又像泪滴的绿叶聚成类似花束的形状，这些叶片像极了睡莲的叶子。

第 10 章

兰斯的微笑

1917 年德军对兰斯的狂轰滥炸持续了整个夏天。事实上，自从莫奈接受描绘兰斯大教堂的任务之后，数月来"兰斯遭到轰炸"几乎是法国报纸每天的头版头条。各大报纸都翔实地报道了德军空袭的残酷与惨烈程度：每天投下一千多枚炸弹。7 月 13 日的一份官方通报称"德军猛烈轰炸兰斯，投下了 1600 枚炸弹"。几天之后，更多的炸弹（2537 枚）让兰斯变成一片火海。

当月，《晨报》派出了一位战地记者前往兰斯了解城市受损情况。这名记者用凄美的语言描写了兰斯遭受轰炸的悲惨景象。电闪雷鸣之中，"残损的教堂塔楼"在日落时分显得十分耀眼。残阳如血，远处的地平线一片鲜红；教堂的石头废墟也染上了火红的颜色：不只是映照了夕阳的余晖，还有"城里燃烧的火焰……如同死人身旁闪烁的蜡烛"。日落之后，"兰斯的夜幕降临了，一如往常，城市在爆炸和恐惧中颤抖"。

"一切都在变化，甚至石头"，莫奈曾经写下这样一句话。记者看到的景色——美丽的教堂沐浴在闪耀的夕阳之下，类似印象画派的视觉映像；让人想起莫奈的《鲁昂大教堂》系列画作，其中几幅就表现了教堂正面在耀眼的夕阳下呈现出明艳的红色和橙色。《晨报》这篇文章中对教堂的描写基本就是两位官员希望莫奈去描绘的场景。

评论家路易·瓦塞勒听说了莫奈的这项任务，兴奋地预言"这位法国印象主义的荣耀之王"将会因为描绘兰斯大教堂废墟而登上职业生涯的巅峰。然而，莫奈的天才并不适合真实地反映历尽狂轰滥炸的残垣断壁。他会完美地表现绘画题材的精神实质，但他所擅长的并不是精确地记录物体的每一寸细节。他完全赞同马奈曾经跟学生说过的一句话："你能想象数清楚鲑鱼的鳞片吗？"莫奈作画时，偶尔会为了达到更好的效果而对他所看到的事物进行灵活处理。他描绘埃特勒塔海景时，就调整了巨型石拱的位置；而在几幅阿尔让特伊风景画中，他加高了大桥收费亭的高度，甚至将桥洞的数量从 7 个减到了 5 个。对他来说，创作一幅美丽的作品比忠实地描绘建筑物的特征更加重要。他曾经指点一位美国女画家："去户外写生，要试着忘记你面前的景物是一棵树、一座房子、一片田野，还是其他的什么。只是想着这里有一小片浅蓝的正方形，那里有一块粉红的长方形，那里又有一缕淡黄的条纹。"他甚至还告诉她，他希望自己生来是盲人，然后突然重获光明，"那样他开始作画的时候就不知道自己面前的到底是什么东西"。

这番话并不意味着莫奈对待视觉证据的态度是粗略的或随意的，或者说他选择的绘画素材对他毫无意义。事实上，有评论家指出，莫奈笔下的法国乡村风光是"法兰西民族的灵魂"。不过，莫奈关注的焦点以及最终反映的重点是景物四周的"氛围"，而这导致观者很难看出他画里的正方形、长方形和条纹到底是什么。一个朋友如此评论他的画作："在他的画里，光线是最重要的。其他的一切都退居其次。素材是什么无关紧要。"画家瓦西里·康丁斯基（Wassily Kandinsky）第一次看到莫奈 19 世纪 90 年代中期的《麦垛》系列作品时，他冥思苦想了很久：画里的东西到底是什么。刚开始他不胜其烦，认为"画家不该把画画得这么模糊。我甚至觉得画里根本就没有东西"。但他很快就意识到，既然让人"怀疑画中是否存在景物"，那就说明莫奈的画本身比画中的景物更加重要。莫奈的画取决于"调色板的力量"——为了表现色彩本身而精妙地运用色彩，而不是清晰真实地描绘自然界中的景物。

因此，在画布上如实反映建筑物的受损情况，对莫奈来说是一项新颖的工作。在他以前的教堂画作里，比如《鲁昂大教堂》系列，找不到精美的建筑细节。一本 19 世纪的导游手册这样描述鲁昂大教堂的正面："大量的壁龛和雕像，数不胜数的镂空花窗形态各异、雕工精美。"而莫奈的画作略去了这些繁杂的细节，重点反映光线、色彩、阴影及不同天气下的视觉效果。如果建筑爱好者想从莫奈的画里找到那些中世纪雕像的细节，必将一无所获。根据莫奈画作研究鲁昂大教堂的人，最终会惊奇地得知，原来教堂正面其实雕刻了许多石像，有被天使环绕的圣母玛丽亚，还有在希律王面前舞蹈的莎乐美，和献给她母亲的施洗约翰的头颅。据一位英国评论家所言，莫奈将这座建筑艺术瑰宝画成了"融化的冰淇淋"。

尽管并不是他擅长的工作，但莫奈还是对描绘兰斯教堂满怀激情。然而，1917年夏天，兰斯居民都撤离了，而且德军每天进行轰炸，这样的状况并不适合莫奈的户外作画方式。20年前他画鲁昂大教堂的时候，没有战争，也不受干扰；他并没有在教堂正面露天支起画架，而是在对面的一家内衣店里。遭受战争摧残的兰斯无法为他提供庇护，让他安全、自由地作画。瓦塞勒很快就开始怀疑莫奈描绘的兰斯大教堂能否真正成为其巅峰之作，于是他出尔反尔地说："也许莫奈无法在兰斯创造杰作。他和毕加索描绘鲁昂大教堂的时候，都是悠然自得、不慌不忙，在他们的石头模特面前长时间逗留，与它进行精神交流。"而在兰斯，恐怕没有时间轻松地进行这种精神交流。

鉴于兰斯在1917年春夏一直遭受轰炸，克雷蒙戴尔收到莫奈那封告知惊人消息的书信时一定非常吃惊。"亲爱的部长和朋友"，因为心存忧虑，莫奈信中的称呼都很不正规。莫奈之前也给部长写过几封信，但都没有收到回复。这令他担心自己招人厌烦，任务已经取消了——这不仅意味着他获得政府认可的名望不存在了，还可能会影响到他受到的汽油等特殊照顾。他在信中坦陈："恐怕我写信要汽油、煤炭等，给您造成了很大的困扰。"而在之前的一封信中他直接询问任务是否还有效（最终，克雷蒙戴尔还是给了肯定的答复，这让莫奈大感放心）。接下来，他抖出了一个惊人的消息："您可能已经知道了，我去兰斯看过了。"

1917年夏天莫奈真的去了兰斯吗？他给克雷蒙戴尔写信那天是7月23日，一份官方通报称当天兰斯遭到850余枚炸弹袭击。莫奈，一位喜欢待在家里的古稀老人，会如此勇敢或如此鲁莽地在这样一个时候去兰斯冒险吗？没有任何画作或草图可以佐证这次随口而说的行动。我们可以猜测，由于担心丢掉这项任务以及与之相关的各种特权，莫奈希望让克雷蒙戴尔笃信他的热情与主动；为了达到这个目的，他或许会夸大其词甚至编造故事。

但是，1917年9月中旬，一份杂志刊登了一篇关于莫奈计划描绘兰斯教堂的报告。作者瓦塞勒加了一句补充注释："在老朋友克列孟梭的帮助下，莫奈去了趟兰斯。"瓦塞勒一向对莫奈的计划和行动了如指掌。因此，莫奈也有可能是在克列孟梭的陪同之下去了兰斯，克列孟梭几乎每隔一周就会去前线慰问士兵。如果是这样，那将是令莫奈心惊胆战的一次冒险旅程。温斯顿·丘吉尔（Winston Churchill）曾记述过他心惊肉跳地陪同克列孟梭视察前线的经历。他们穿过泥泞的乡村道路，荒无人烟的田野上散布着一道道壕沟和一个个弹坑。"子弹在头顶来回呼啸……树林里的枪声清晰可辨，炮弹在我们面前的道路和两旁的草地上爆炸"。坐着汽车狂奔了12个小时之后，43岁的丘吉尔精疲力尽，"而钢筋铁骨的'老虎'克列孟梭却不曾显露丝毫倦意"。丘吉尔反对暴露在敌人火力之下，克列孟梭却回答："这是我的一大乐趣。"

这种疯狂、危险的旅行可不是莫奈的乐趣。不过，根据瓦塞勒的注释，我们还是可以想象一下（尽管可能性不大）：一个夏日清晨，莫奈和克列孟梭早早就出发了；他们的专车在车队的护送之下行驶在布满车辙的道路上，路边有凌乱的电线，当然还有罂粟花田。这可能会让莫奈想起吉维尼野外美丽的罂粟花田，他在 19 世纪 90 年代曾经画过。那已经是上一个时代的事情了，那时候，罂粟花还不是鲜血和死亡的象征。两人可能会在路边或者村庄的废墟里吃午饭，食谱是（克列孟梭和丘吉尔一起吃的也是）"鸡肉和最上等的三明治"。无论三明治多么美味，与他们在莫奈家黄色的餐厅里享用午餐相比，这顿午饭既危险又滑稽。

不管当时的真实情况如何，克列孟梭并没有使莫奈面对这项任务的心情有所放松。2 个月之后，官方的委托书似乎依然遥遥无期，于是总不回信的部长又收到了来自吉维尼的信。莫奈在信中焦急地表示："您的沉默让我此刻深感焦虑，我知道您工作太忙，但我不知道您是否收到了我的上一封信，您哪怕就回复只言片语也会让我非常欣慰。在您有时间的时候，我期待再次恭候您的光临。""再次恭候"，意思当然就是邀请部长来吉维尼享用午餐。信的末尾是一句请求："如果您收到了我的信，请至少寄一张小纸条通知我。"

1917 年 9 月底，意大利国王在法国总统雷蒙·普恩加莱的陪同下乘坐专列视察了兰斯。德军的轰炸因此大大减少，一些居民也"不顾每天面临的危险"返回了兰斯。但到了 10 月，"兰斯遭到轰炸"再次出现在报纸的头版头条。莫奈写给部长的那些语气委婉恳切的信中，再也没有提及去过这座"殉道之城"。

尽管描绘兰斯教堂的任务看起来前景渺茫，但它似乎重新激起了莫奈的创作热情。1917 年夏天，由于不确定和不自信而长期中断工作之后，莫奈终于开始继续画"巨型装饰画"了。这项工作终于重新开始占用他的主要精力。1917 年 5 月底，吉特里邀请他去巴黎观看自己出演的新戏，他却把吉特里寄来的戏票扔到一边。他严肃地告诉吉特里："记住，我现在必须比以往更加努力工作，因为每天我都离终点又近了一步。"他说的"终点"是指生命的"终点"。他直截了当地解释："不瞒你说，我可没空去休闲娱乐。工作是我唯一的动力。"

1917 年 6 月，吉弗鲁瓦也"不识时务"地为莫奈安排了一次"休闲娱乐"。他安排了一位朋友去吉维尼。这位来得不是时候的客人当然不受欢迎，但碍于情面，莫奈"极不情愿地听他讲述无聊的传言和故事"。莫奈事后写信直言不讳地向吉弗鲁瓦抱怨："打扰我的工作实在是太讨厌了！"他还说他的工作再也无法顺利进行了，"我对我所做的一切都深深地感到失望"，信上的署名是"你的老朋友、非常老的克劳德·莫奈"。

同往常一样，莫奈对恶劣的天气非常愤怒，他诅咒"这狗天气"。1917 年 8 月，他写信说他"目前的工作热情比之前更高了，不过骤变的天气还是令我怒不可遏"。他所提及的这段时间，巴黎暴雨不断，还伴有肆虐的狂风，刮倒了烟囱，撕裂了檐角。

也是在这个月，莫奈的哥哥莱昂在鲁昂附近的家中去世。莱昂经营一家化工厂，与毕沙罗是好友，他有时会购买毕沙罗的画。莱昂曾经雇佣莫奈的长子让，让曾在英国接受药剂师培训。但两兄弟失和，已经多年没有来往，莫奈并没有去参加哥哥的葬礼。一个月之后，他参加了另一场葬礼，德加去世了。

莫奈和德加也已经疏远多年，但疏远乖戾任性的德加并不奇怪。"那个德加，多么粗野！"雷诺阿曾经这样抱怨。"多么伶牙俐齿，多么才华横溢！他的所有朋友最终都离开了他：我是最后留在他身边的朋友之一，但我没有坚持下去"。德雷福斯事件发生后，莫奈与反犹太人的德加闹翻，但十年后他们似乎和好了。1909年莫奈的睡莲画第一次展出时，德加告诉一位两人共同的朋友："这样的时刻，我们应该冰释前嫌。"两年后，德加到吉维尼参加了爱丽丝的葬礼。当时他看上去格外苍老、憔悴不堪，"四处摸索，几乎失明了"。如今，怨气显然已经消散，莫奈给德加的弟弟写了一封吊唁信，缅怀他们"年轻时代的深厚友谊和并肩奋斗"，表示"我对您兄长的才华十分钦佩"。

葬礼后一星期，莫奈写信给吉弗鲁瓦，表达在巴黎没能见面的遗憾之情。他还透露了一件稀罕事：他准备去度假了。他告诉吉弗鲁瓦："我工作得太辛苦了，已经筋疲力尽。是该休息几个星期了，我打算去欣赏大海。"他要和布兰切一起去他热爱的诺曼底海滨。他向伯恩海姆 - 尤恩兄弟解释说："我们计划今天出发，途经翁弗勒和阿弗尔，然后一路沿海边到迪耶普（Dieppe），一共需要 10 到 15 天。我很高兴又能看到大海了，好久没看了。我累了，需要休息。"

莫奈钟情于大海。他曾对吉弗鲁瓦说过："我希望一直待在海边或者海上，死后我要葬在漂于海面的浮筒之内。"吉弗鲁瓦后来写道："看起来这主意让他很开心，一想到这个他就暗自偷笑。永远被封在一个外界无法侵扰的软木桶里，随着海浪起伏漂荡，在暴风雨中勇敢搏击；在天气好的时候，沐浴在阳光下，浮筒轻微地晃动，就像婴儿的摇篮。""这狗天气"就会令莫奈勃然大怒，又怎么能想象他可以冷静、顺从地在狂暴的大海上沉沉浮浮？当然，他对海滨的眷恋是毋庸置疑的，尤其是诺曼底海滨。他曾在这里创作了许多画作，也在这里和家人共度假期：1870 年夏天他和卡米拉就是在诺曼底海滨胜地特卢维尔度蜜月。

诺曼底海滨也承载着莫奈童年和青少年时期的记忆。"我热爱这片伴我成长的大海，"他曾经向记者表示。莫奈小时候住在阿弗尔的时候，从家里走上一百多码就能到遍布卵石的海滩。在那里，度假的人们争先恐后地从海滩上的小棚屋冲向海边戏水；在那里，各式各样的船只纷纷驶入港口，船帆胀满，桅杆晃动。莫奈 1872 年创作的《日出·印象》中就描绘了这样的景致。更具意义的是不远处那条通向悬崖的海边小路。有一天他和当地画家欧仁·布丹（Eugène Boudin）一起走过这条路。布

丹把画架摆在一个可以
俯瞰大海的高台上，然
后小莫奈直愣愣地看着
他开始描绘悬崖和大海。
吉弗鲁瓦写道："从那
一刻起，他就成了画
家……他拥有了画架、
颜料盒、画笔和画布；
他拥有了无边无际的大
海和蓝天！"

假期开始了，他先分别
去阿弗尔和翁弗勒小住
了几天。然后，由于不
受汽油供应限制，他心
满意足地享受了一番汽
车之旅：乘坐汽车一路

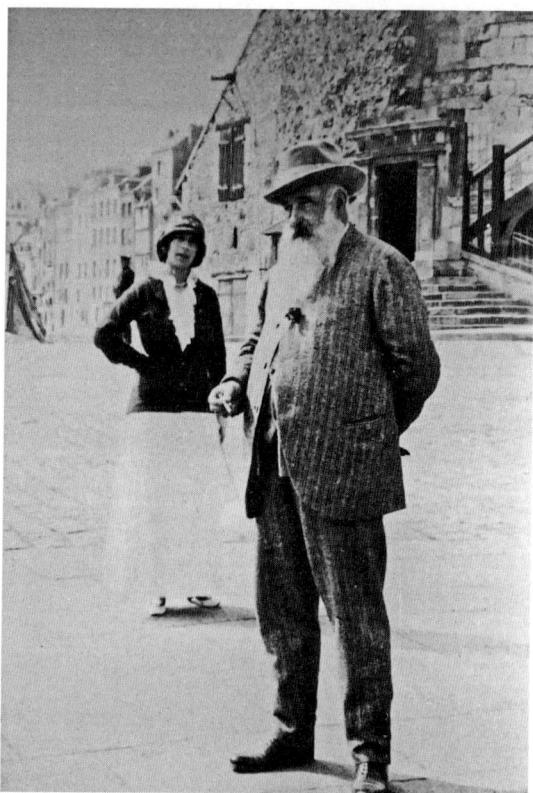

沿海滨公路到埃特勒塔，再到费康（Fécamp），最后到迪耶普。
几十年前，他曾经背着画架走在这些地方的悬崖之下，并攀上
了悬崖。他称这场汽车之旅为"一小段快乐的旅程"。他写信
告诉约瑟夫·杜兰德-鲁埃尔，"有那么多的记忆和那么多的
辛劳值得回味"。一片渔民的棚屋、一块嶙峋的礁石，海浪冲
刷着海滩上的鹅卵石——如果看不到这幅场景，他恐怕都舍不
得离开。这是他 50 年前曾经描绘过的景致。然而战争也改变了
他热爱的这片海岸。埃特勒塔建起了一所野战医院，而阿弗尔

修建了巨大的训练场，准备接收来自美国的数千名新兵。

在阿弗尔，莫奈住在金钟酒店，从房间的窗户望出去，可以看到 45 年前他画进《日出·印象》里的景色。不过当时他是住在海边的另一间酒店——大陆酒店。他的朋友毕沙罗 1903 年去世之前曾在大陆酒店住过几个月，画了许多幅带有渔船和帆船的作品，欣赏印象主义发源地的风景。如今莫奈也展开了一场类似的怀旧之旅，重寻他年轻时代的足迹。可能是哥哥的死促成了莫奈的这次旅行；也可能是因为毕沙罗，他在探访此地之后几个月便去世了。莫奈觉得自己时日无多了，正如他几个月前写信给吉特里所说的："每天我都离终点更近一步。"

不过，莫奈写信告诉约瑟夫·杜兰德 - 鲁埃尔，他还要回吉维尼"更加积极地工作"。故地重游，欣赏这熟悉的景色、陶醉于大海的气息，显然让莫奈神清气爽。画家雅克·埃米尔·布兰奇（Jacques-Émile Blanche）看见他站在海边，雅克发现他"虽然年迈却健美，从一辆大马力的汽车上下来，穿着华贵的毛皮外套……他迎风坐在堤岸上，刺骨的西风吹乱了他长长的白胡子"。莫奈坐在海边凝望大海的时候心里在想些什么？莫奈告诉乔治·伯恩海姆 - 尤恩："再次看到这美丽的景色，无数的往事涌上心头。"

另一件事可能比陶醉于大海的气息中更令莫奈振奋，他终于从克雷蒙戴尔那里得到了肯定的答复。莫奈之前直接询问兰斯教堂绘画任务的那封信没有寄到，至少克雷蒙戴尔是这样说的。

讽刺的是，他掌管的部门还负责邮政及电报业务。1917年10月底，莫奈刚返回吉维尼，就收到了美术部的官方许可文件。莫奈写信向达利米耶表示："我想让您知道，这项任务令我受宠若惊，备感荣耀。"完成任务之后他将获得1万法郎。这个数目低于莫奈作品的平均价格。几周后他说他的每幅作品"一般价格"都是1.5万法郎，而当年早些时候在纽约拍卖的作品平均价格更是高达3.3万法郎。当然，他并不是为了钱才接受这项任务的，他也不缺钱，几天后他就收到了杜兰德-鲁埃尔寄来的5万1780法郎的支票。他只知道，这项任务能够为他带来钱买不到的东西，比如煤炭、汽油，还有声望。

任务最终确定之后，莫奈的心情大好，他答应了伯恩海姆-尤恩兄弟若干个月之前提出的请求。他们委托评论家费利克斯·费尼昂（Félix Fénéon）撰写莫奈传记，想让他去吉维尼采访莫奈。莫奈同意了，但还是要求延期几个星期，因为他要在画室里"以崭新的视角做一些修复工作"。事实上，他对出版传记还是有些不安。他告诉伯恩海姆-尤恩兄弟："我觉得，让人们看我的画就足够了。"

莫奈还应允了另一项请求。杜兰德-鲁埃尔一直希望派一位摄影师去拍摄一些莫奈的最新作品以吸引买家。旅行结束刚回到家的时候，莫奈还是斩钉截铁地拒绝了。不过现在他情绪好多了，于是1917年11月中旬，一位摄影师到访吉维尼，拍了许多巨幅画作及巨大画室的照片。这些照片向人们展示了莫奈宽敞的新画室。简朴的房间中央摆了一张巨大的桌子，桌面上富有艺术感地放置着各种绘画工具：几个插满画笔的罐子、几个调色板（其中有一个是没用过的）、几十个整齐地堆叠在一起的木质颜料盒，还有一瓶塞着瓶塞的酒。一张旧双人沙发朝墙摆放，旁边是一个小茶几和一把木头椅子。

真正引人注目的还是那些巨幅画作：在画室的墙边摆成一排，都放在装有轮子的画架上以便于移动。摄影师拍了七八幅，其中一幅高达 6.5 英尺，宽约 14 英尺。这些巨幅画作一定震撼了克雷蒙戴尔、马蒂斯以及其他访客，为这位老人的雄心壮志和卓越能力肃然起敬。其中两幅画的是池塘边的垂柳：粗壮的树干旁，茂密的枝条如瀑布般倾泻而下。其他几幅则是漂浮着睡莲的水面，水波荡漾，倒影摇曳。所有画作都证明了他当时精力旺盛，视觉敏锐；还有，确实如他所说，耗费了大量的颜料。

这些照片也提供了一些蛛丝马迹：1916 年年底，他认为自己就快要完成这项宏大工程了，为什么突然又陷入怀疑与焦虑？有几张照片中画作以大约 160 度角摆在一起。其中两张照片显示，4 张 14 英尺宽的画作首尾相接，连成了一幅巨大的弧形画面，总长约 56 英尺；如果一切顺利的话，就能够装饰一个圆形的房间。

莫奈以前从未做过类似的尝试，无论是画作尺寸，还是其复杂性。他不但要关注每一幅巨幅画作的美感，还要考虑如何让它们能够组成一个连续的环形。确保所有画作的视角是连贯的；14 英尺宽的画面色彩要与它旁边的那幅画协调一致，由近及远，也就是组合之后整个超过 50 英尺的画面色彩要协调一致。在长达

莫奈叼着从不离口的香烟在他的新画室里辛勤作画。他的巨幅作品放在装有轮子的木架上，以便于移动

数月甚至数年的创作过程中，要保持这种连贯性和一致性实在是极其艰巨的挑战。莫奈痴迷于捕捉细微的、瞬间的视觉效果，这在 3 英尺宽的画面里就已经很难表现了（他无数次的勃然大怒就可以证明这一点）。而在过去的 3 年里，他一直尝试在将近 60 英尺的画面里表现同样的效果。

1917 年秋天，莫奈不是唯一一个表现出力量与决心的人。摄影师来过之后几周，他在写给约瑟夫·杜兰德 - 鲁埃尔的信中说："如今我的老克列孟梭掌权了。他的责任多么重大啊。他能避开所有陷阱取得成功吗？那需要多么强大的力量啊！"

巴黎发生了重大事件。执政不到 6 个月，里博政府就在 1917 年 9 月倒台了；之后由新总理班勒卫（Painlevé）组建的新政府只坚持了两个月。班勒卫（Painlevé）辞职后两天，1917 年 11 月 13 日，时任法国总统雷蒙·普恩加莱在爱丽舍宫召见了克列孟梭。57 岁的普恩加莱以冷峻、精明著称。另一位政治家评论他"铁石心肠"。事实上，普恩加莱对动物心肠很软，对暹罗猫、柯利犬和牧羊犬的喜爱从未停止；他宣称它们是"神秘的生灵"，绝不逊于人类。他非常信任这些不会说话的动物，尽管自己的妻子曾离奇地受到动物的伤害。总统夫人在爱丽舍宫的花园里休息时，被一只从笼中逃脱的黑猩猩攻击并拖到一棵酸橙树下。这一事件似乎凸显了总统的无能，令人无话可说。

虽然身为法国总统，但普恩加莱绝非法国政坛最有权势或最重要的人物。他是由国民议会选举的，他们通常只会选那些不反对他们各项提案的人。菲利克斯·福尔担任总统期间曾经大发牢骚："人们批评我什么也没干。可是你们指望我做什么？我的权力就跟英国女王一样。"这个类比相当贴切，当时法国总统的权力确实与君主立宪国家有名无实的君主差不多。克列孟梭则做了另一个类比："总之，只有两样东西毫无用处——前列腺和法国总统。"

不过法国总统至少有一项重要职责——任命总理，然后由总理组建政府，但总理却并不一定精明强干。如同议员们选出不会挑战他们权力的软弱总统一样，总统往往也会出于同样的目的任命一个平庸的总理。然而，1917年连续三届政府倒台，法国面临反攻受挫、军队哗变，以及食品和煤炭供应短缺等极其严重的问题，这让普恩加莱意识到法国此刻需要一位铁腕的掌舵人。于是他决定考虑以往不可能考虑的总理人选。

对于普恩加莱而言，这是个艰难的决定。他和克列孟梭彼此敌

雷蒙·普恩加莱

意颇深。他在日记中痛斥克列孟梭"是个疯子、又老又蠢、刚愎自用"。克列孟梭也对普恩加莱发出了他最为著名的恶毒嘲讽之一，又一次以被切除的人体器官进行人身攻击："世界上只有两种事物毫无存在的价值。一个是阑尾，另一个是普恩加莱。"他还称普恩加莱为"一种比较讨厌的动物……所幸目前只发现了一只"。

而这一次，两人会面的气氛融洽得令人惊讶（事后得以证实）。普恩加莱在日记中写道："'老虎'来了。他胖了，耳背更加严重了，但机智依旧。但他的健康状况和意志力呢？我担心其中之一已经更加衰弱了。"普恩加莱不知道克列孟梭患有糖尿病，但他知道克列孟梭几周前刚刚庆祝了 76 岁的生日。他想要说服自己，然后再说服其他政治家，让这个"恶魔"来领导政府。他在日记中继续写道："我知道他有严重的缺点：骄傲自负、喜怒无常、鲁莽轻率。但是，在找到其他适合形势需求的人选之前，我能够否决他吗？"而且，普恩加莱很清楚，如果他不任命克列孟梭当总理，这位"倒阁者"也一定不会让总理好过。

两人会面一天之后，《自由人报》的头版头条宣布："克列孟梭同意受命组阁"。正如莫奈所说，克列孟梭将面临无数陷阱，但此时此刻，甚至一些十分憎恨他的评论家都没有对此表达异议。《十字报》的一篇社论提到了克列孟梭的医学背景："形势如此严峻，我们确实需要一位医生，需要他对政府进行如手术一般的改革。"另一家报纸表示，这一届新政府至少有一个好处：不会再受到克列孟梭的抨击了。

也许有人担忧克列孟梭会采取严格的反战措施，这种担忧也很快就被消除了。1917 年 11 月 19 日，克列孟梭在国民议会发表演讲，任命自己兼任国防部长，他用两个字简洁地概括了他的施政纲领："战斗！"一天之后，议员们听到了他的那段名言："战斗，我们别无选择，必须战斗……总有一天，从巴黎到最偏远的乡村，人们会为我们的胜利而尽情欢呼，尽管我们必将历尽艰险、流干鲜血、眼含热泪、冲向炮火——我们将英勇无畏地付出伟大的牺牲。我们有能力为人民带来这最美好的一天。"

那天，一位英国政治家也列席了会议，他就是温斯顿·丘吉尔，时任英国军需大臣。克列孟梭演讲时的样子给他留下了深刻的印象："他看上去像一头野兽，在演讲台后来回踱步，低声吼叫，怒目圆睁……法国决定打开笼子、放出老虎，撕碎所有的敌人……在低沉的怒吼声中，这头受到伤害的年老猛兽无所畏惧地发起了攻击。"

莫奈可能会为"我的老克列孟梭"即将面临的政治斗争而忧心忡忡，他应该也会意识到克列孟梭对他的"巨型装饰画"将会起到多么积极的作用。1907 年秋天，克列孟梭上一次担任总理的时候就安排政府购买了一幅莫奈的《鲁昂大教堂》，画作很快由卢森堡宫收藏；尽管达利米耶不再担任美术部副部长，但克雷蒙戴尔的职位不变，这也让莫奈更加安心。

克列孟梭"战斗，必须战斗"的口号，在莫奈听来或许成了"作画，必须作画"。1917 年 11 月拍摄的照片显示，莫奈已经完成了大量的画作，放在一起足足占据了 100 多英尺的墙面，而这还不包括那幅 6 英尺宽的最大规模的"大型习作"。莫奈还在继续画。1918 年 1 月，他写信给巴里荣女士，请她"尽可能快地"寄来 12 支平峰画笔，并列出了所需新画布的尺寸，请她一并发来。同时，更多装有轮子的移动画架也在制作中。

莫奈这项宏大工程的规模被一位艺术评论家蒂博 - 西松（Thiébault-Sisson）知道了。1918 年初温暖如春的一天，他造访了吉维尼，几年后写了一篇相关的文章。莫奈向蒂博 - 西松介绍了他的宏大工程，他希望它成为睡莲池的"一系列综合印象"。他谦虚地表示，它"应该不至于令人乏味"。莫奈这种谦虚的态度有些奇怪。蒂博 - 西松很快就了解到莫奈计划画 12 幅巨幅画作，其中 8 幅已经完成了，还有 4 幅"正在进行中"。已经完成的 8 幅都高 6 英尺 7 英寸，宽达 14 英尺；1917 年 11 月拍摄的照片已经透露了画作的巨大尺寸。还未完成的 4 幅尺寸也是一样的。这样，最终组合起来将形成一个 168 英尺（56 码）长的环形画面。装饰的圆形房间周长至少要达到 60 码，直径约 20 码。那个房间差不多要有能容纳 600 人的国民议会会议厅的一半大。莫奈还没有考虑这个问题，但这样的尺寸规模说明，除了政府礼堂或专门的博物馆，其他地方都不够大。克列孟梭多年前设想的"犹太巨富"的餐厅已经不用考虑了，只有大型的公共场所才可以。

蒂博 - 西松发现莫奈轻松愉快，精力充沛，他"嘴角露出微笑，目光炯炯有神，握手时充满了诚恳与热情。78 岁的年纪并未让他步履沉重……唯一与年纪相符的就是胡子，全都白了"。他的乐观让蒂博 - 西松印象深刻，他相信他的宏大工程胜利在望了。"再有一年，我就能完成令我满意的作品了，只要我的眼睛不再出问题，"他这样告诉蒂博 - 西松。

1918 年初，莫奈的眼睛没有出问题，但是他却遇到了其他的困难。其中之一与战争有关。青壮劳动力大多上战场了，莫奈很难找到木匠为他做大型的移动画架。终于找人做完画架之后，运到吉维尼又成了问题；因为煤炭短缺、机车不足，火车班次越来越少。因为火车运输对平民加以限制，即便有火车经过，也拒绝承运他的大画架，无论是作为行李或是邮包都行不通。雪上加霜的是，他的颜料供应商很快也难以满足他的颜料需求了。

颜料短缺可能与吉朗·德·斯沃拉（Guirand de Scevola）的伪装部队有关。从鲁夫鲁瓦（Rouvroy）到洛日（Loges）森林 15 英里的前线战场上，这些"伪装制造者"刚刚铺上了 270 万平方英尺的干草和 140 万平方英尺的画布，在上面画上了道路、灌渠、战壕和小型机场，用来迷惑德军。1917 年 6 月，一批"伪装制造者"在画室里画的一支巨大的"进攻部队"，戏剧性地出现在墨西拿（Messine）附近的战壕旁，伪装成 300 名士兵正向山顶冲锋。与此同时，一个"假巴黎"在塞纳河沿岸的拉菲特公馆旁出现：在真塞纳河边上多出一段 15 英里的假支流，还有假工厂、假铁路，甚至还有一段假的香榭丽舍大街。这都是为了将德军的炸弹引向巴黎城外。克雷蒙戴尔亲自起草的一份报告称，法国伪装部队每个月要耗费 1 万吨的画布及原料。

颜料、画布、运输车辆，全都是战争急需的物资。而莫奈也在完成一项"战争任务"。1918 年 1 月，他收到了一封克雷蒙戴尔的信，部长在信中表示，期待"全世界为您的'战争任务'喝彩。我希望今年春天您能再披露一些相关信息，因为到目前为止，还只有朋友们才有机会亲睹这些奇迹"。部长所指的"战争任务"显然不是刚刚确定的兰斯教堂任务，而是莫奈的"巨型装饰画"。

战争任务从描绘兰斯教堂变成了"巨型装饰画"，这令人匪夷所思。这些巨大的垂柳和睡莲画作被称为"战争任务"似乎只是因为它们是在战争中绘制的，但它们与战争没有任何关系，而且最早动笔的时候还没有开战。总之，1918 年初，克雷蒙戴尔很高兴地意识到巨型装饰画和前景堪忧的兰斯教堂任务一样，也能作为强有力的宣传手段，向全世界展示法国灿烂辉煌的文化。我们可以合理地推断，了解到莫奈画作的规模之后，他认为莫奈的工作很快就要完成了，可以在 1918 年春天向公众披露更多的信息。克雷蒙戴尔可能在计划安排一些军政要员参观莫奈的巨幅画作，类似于对仍未最后完成的全景画《战争英雄》进行的官方视察。专程前往军校旁边的展厅瞻仰《战争英雄》已经成为所有到访巴黎的官方团体必不可少的日程安排，感兴趣的市民个人也会自己去参观。因此，这幅全景画从来都是报纸上的热点新闻，各类来访者都会对报纸上关于卡里埃 - 贝勒兹及其画家团队的消息分外关注。

莫奈对部长的说法没有表示任何异议，也没有再提起任何与兰斯教堂任务有关的话题。不过他依然凭借这项任务获得各种特权。

1918 年初,煤炭极度短缺,实行严格的配给制。宪兵不得不将布洛涅（Boulogne）森林保护起来,以免冻得瑟瑟发抖的巴黎人砍树烧柴取暖。甚至连克列孟梭的前妻,住在塞弗尔（Sèvres）的玛丽,都不得不派女佣上街捡拾碎木头和垃圾带回家烧火取暖。莫奈却没有遭遇这些困难,他写信给克雷蒙戴尔说:"我终于得到了煤炭,万分感激!"

1918 年初,一位巴黎居民写道:"整个巴黎,什么东西都要排队领取,就连烟草和火柴也是。"有很多人在寒风中排了很长的队之后依然领不到。当时克雷蒙戴尔在一份报告中指出,每个月前线部队可以配给 2000 吨烟草,而"普通居民的烟草配给几乎全部取消了"。《高卢人报》一位犯了烟瘾的记者以自嘲的口吻描述了他当时在巴黎为了一包烟所经历的疯狂遭遇:"一夜无眠,在疯狂的梦中,我无数次看见一包香烟从我贪婪的手中溜走,消失在空气中。"他问遍了巴黎的每一家商店,其中一家店门外聚集着一群被烟瘾折磨得只剩下最后一丝希望的人,在那里他得到的答案也是"一支都没有了"。

然而,有一位居民无需忍受烟瘾的折磨,也不用担心听见店主无情地说"没有了"。在他温暖的画室里,莫奈心满意足地吞云吐雾。他写了一封信向克雷蒙戴尔表达感谢,为了给他供应香烟,部长"费了很多周折"。他告诉部长:"您知道的,我太喜欢抽烟了。"

第 11 章

垂柳依依

最终，"伪装制造者"制造的假巴黎并没有骗过德国飞行员。
1918 年 1 月 30 日，将近午夜时分，德军四支哥达轰炸机编队飞
抵巴黎上空。接下来的两个小时，空袭警报疯狂作响，防空火
炮震耳欲聋，法国战机冲向天空。很多巴黎人聚集在街上，看
着马塞·普鲁斯特在丽兹酒店的一个阳台上仰望被炮火撕裂的
夜空，口中大喊"伟大的末日"。直到第二天清晨，空袭造
成 36 人死亡，190 人受伤。协和广场上的一个临时机场被摧毁。
火车站一下子就挤满了想要逃离的人， 1914 年开战之初混乱的
一幕重演了。

1917 年 12 月，克列孟梭就向军事委员会发出了警告："我认为
德军将发动开战以来的最大攻势，将超过凡尔登战役。这一点
确定无疑。"军事委员会对这样的警告不以为然。三年来双方
一直处于僵持状态，难分胜负，人们似乎认为战争永远也不会
结束了。一位英国军官甚至根据收复索姆（Somme）、维米岭（Vimy

Ridge）和墨西拿的战况推算出，即使再打上 180 年协约国也到不了莱茵河畔。1918 年德国与俄国❶ 单独签订了和平条约，双方在西线战场停战。德国准备集中全部兵力和协约国决一死战。

❶————————
1917 年 11 月俄国爆发十月革命，建立了苏维埃共和国，随后便退出了第一次世界大战。（译注）

1918 年春，德军加紧了对巴黎的进攻。3 月 21 日早上 7 点，巴黎遭受猛烈的炮火袭击，一天之内无数枚炮弹在巴黎市内炸响。德军的炮兵阵地就位于巴黎 75 英里之外一座森林密布的山坡上。这些威力巨大的加农炮是德国的一种新型武器，被称为巴黎炮，重达 138 吨，炮管长达 40 码。德军在整个战争期间一直都在使用这种巨无霸武器（很快巴黎人就称之为"超级大炮""巨炮"），它能够将重达 234 磅的炮弹发射到距离地面 25 英里的大气平流层。超级大炮连续数日猛烈攻击巴黎，造成数十人死亡，更多的巴黎人惊慌逃离。最严重的一次伤亡发生在 3 月 29 日下午 4 点 20 分，一枚炮弹击中圣热尔维教堂，屋顶垮塌，正在参加耶稣受难日礼拜会的大批平民被埋压，88 人死亡，68 人受伤。巴黎大主教悲怆地呼喊："这些凶残的恶棍！他们竟然在耶稣受难日犯下如此暴行！"

克列孟梭依然积极乐观、无所畏惧。一家报纸引用了他的话："我很高兴，形势在好转。"他发电报向英国首相劳埃德·乔治（Lloyd George）表示："我们镇定坚强，对明天充满信心。"他每周都去前线慰问，也在巴黎街头视察超级大炮造成的损害。看到"老虎"克列孟梭穿越泥泞的道路赶赴前线，或是站在被炮火毁坏的楼房之间，都让依然留在巴黎的人们备受鼓舞。他迅速

巴黎的一家鞋店
被巨炮摧毁

成为深受爱戴的伟人，足以比肩法国历史上任何一个英雄人物。一位众议员兼小说家宣称："我们信任克列孟梭，就像我们的祖先信任圣女贞德一样。"另一位作家则转述了人们在地铁上或公共汽车上经常听到的话："有那位老者在，我们就一定能胜利！"温斯顿·丘吉尔在 1918 年 3 月底跟随克列孟梭去了前线，他由衷地钦佩克列孟梭的精力、勇气和沉稳。他在写给妻子的信中说："克列孟梭真是了不起的人物。他所说的每一句话，尤其是关于人生和道德的哲理，都让我受益匪浅。他的意志和力量坚不可摧。昨天我们坐车在崎岖的道路上飞奔了 15 个小时，我都精疲力尽了——而他已经 76 岁了！"

德军的疯狂进攻还在持续。1918 年 5 月 27 日早晨，德军发动了整个一战期间最为猛烈的炮火攻势，4 个小时之内 200 万枚炮弹倾泻而下，终于摧毁了协约国的防线。协约国军队在西线一溃千里，向东撤退了100多英里。德军长驱直入，占领了从埃纳到马恩城堡（Marne at Château）的大片区域，距离巴黎不到40英里。巴黎再次面临沦陷的危险。丘吉尔后来充满敬意地回忆，在那些艰难的日子里，克列孟梭在国民议会发表了斗志昂扬的名言："无论巴黎是后方或前线，还是沦陷区，我都会在这里战斗到底！"

莫奈在吉维尼焦急地关注着局势的变化。他也曾考虑过可能不得不撤离，舍弃他的房子、花园和画作。他写信给杜兰德-鲁埃尔说："有时候我也问自己，如果敌人再次进攻，我该怎么办。我想，到时候就只能像大多数人一样，不得不抛下一切了。"他坦承"把一切都留给可恶的德国鬼子令我难以接受"。

德军的炮火和可能发动的进攻让莫奈非常担心他的那些画，无论是放在吉维尼画室中的，还是保存在巴黎的。1918年3月中旬，德军一架飞机轰炸了拉菲特街，杜兰德-鲁埃尔画廊就在街对面，那里收藏了上百幅他的画作。一个月后，超级大炮又摧毁了街上的几家银行。杜兰德-鲁埃尔开始转移画廊里的藏画，加斯顿·伯恩海姆-尤恩表示可以将莫奈在吉维尼的画作运到鲁昂的博物馆，那里暂存了许多巴黎的艺术珍品。但莫奈拒绝了他的好意，显示了无所畏惧的决心：他和他的画要一起留下来傲视敌人。他告诉加斯顿："我不认为我应该离开吉维尼，就像我曾经说过的，我宁愿和我的画死在一起。"

莫奈继续忍受战争带来的种种不便。耗尽了克雷蒙戴尔为他提供的烟草之后，他开始向朋友们开口讨烟。他写信给伯恩海姆-尤恩兄弟说："如果你们能弄到巴斯托斯（Bastos）香烟，记得分给我一点。"吉特里的司机设法给他送去了一些香烟，可他又回信说不要这种蓝盒子包装的廉价劣质烟，他要斯嘉费赫拉蒂（Scaferlati）烟，他称之为"优质烟草制作的高级香烟"。我们不清楚这位司机最终有没有给他送去这种高级香烟。1918年1月，一家杂志称斯嘉费赫拉蒂香烟价格高涨，穷人们无力再享受它"令人神清气爽的味道"；万一有哪位艺术家能在咖啡馆里尽情地抽上一包，那必将激发"无与伦比的创作灵感"。

或许莫奈向朋友讨烟不会觉得太难为情，但他对继续作画确实感到有些于心不安。1918年6月中旬，他写信给约瑟夫·杜兰德-鲁埃尔说："我对自己的工作确实有点觉得尴尬了。"然而，越是面临险境，他往往画得越发投入，让自己沉浸在绘画之中，以逃避战争的纷扰。事实上，炮火声已经传到他的花园里了。在1918年那个恐慌而危险的春天里，莫奈把几乎全部的时间都用来作画。4月他又订购了20块画布和两个新的调色板，要求妥善包装并"尽可能快地"用火车运至利梅特（Limetz）。

1918年春夏，莫奈一直都在花园里忙于作画，对抗着自己的年纪和恶劣的天气。他写信告诉加斯顿·伯恩海姆-尤恩："我活不了多久了，必须把所有的时间都用来画画，希望最终能画出好的作品，并尽可能让我自己满意。"这几个月他完成了许多杰作，说明死亡迫近时，他虽然心有不安，但依然不忘艺术探索，并表现出了坚强的决心。这些作品画的大多是日式拱桥，高 3 英尺，尺寸比他的巨型装饰画或为其准备的嵌板要小很多；都是在一天中的特定时段画的。2 月他曾向蒂博 - 西松解释，为了保护视力，他只在清晨和傍晚在户外作画。因此这些画大都表现了宛如轻纱的晨曦和绚烂夺目的夕阳。所有这些画都是暖色调，画中是如波涛般起伏的闪烁光带（不排除有些画作后来进行了修改）。其中有些画中的拱桥如鲜血般赤红，有些又似乎融进了一片碧海，海面闪着蓝光。还有一些（很可能后来修改过）画中的拱桥五彩斑斓，横跨于火红的水面上，背景是一片熊熊燃烧的烈焰——末日之火吞噬乐土的情景。莫奈没能去兰斯在危险的炮火之下描绘教堂，但他在自家花园里凭借想象描绘纷飞的战火。

莫奈曾经希望他的画作能够舒缓精神压力，提供一个"平复思绪的港湾"。但这些令人眼花缭乱的日式拱桥恐怕无法安抚人们的情绪。那个夏天他开始画的其他系列作品——大约 10 幅池塘边的垂柳，也同样无法令人心情平静。在战争持续了 4 年，超过 100 万法国人死去之后，选择这样的绘画主题，莫奈用心良苦。早在 18 世纪初被引入欧洲的时候，垂柳就是死亡和哀悼的象征。垂柳通常被拟人化为女性，象征女性在悲伤地哭泣。❶一个典型的例子是 J.-J. 格兰维尔（J.-J. Grandville）于 1847 年出版的图画书《花草人》中的一首散文诗："所有悲伤的人儿啊，到我的树荫里来吧，我是哭泣的垂柳。在我浓密的枝叶之间，藏着一位美丽温柔的女子。她的金发从前额垂下，遮住了她含泪的双眼。她是人人热爱的女神……她抚慰那些因为亲人死去而伤心的人们。"对莫

❶
垂柳的英文是 weeping willow，weep 本身就有"哭泣"之意。（译注）

奈而言，更值得一提的是，他的朋友莫里斯·霍里纳（Maurice Rollinat）在 1877 年创作的一首诗中如此描写垂柳，"宛若一位哀伤的女子 / 在风中痛苦地蜷缩身体"。

这样的联系意味着，在法国垂柳经常栽种在墓地旁。1816 年法国作曲家罗西尼创作的歌剧《奥赛罗》中，荻丝蒙娜（Desdemona）就有一段关于垂柳的著名唱词"垂柳……为我悲伤的坟墓遮挡风雨"。1835 年法国著名诗人阿尔弗莱·德·缪塞（Alfred de Musset）在诗歌《露西》中借用了该唱词：

> 我亲爱的朋友，等我死去，
> 请在我的墓旁种上一株垂柳。
> 我热爱它颤抖的枝条，
> 我熟悉它苍白的身躯，
> 我将长眠于地下，
> 它的树荫将在地上为我遮风挡雨。

1857 年缪塞死后，他的墓旁确实种了一株垂柳。不过 19 世纪的一本导游手册称，这棵"著名的柳树"（曾经被认为是全法国最著名的树）经常被慕名而来的人剥下一块树皮或折下一根枝条，带走当作纪念品。

莫奈画的这些垂柳或多或少地也体现了传统的象征意义，暗指悲痛与死亡，但是他也加入了新的诠释。在他的垂柳画中，我们看不到遮风挡雨的树荫，温柔的女性脸庞或伸展的苍白枝干。

莫奈笔下的吉维尼垂柳，枝条扭曲晃动，颜色更加暗沉，暗示了遭受折磨与痛苦。这种景象体现出深深的焦虑与不安。他在1918年6月的一封信中就表达了这样的焦虑："我们的日子多么痛苦。"莫奈作画是为了逃避战争，但在这些画中战争的影子无处不在。这些画作也有力地证明了莫奈不仅仅只是"伟大的抗抑郁治疗师"。

格兰维尔和很多人都将垂柳拟人化为女性，但从莫奈的画中或许能看到另外一种形象：保罗·海斯·塔克所说的"忍受风刀霜剑的风景画家"的生动形象。塔克认为，这些垂柳，正是对画家自己的"完美隐喻"，象征着莫奈勇敢地面对战争。其中一幅画的两边分别是一片黄绿色的光点和一团团浓重的黑色。垂柳挺立在中间，虬曲的枝干伸向那片绿色的光芒。还有一幅是同一棵树的近景，颀长的树干色调明亮，枝干在空中有力地伸展，支撑着巨大的树冠，树冠的枝叶之间透进斑驳的阳光。这样的景象令人想起霍里纳在诗中将垂柳"奇妙的"枝干比作男巫发射的光柱。

1889年，莫奈曾画过克勒兹河谷的一株老橡树，他称之为"我的树"，一共画了几十幅。塔克认为莫奈将这株橡树作为一种"个人象征"，代表他的愤怒与痛苦。塔克也能够理解莫奈描绘自家池塘边的垂柳背后蕴藏的深义：一部分扭曲晃动的枝条淹没在黑暗里，但虬曲粗壮的枝干顽强地向外伸展，奋力穿透黑暗，寻找光明。

画商勒内·金佩尔（peierRené Gimpel）拜访了莫奈，他在日记中翔实地记录了自己的印象。他和另一位画商乔治·伯恩海姆（Georges Bernheim）（与伯恩海姆-尤恩兄弟毫无关系）将自行车带上了前往弗农的火车，然后从火车站骑行了3英里来到莫奈家。

36岁的金佩尔是巴黎的新兴画商。他父亲与人合伙创立了金佩尔-威尔顿斯坦画廊，他现在是初级合伙人。他的家族背景相当深厚，路易·威登（Louis Vuitton）是他的舅公，纳唐·威尔顿斯坦（Nathan Wildenstein）是他母亲的堂兄弟及他父亲的合作伙伴，约瑟夫·杜维恩（Joseph Duveen）是他的姐夫。❶金佩尔-威尔顿斯坦画廊在巴黎博埃蒂（Boétie）和纽约第五大道设有展厅，主要收藏古代大师名作和18世纪画家作品。一家美国杂志评价他们的藏品是"优秀的古代画作"。1907年他父亲因白喉英年早逝，勒内开始将收藏范围扩展到"优秀的现代画作"，尤其是印象主义作品。1918年初，他殷勤地拜访了雷诺阿和玛丽·卡萨特，如今他将目光投向了另一位更具影响力的画家。

这是勒内第一次见到莫奈，大师的外表和举止都给他留下了深刻的印象。莫奈戴着"尖顶的农村大草帽"出现在客人面前，随后立即发表了一段冗长的独白（如果金佩尔在日记中的记载完全属实的话），那是一段颇具个人色彩的宣言。"啊，绅士们，"他首先跟客人们打招呼，紧接着说："我工作的时候不接待客人，不，不接待。如果我的工作被打断，我就完蛋了、就迷失了。

❶————————
路易·威登是著名奢侈品牌LV的创始人；威尔顿斯坦家族是在西方艺术收藏界赫赫有名的犹太家族；约瑟夫·杜维恩是第一代杜维恩男爵，英国最具影响力的画商之一。（译注）

我相信你们会理解的，我在追逐最细腻的光线和色彩。这是我自己的问题，我想抓住看不见的东西。光线太强烈，遮盖了色彩，这太糟糕了！色彩，任何色彩都只持续几秒钟，最多三四分钟。在三四分钟里能画什么？色彩消失了，你就没法画了。哎，我这是在遭罪，绘画让我多么遭罪！它折磨我。它令我痛苦！"

尽管表示了激烈的抗议，莫奈还是邀请客人与他共进午餐。对于金佩尔来说，虽然他认为莫奈对自己不可能完成的任务感到沮丧，但莫奈旺盛的精力让他印象非常深刻。"我从没见过这个年纪的老人显得那么年轻，"他写道，"他身高应该不超过五英尺五，但腰板笔直。"他也很喜欢莫奈的花园，但是被领到那间"神圣又神秘"的巨大画室之后，那些画作令他的印象更加深刻。莫奈为他们进行了专门的展示，用特殊的方式排列画作。这些作品不再是靠在平直的墙边，而是在地上摆成了一圈。由此，莫奈在画室里创造了一个模拟的睡莲池塘，金佩尔称之为"池塘和睡莲的全景，还有光线和天空"。他感觉自己仿佛融入了水中。"水天一色，无边无际，"他如此描述，"我们似乎来到了世界开始的地方。那是美妙神奇、诗意盎然的仙境"。

金佩尔估计这些画作的尺寸是"6英尺宽，4英尺高"。这说明莫奈展示给他们的并非他的"巨型装饰画"，巨型装饰画更大，尺寸为 6.65 英尺 ×14 英尺；而是 1918 年春夏创作的更小幅的画作，他在 4 月底订购了这些尺寸稍小的画布。金佩尔推测莫奈已经完成了大约 30 幅这样的画作。如果金佩尔的估计是准确的，那说明除去之前已经完成的 112 英尺（9 个月前拍摄了照片的、

2 月份展示给蒂博 - 西松的），莫奈又画了共计 180 英尺宽的画。

金佩尔很疑惑最终这些画要用来干什么。他认为即使是稍小的这种 6 英尺宽的画作，对于美国富人来说也太大了，而他们是莫奈作品的主要买家。美国人购买的莫奈作品大多只有这些画的一半大小，但用这些画来装饰曼哈顿别墅或新港区公馆也并非难以想象。不过金佩尔觉得这些画作更适合作为游泳池的华美装饰。

1918 年 8 月 3 日，一家报纸的头版头条令人欢欣鼓舞："我们在埃纳和兰斯大获全胜。"1918 年 8 月 8 日凌晨 4 点，英国、加拿大和澳大利亚联军在亚眠（Amiens）附近向德国第二军团发动了大规模的进攻。破晓时分，加拿大部队发起了猛烈的闪电攻势，德军第 117 师几乎全部被俘。这是德军遭遇的最严重失败，德国鲁道夫将军在日记中写下著名的一句话："德军历史上黑暗的一天。"威廉皇帝对形势非常绝望，第二天他向将军们宣布："我们的防御力量已经发挥到极限，战争必须结束了。"

克列孟梭不断地去前线为将领们授勋，鼓舞军队士气。1918 年 9 月 1 日一位摄影师拍到了他在亚眠东南部鲁瓦伊（Roye）的一片废墟之间用餐的照片，餐桌上铺着白色的亚麻桌布。他也曾被拍到在战场的瓦砾中吃午餐：他坐在长方形的草堆上，和他儿子米歇尔一起从柳条编制的野餐篮里取食。有一次他的汽车遭遇了炮火袭击。有些将领认为他鲁莽地将自己置于险境，而他却回应道："这些该死的将军总是前怕狼后怕虎。"

还有一次在前线，路边的一位年轻士兵献给克列孟梭一个花环，他承诺会将花环"带进自己的坟墓"。这一次，士兵们开始称呼他为"胜利之父"，这个称号很快就从前线传遍了法国的每一个角落。这个称号来自于一首军歌《胜利之父》，19世纪八九十年代在音乐咖啡厅里非常流行。歌词讲述了拿破仑战争时期一位百岁老兵号召法国年轻人追随他的脚步英勇报效祖国的故事。歌词描述了老兵一生的各种轶事：喜爱美酒和女人，歌颂了他在战场上英勇杀敌，结尾的一句是："我的孩子们，为了荣誉前进，凯旋归来。"1917年这首歌被拍成了一段2分钟54秒的同名电影，包括6个诗节的歌词原文；在电影院观看这部电影的士兵们无疑会想起克列孟梭——他们自己的英勇老战士。

克列孟梭与法国
军官们在一起，
这是他无数次视
察前线中的一次

然而，即便是被德国鲁道夫将军懊恼地称为"全法国最有力量的人"的克列孟梭，也开始显露疲态。1918 年 9 月，英国驻法大使德比伯爵（the Earl of Derby）写道："今天早上我跟克列孟梭交谈时第一次感觉到他也累了。不过这没什么奇怪的，他昨天在车上待了 14 个小时，他 77 岁了！"而且，克列孟梭还饱受糖尿病的困扰。他后来说："没有人知道，我要和自己尿里的 40 克糖战斗。"另外他的湿疹也恶化了，他不得不戴着灰色的手套隐藏并保护深受湿疹折磨的双手。与多数医生一样，他热衷于自我治疗。他的一位朋友觉得他没有不小心害自己中毒真是奇迹："他的抽屉里有很多药，他经常一次吃上一把。"他曾经灌下了一整瓶安眠药，而医嘱是一次一小勺。

在过去的几个月里，他过着忙碌而单调的生活。早上五六点起床，做体操、和一位教练练习击剑，然后接受按摩。他在国防部的办公室里忙得团团转。与前任相比，他在波旁宫的办公室是最小的。他几乎从不接受任何邀请，他的私人生活只剩下了偶尔见见自己的弟弟和孙辈。他频繁地去前线视察，有时候一周去上两三次，因此没有时间去吉维尼享受轻松的午餐。

与 1906 年至 1909 年他上一次担任总理期间一样，克列孟梭没有搬进官方府邸，而是继续住在富兰克林街的公寓，他在那里已经住了 20 多年。富兰克林街位于帕西区，是从塞纳河到埃菲尔铁塔之间的一片上流社会聚居区。但克列孟梭的公寓非常简陋：只有三间房，木质装修陈旧，地毯磨损严重，家具和旅店一样少。而这里却珍藏了 5000 册藏书，还有他同样热爱的日本艺术品：包括花瓶、茶碗、葛饰北斋的版画、香炉、象牙剑鞘，以及"一个栩栩如生的日本面具，表情吓人"。他还有很多香料盒，他喜欢在阅读或交谈的时候把玩它们。这些珍品只是他的日本艺术品收藏的一小部分而已，1894 年他经济出现困难，忍痛卖掉了一部分。账单里显示，他当时卖掉了 356 本图册、526 幅小画及扇子，还有令人难以置信的多达 1869 件的日本版画。他对日本艺术如此钦慕，在开战之初他甚至在给一位英国朋友的信中用大写字母写下这样一句话："只有日本人可以来犯。"

如今距德国人来犯已经过去 4 年了，战争结束的曙光已经显现。1918 年 9 月 5 日，他视察前线回来后不久，在国民议会发表演讲。当他看着台下巨大的扇形听众席时，一定内心沉重。十几位议员在西线战场牺牲了，他们的天鹅绒座位覆盖着黑纱，上面放了一面小国旗。当时有一位正在前线作战，是参加过凡尔登战役的老兵，荣获了十字勋章和荣誉军团勋章；而三天后，他也牺牲在炮火之下。

克列孟梭的演讲主题四年来都没有变化。他说："我们的士兵，我们伟大的士兵，不愧为文明社会的士兵，他们正在驱逐野蛮的德国军队。他们会一直坚持下去直到全面胜利。法国人高贵的鲜血不会白流。我们的士兵会为我们带来这个伟大的日子——胜利之日、解放之日！我们已经为之奋斗了很久。"

第 12 章

疯狂又伟大的
美妙时刻

1918 年 11 月 11 日，巴黎的黎明时分，雾气浓重。《费加罗报》残忍地提醒读者，那天是开战后的第 1561 天。上午 9 点钟，人们纷纷从家中走上街头，急切地等待着重大新闻的宣布。一天前，人们从埃菲尔铁塔顶端的广播中听到了德军统帅接受停战条件的消息。早晨，售货亭里的报纸全都乐观地报道停战协定即将签署，德国皇帝即将退位。《晨报》欢呼："战争胜利了！荣耀属于军人！"《自由人报》则喊出："法兰西万岁！"

即便如此，人们并没有狂欢庆祝。四天前，停战的假消息过早地让街道变成了欢乐的海洋。而且，报纸和公共卫生部门都在警告人们不要"聚集"。上一个月，成千上万的人死于流感。两天前，阿波里奈尔就因此离世。11 月 11 日清晨，又有一长队政府征用的破旧灵车运载着死于西班牙流感的逝者缓缓穿过香舍丽榭大街。流言和恐慌随着疾病一起迅速传播。是夏天天气太热导致细菌在潮湿的空气中繁殖？还是莱茵河对岸阴险的德国生物学家用致命细菌污染了法国的食物？无论原因是什么，死亡人数每个星期都在上升。一位巴黎主妇悲伤地说："这疾病甚至比战争和德国的炸弹更可怕。"确实如此，在巴黎，死于流感的人数迅速攀升，很快就超过了死于德军炸弹的人数。有人呼吁关闭剧院和音乐厅，以避免疾病传播。学校疯狂地进行通风和消毒，人群聚集和颁奖活动被禁止，宗教仪式受到限制。11月的第一个星期，唯一有人群聚集的地方就是药房，其中有些人还戴着消毒药剂浸泡过的防护面罩，大家互相争抢不断减少的药品供应——奎宁、蓖麻油、阿司匹林和朗姆酒。但事实上，没有一种药物有效。

人们没有尽情狂欢还有一个原因：并非所有人都希望战争就此结束。许多人都怀疑德国提出停战的诚意，认为在重创德军并将其赶回莱茵河对岸之前，不可能实现真正的和平。人们似乎不敢相信四年来一直企盼的和平突然之间就要到来了。警方的一份调查报告称，聚集在肉铺外面的人群中，大部分都希望继续打下去。

持有这种观点的人，还包括总统普恩加莱。但协约国军队统帅费迪南·福煦（Ferdinand Foch）认为，协约国的目标已经实现了。他坚定地表示："血已经流得够多的了。"确实，法国死亡人数已接近140万，还有400万伤残人员。19世纪90年代，也就是法国"黄金时代"出生的人口，有四分之一失去了生命。尽管克列孟梭历来坚持"战斗"，但他同意了福煦元帅的意见，指示元帅提交一份军事及边境情况的报告，以此为基础起草停战协议。于是，1918 年 11 月 11 日上午 10 点 45 分，福煦元帅乘坐火车从贡比涅（Compiègne）森林抵达巴黎，带回了早上 5 点 18 分在他的专列上签署的停战协定。他经圣日耳曼大街前往国防部，亲手将停战协定递给了克列孟梭，他对克列孟梭表示："我的任务完成了。你的任务开始了。"

巴黎歌剧院门前庆祝停战的人群

1918 年 11 月 11 日上午 11 点整，是停战协定生效的时间，停泊在塞纳河上协和桥旁的孟高尔费（Montgolfier）号潜艇向协和广场的方向鸣放礼炮。拉丁区学校里的孩子们以为是炸弹。巴黎圣母院的钟声同时响起。就在这一瞬间，人们心中所有的疑虑全部烟消云散；就在这一瞬间，人们不再担心人群聚集会传播流感。人们如潮水一般涌向协和广场、杜伊勒里宫和爱丽舍宫。兴奋的巴黎人爬上缴获的德军坦克和飞机，在斯塔拉斯堡雕塑上摆放鲜花，拆掉保护凯旋门的脚手架和沙袋。彩旗在建筑物的窗口和楼顶飘扬。飞机在空中向下俯冲，投下传单而非炸弹，这些被称为"快乐蝴蝶"的纸片像蝴蝶一样在空中翩翩起舞，最后落到地面上。拉丁区学校的学生们冲出校门，组成长长的蛇形队伍，在圣米歇尔大街上蜿蜒移动；另外一列蛇形队伍正向着国防部迤逦前行,队伍最前面是佩戴绶带的士兵,他们唱着《马赛曲》,人人都在高喊:"法兰西万岁!克列孟梭万岁!"

国防部在当年3月遭到轰炸,大楼正面依然弹痕累累,门前的广场上碎石遍地。克列孟梭出现在窗口。"他欣喜若狂,"《小巴黎人报》如此报道。眼前的情景一定令他深受感动,他示意大家安静,紧接着高喊:"法兰西万岁!跟我一起喊,法兰西万岁!"人群非常配合地跟着他大声欢呼。然后,他乘坐汽车前往500码之外的波旁宫,路上挤满了渴望向他表达敬意的人群。一位《费加罗报》的记者发出了这样的感叹:"这些人会不会永远忘记克列孟梭应该出席国民议会?"下午4点,克列孟梭终于站在了国民议会的讲台上,宣读完停战协定的条款之后,他说道:"此时此刻,是一个疯狂又伟大的美妙时刻,我的任务完成了。"那位记者看见他流下了泪水。这次会议以全体议员高唱《马赛曲》结束。

当天夜里,人们进行了更加疯狂的庆祝,高唱了更多遍激昂的《马赛曲》,畅饮了更多醉人的香槟酒。巴黎警察总长下令所有警察局通宵开门,收容成千上万从郊区和乡村赶来巴黎的狂欢者。"多数人都烂醉如泥,"一位记者直白地发表评论。四年来埃菲尔铁塔第一次亮起了灯光。红、白、蓝三种颜色的探照灯划破了夜空。为克列孟梭创办的《自由人报》工作的记者雅克·巴迪(Jacques Barty)将这种无拘无束的狂欢视为预示着美好未来的吉祥之兆。他写道:"到处都是一片兴高采烈的气氛,这标志着一个崭新的世界诞生了，为国家和文明献身的伟大英灵在人们心中复活了。那些牺牲的英雄是拯救人类的奇迹与神性，从此人类将为了实现更加美好的未来而团结一心。"

克列孟梭挽着妹妹苏菲（Sophie）在巴黎欢腾喧闹的街道上漫步。他向普恩加莱炫耀说："今天早上至少有 500 位姑娘亲吻了我。"普恩加莱愤愤不平地在日记中写道："每个人都认为是他解放了国家，是他带来了胜利。他一个人足以代表法国……至于我，当然是不存在的。"冷静内敛的普恩加莱当然不能跟言语犀利、仁慈博爱、热情奔放的"胜利之父"相提并论。同一天在伦敦听见大本钟敲响和平之声的丘吉尔后来写道："克列孟梭象征和代表法兰西。如同历史上任何一位创造奇迹的英雄人物足以代表国家一样，他就是法兰西。"

那天下午，克列孟梭面对欢呼的议员们宣布他的任务完成了，但那只不过是暂时的情绪表达。几个月前的艰难日子里，他还在国民议会表示："我们活着的人要完成先烈们未竟的事业。"他会继续留任，完成他的事业。胜利日当晚，他回到富兰克林街的公寓，似乎突然开始畏缩甚至灰心了，他非常清楚今后面临的困难几乎是不可逾越的。他深知，与他在议会宣布的恰恰相反，他的任务还远未完成。福煦元帅的话语在他耳畔回响。元帅对一位将军说："我们是赢得了战争，但我们还需要保卫和平，而这可能会更加艰难。"

1918 年 11 月 24 日，莫奈写信给伯恩海姆 - 尤恩兄弟说："伟大的克列孟梭与我共进午餐了。他在休假的第一天就来看我，这让我非常自豪。"

克列孟梭 11 月 18 日到访吉维尼，正好是停战协定签署之后一个星期。莫奈在 11 月 12 日给他写了信。那天，各大报纸纷纷称呼克列孟梭为法国的"解放者"。莫奈在给他的信中写道："伟大的亲爱的朋友，我即将完成两幅装饰画，我希望签上胜利日的日期，请你代表我捐赠给国家。这不算什么，我只能以这种方式庆祝胜利。我希望这两幅画能由装饰艺术博物馆收藏。如果你能亲自来选画，我会非常高兴。我全身心地敬佩你、崇拜你。"

克列孟梭很想去看莫奈的画，但他更想见到莫奈本人，前一年他们两人几乎没有碰过面。而且，"伟大的克列孟梭"需要远离欢呼和掌声，安静地休息休息。几天前，他曾经戴着一顶阿尔萨斯帽，想要避人耳目地穿过人群去歌剧院广场参加庆祝活动，听女高音歌唱家玛丝·什纳尔（Marthe Chenal）演唱《马赛曲》。"克列孟梭不可能长时间不被人们注意到，"一家报纸这样报道。人们很快认出了他，试图抬起他在街上进行胜利游行，他被迫躲进附近的一栋房子，透过窗户观看了广场上的演出。到访吉维尼的前一天，克列孟梭和普恩加莱以及其他政要出现在协和广场的斯塔拉斯堡和里尔（Lille）雕塑前，结果人群只是不断重复地欢呼"克列孟梭万岁！克列孟梭万岁！"他是一个习惯了面对争议与诅咒的声浪、相信人生就是一场战斗的人，突然之间发现全世界都在为他喝彩，他似乎不太适应。

于是，11 月 18 日，克列孟梭终于决定暂时放下手头的工作，出去休假。他给正在家里的吉弗鲁瓦打电话说："我去接你。"没过多久，他和吉弗鲁瓦就乘车向西疾驰而去。他们的车队一共有两辆车和四个司机，多出的那辆车是为了在车辆出现故障时用于替换，其他司机则可以负责维修车辆。克列孟梭不希望任何意外阻碍他与莫奈的会面。

不出莫奈所料，他发现老朋友苍老了许多。几天后他写信告诉金佩尔："我想可以说，他一下子老了十岁。"拥抱之后，莫奈称赞克列孟梭拯救了法国，而作为法国士兵永远的保护人，克列孟梭回答道："不，是士兵们拯救了法国。"然后他向莫奈表达了自己的问候，并说他为莫奈是法国人而感到自豪。他一直认为莫奈的画是法国艺术与文明的最高象征之一，以非凡的美感体现了法国优秀的文化与高尚的道德；而这些正是过去四年里法国士兵浴血奋战，英勇抗击德国"野蛮暴行"所要捍卫的宝贵财富。

克列孟梭和吉弗鲁瓦这一天肯定受到了莫奈"兄弟般的盛情款待"（另一位客人如此形容）。一开始就是在黄色的餐厅里享用丰盛的午餐，使用的都是白色瓷餐盘，很可能顺便庆祝 4 天前莫奈刚过了 78 岁生日。然后观赏花园，再去大画室。克列孟梭后来告诉吉特里："我们不谈战争，我去是为了休息。"一家日报的花边新闻这样描述刚毅的克列孟梭在莫奈满目苍翠的花园里闲庭信步的样子："那天，'老虎'栖息于灌木丛中，他十分愉快。"

不过他们还是有公务要谈的——莫奈捐赠两幅作品的事情。如同往常一样，吉弗鲁瓦用诗意的语言形容莫奈的捐赠是向法兰西"献上了一束鲜花，以庆祝战争胜利、和平来临。"但这次捐赠具体是怎么进行的，无从知晓。莫奈 11 月 12 日写给克列孟梭的信令人略感迷惑。开始莫奈说他快要完成两幅画了，想签名并通过克列孟梭捐给国家。这说明莫奈所指的是两幅特定的画，已经不需要再做选择了。可后来他又说希望克列孟梭来亲自挑选两幅画。莫奈先前所指的两幅画，没人知道到底是哪两幅。11 月 18 日，克列孟梭确实挑选了两幅画：一幅睡莲和一幅垂柳。这很可能并非莫奈先前考虑的那两幅。

克列孟梭选择的到底是哪两幅画，我们不得而知。不过，垂柳主题的作品体现了悲痛、忍耐和反抗，确实适合签上胜利日的日期并捐给国家。大战终于结束了，文化界最重要的事情当然是缅怀为国捐躯的英烈。通过莫奈笔下风格独特的垂柳，在一定程度上能够暗示法国人民在战争中做出的巨大牺牲令人难以忘怀。各方已经开始就如何才能更好地纪念烈士展开讨论了。有一项工程已经开始进行：在巴黎西郊的瓦莱里安山（Mont-Valérien）修建一座纪念碑，刻上"向烈士致敬"；牺牲士兵的名字将刻在大理石基座上，他们的遗骸将埋葬在下面。这样的纪念碑将在全法国的各个城市树立起来。莫奈捐赠给装饰艺术博物馆的两幅画作，是对法国人民的牺牲和苦难以及胜利的一种特殊纪念——这两幅画是由"胜利之父"本人挑选的。

装饰艺术博物馆就在卢浮宫里，政府委派的馆长是莫奈的朋友，雷蒙德·克什兰。馆长似乎有权决定接收一些新藏画。战争期间，莫奈主动结交了克什兰，邀请他前往吉维尼，与他共进午餐，并专门为他一个人展示巨型装饰画。在 1918 年 11 月的那个下午，克列孟梭看过了莫奈大画室中组成环形的作品之后，他一定意识到了，还可以进行更大规模的捐赠，而且，有机会放在比装饰艺术博物馆更大的地方。莫奈一定向两位朋友说明了几个月之前他告诉蒂博－西松的话——他计划画 12 幅巨型装饰画，都是 14 英尺宽，至少已经完成了 8 幅。为庆祝胜利捐出两幅画作，只是巨型装饰画即将完工之前的预热。

随后，大家开始讨论更多宏伟的计划。同样在那天下午目睹了莫奈工作进展的吉弗鲁瓦后来写道，克列孟梭前往吉维尼"从最新的《睡莲》系列画中选择了一些作品"。他使用了"一些"这个模糊的数词，意味着莫奈和克列孟梭可能已经开始计划捐赠不止两幅作品。吉弗鲁瓦于 1920 年发表的另外一段文字更加明确地说明了捐赠数量的增加："那天，莫奈做出了将《睡莲》系列画捐赠给国家的决定，它们将和克列孟梭挑选的画作一起，成为向法国胜利的献礼。"捐赠不再只是两幅画，而是包括了整个系列的睡莲画。吉弗鲁瓦继续写道，莫奈在战争岁月里创作的这些"巨型装饰画"准备装饰在几个安静的房间里，前来参观的观众在那里可以暂时逃离喧嚣的人群，缓解身心的疲劳，尽情享受大自然的永恒之美。他表示："这是莫奈在 1918 年 11 月的那一天做出的承诺，克列孟梭和我都在场。"由此，吉弗鲁瓦指出扩大捐赠数量是莫奈自己的决定，这些"巨型装饰画"准备装饰在几个房间里。然而，几年之后见诸报端的另一篇文章里，莫奈将此归功于克列孟梭。克列孟梭当然会大力支持这一计划，他多年以前就曾希望国家能够收藏莫奈一个完整系列的作品，作为民族纪念；如今终于夙愿得偿了。

上述文字都是在决定扩大捐赠规模之后的回顾性叙述，1918 年11 月 18 日当天他们 3 人具体是如何讨论这项计划的，依然存有争议。无论如何，从 19 世纪 90 年代起，莫奈就一直梦想将一系列睡莲画装饰在永久展厅里——一个圆形的房间（他经常这样强调），而 1918 年 11 月，实现梦想的时候到了。此时，莫奈已经完成了数量众多的"战争任务"，而克列孟梭又手握大权，深受万众爱戴。

当时恰好有与此项宏大计划类似的先例。莫奈和克列孟梭应该会不无羡慕地谈起大学路发生的事情：1918 年 10 月 19 日，为《战争英雄》全景画专门建造的圆形大厅刚刚举行了揭幕仪式。最终完工的巨型全景画高 45 英尺，周长 402 英尺，直径 128 英尺。画上描绘了 5000 位法国和协约国领袖及官兵的全身肖像，包括表情刚毅的克列孟梭。"老虎"克列孟梭没有参加揭幕式，普恩加莱出席了。看起来，克列孟梭并不是卡里埃-贝勒兹宏大项目的热情支持者；在全景画旁边共同展出的早期草图里，没有克列孟梭的形象。

《战争英雄》全景画提供了一个范例，这种与战争相关的巨幅装饰画为观者提供了一种沉浸于其中的特殊体验，受到大众的欢迎。大主教、军队将领、外国元首，以及许多政要、外地人和明星，比如莎拉·伯恩哈特，全都专程赶往大学路参观。他们经过一段狭窄的通道之后，来到突然升高的观景台，欣赏令人震撼的 360 度全景画。那里还准备了一本观众留言簿，大家纷纷在上面签名，并写下了"最为热情、诚挚的溢美之词"。

另一个先例，是与莫奈关系更为密切的罗丹纪念馆，其背后的推动力量当然是克雷蒙戴尔。罗丹一年前去世了，但将毕洪酒店改造为罗丹纪念馆的工作一直在稳步推进。各类雕塑和半身人像放置在宽阔展厅的显著位置，青铜铸像则安放在 100 年前修女们建造的小礼堂里。卢森堡宫的一位馆长热情洋溢地预见了未来罗丹纪念馆的盛况："来自全世界各个研究机构的学者将到这里瞻仰当代最伟大的形体诗人所创造的力量之美。"

莫奈去默东参加了罗丹的葬礼，普恩加莱及许多政府官员都出席了，葬礼现场人头攒动，护送灵柩的是附近卫戍部队的仪仗队。葬礼的规格完全配得上逝者举世闻名的声望。罗丹的墓前赫然放置着一尊《思想者》青铜铸像。雕塑家阿尔贝·巴托洛梅（Albert Bartholomé）发表了悼词，他将罗丹与在战场上牺牲的年轻士兵相提并论。他表示，年轻的士兵在战场上做出了崇高的牺牲，站在法国国旗背后的老一辈艺术家也是一样。

莫奈是仍然健在的老一辈艺术家之一。他和罗丹携手走过了相当长的一段人生旅程。他们是艺术上的同胞兄弟，如罗丹所说，也是"永远的朋友"。他们的合作成就了两人的名望和财富。罗丹的生命虽已逝去，但这位伟大的雕塑家如今有了自己的博物馆，有了供后人瞻仰的圣殿。莫奈也可以效仿罗丹为后人留下特殊的遗产。

克列孟梭和吉弗鲁瓦来过之后几天，莫奈在画室作画时晕倒了。他后来解释说："某种昏厥，肯定和天气太冷有关系。"突然晕倒让他相当恐慌。他不得不拒绝金佩尔和伯恩海姆的拜访，给巴黎发了份电报："我病倒了。不要来了。"但显然他迅速恢复了，因为很快又发出了第二份电报："虚惊一场。来吧。"

然而，一周后两位画商到访的时候，莫奈的状态并不太好。8月份的时候，画家旺盛的精力给金佩尔留下了非常深刻的印象，这一次的感觉却大不一样了。他对莫奈低落的情绪十分担忧。画家告诉客人们："我心情不好，很不好。"可令人惊讶的是，当客人们询问缘由的时候，莫奈的回答依然是和往常一样的大段独白——事情超出了他的控制使他内心感到恐惧：绘画令他多么痛苦，他对之前的作品多么不满意，"每一次我开始作画，都希望画出一幅杰作。我一心一意地朝着目标努力，可到头来却美梦成空。永远无法满意，这太可怕了。我太痛苦了。"他说当年他的一幅画只卖 300 法郎的时候他非常快乐，"我非常怀念那些时光"。他伤感地回忆一文不名却快乐逍遥的年轻时代，但恰巧忘记了那时候他经常愤怒和绝望。

莫奈的昏厥症很快就痊愈了，但在 1918 年 12 中旬他又抱怨起"如针刺般的风湿痛"。这些健康问题成为他向克雷蒙戴尔提出新请求的理由。部长不久前刚刚关照了米歇尔·莫奈。米歇尔还没有从军队复员，但如果不是部长过问，就将被调到一个不太理想的岗位。12 月初，一条法令就将生效：所有经由公路或铁路通行的人都需要向当地政府申领通行证。这样的规定严重限制了莫奈的自由。他不喜欢去巴黎或者更远的地方，但他喜欢让司机开车载着他在吉维尼附近的公路上兜风。于是他给部长写信："我又有一个不情之请，您能不能让厄尔省警察总长发给我一份通行证，不需要全国通行，在这个时候我不会提出这样的非分要求。只需要到弗农和博尼耶尔，最远到芒特拉若利，好让我可以坐火车去巴黎看医生。"莫奈在信中还提醒部长，计划供应给他的一批煤炭只到了"一部分，一半，都是无烟煤，但家里需要的煤炭还没有运到。"也许克雷蒙戴尔可以跟新上任的工业建设部部长路易·卢舍尔（Louis Loucheur）说一声？

年关将至，莫奈的另一个烦恼是——钱。他写信给乔治·杜兰德-鲁埃尔（保罗·杜兰德-鲁埃尔的四个儿子之一），提起乔治曾说过准备向他支付"一点钱"。因此他接受了这份好意，请乔治给他"寄一张支票，如果可以的话，面额 3 万法郎"。他解释说他要支付巨额账单。或许这是事实，但莫奈从来不会缺钱。诚信的杜兰德家族在 48 小时之内就寄来了支票。

莫奈当然会写信表示感谢，同时又附带提出了另一个请求。如果说煤炭和烟草的短缺还不算太严重的话，法国当时面临的酒类供应短缺就称得上"酒荒"了（如一家报纸所说）。大部分酒类都被军队征用了。1917 年的军队哗变遭到镇压，但同时也促使政府提高了士兵待遇，增加了酒类和烟草的配给。一大桶一大桶的美酒通过火车和汽车运往全国各地。一家报纸对此表达了强烈的不满："需求远远超过了供给，酒商借机漫天要价。"酒荒给莫奈造成的影响是非常严重的，多年来他习惯了每天早上来一杯白葡萄酒，用完午餐也要喝一大口陈年佳酿。莫奈认为杜兰德家族的酒窖里可能藏有好酒。杜兰德家族能不能让他分享一些酒，并且告知他年份和品质？如果杜兰德家族同意的话，并"尽可能快"地通过火车将酒运至弗农尼特火车站，他将不胜感激。

1918 年年底，莫奈盛情招待了一位最受欢迎的客人，一个年轻人，他自豪地称之为"我的宝贝孙子"。25 岁的雅克·让·菲利普·巴特勒，更多时候被称为詹姆斯或吉米，正在美国军队服役，到吉维尼过圣诞假期。

吉米是西奥多·巴特勒和苏珊娜·奥什蒂的儿子。1899 年苏珊娜去世之后，西奥多娶了妻姐玛特，两人共同抚养吉米和他的另一个孩子丽莉。多年来，西奥多一直住在吉维尼附近，画了许多画，经常在巴黎展览，有时候会跟妻姐布兰切的画作在同一个沙龙展出。作为美国最著名的印象派画家之一，他自然会被指为是刻意模仿莫奈。有评论家曾说他"就像一条吸盘鱼一样紧紧追随克劳德·莫奈，坚定而忠实地模仿其作品，从而引发痛苦的比较"。每个人都是评论家：巴特勒和玛特有一次去纽约访问，随身携带了 30 幅他的画作；美国海关人员仔细检查了这些美国印象派杰作，然后问道"这些画画完了吗？"。

巴特勒一家在吉维尼的居所离莫奈家非常近。沿着莫奈家门前的马路一直走,到科隆比耶(Colombier)一拐弯就是。1914年,他们和其他美国人一起撤离法国,横跨大西洋,最终在纽约华盛顿广场定居。巴特勒靠为公共建筑画壁画挣钱养家。美国参战后,他为美国通信部队设计了征兵海报。根据《纽约太阳报》的报道,他显然将他的印象主义风格带进了这些海报中,他使用"变幻的紫色作为底色,与橄榄色的制服和黄色的灯光配合得十分协调"。到1918年春天,他又忙于为美国军队绘制了许多乡村和城市的风景画,作为新兵训练使用的射击标靶。这一回,这些辛苦为之的印象主义作品却没有受到好评,一位记者讥讽道:"房子就该看上去像房子,而不是像一个爬上楼梯的鸡蛋,明显是出自一位笨手笨脚的新印象主义追随者笔下。"

吉米·巴特勒(他小时候洗澡的样子被他父亲画进了几十幅画里,得以流传后世)继承了家族的传统。随父亲和继母迁居纽约之前,他也描绘了吉维尼的风景画,并在1911年的秋季沙龙展上展出。1917年他自愿加入美国军队赴法国作战。1918年9月,莫奈自豪地写信告诉乔治·杜兰德-鲁埃尔"小巴特勒"回到法国了。他是莫奈大家庭的成员中,继米歇尔、让-皮埃尔、阿尔贝·萨鲁之后,第四个上前线的。而且蒙神庇佑,他们四个全部活着回来了。这让莫奈时常表示感恩与解脱。附近的教堂后来挂起了一幅纪念牌匾,上面刻着13位从吉维尼走上战场最后牺牲的军人姓名。对于一个250人的小村庄来说,这样的阵亡人数令人悲痛。

吉米与莫奈和布兰切一起度过了 1918 年的圣诞节。莫奈非常高兴自己能够再次和孙辈亲密相处。他写信给乔治·杜兰德 - 鲁埃尔说："他是个好孩子。他陪伴我们几天，让我们很开心。"在吉维尼的时候，吉米接到了 24 小时之内回部队报到的命令，准备返回美国。像往常一样，莫奈又想托托关系："我马上尝试看能否让他在法国复员，就像他的一些战友那样。不过我也没有把握。"他的"没有把握"是有充分理由的：克劳德·莫奈的名字无法产生影响力的地方只有为数不多的几个，而美国军队便是其中之一。

第 13 章

痴迷于绘画的老头

1918 年圣诞节期间，暴雨持续不断，河水猛涨，灌入草地。在巴黎，塞纳河洪水泛滥，淹没了码头，导致运载煤炭的货船无法卸下这些巴黎人急需的货物。面包店也进水了，造成面包供应紧张。国家桥附近一艘满载美酒的货船沉没了，人们想尽办法疯狂地进行打捞。洪水顺着河道流到下游的郊区，席卷了"印象主义摇篮"，街道变成了河流，广场变成了湖泊。在阿斯涅尔，人们在街上划船出行，其他人则逃离了家园。

吉维尼通往外界的交通很快就中断了。"我们被洪水包围了"，莫奈在 1919 年 1 月 10 日写道。所幸，这次洪水还没有 1910 年那次创纪录的洪水那么严重。那一次，莫奈的日式拱桥只剩下一半露出水面，洪水淹没了半个花园，直逼莫奈的住房；几个星期之后洪水才退，留下一片散发臭味的花园废墟。不难想象，那一次的洪水让莫奈焦虑不已。而这一次，莫奈似乎对洪水造成的损失听之任之。他写信给伯恩海姆 - 尤恩兄弟说："我的池塘成了塞纳河的一部分。池塘很美，但也带来烦扰和悲伤。我们不需要池塘。"

莫奈伤感地接受了池塘被淹没的事实，因为他近来几乎没有画画。他的精神和体力都无法承受大量的工作。1919 年 1 月他写信告诉克雷蒙戴尔自己这段时间身体不好，他所指的这段时间很可能是从去年 11 月那次晕倒算起。他当时可能患上了轻微的感冒，他称之为"令人难受的流感"。尽管已经有新的治疗方法在试用，比如，将金、银和铑制成胶状混合物注射进患者体内，流感依然在法国肆虐。杜兰德 - 鲁埃尔家族和伯恩海姆 - 尤恩家族都有人感染了流感。

莫奈虚弱的身体导致他情绪低落，很快他就宣布感觉"彻底失望和极度厌倦"。他向若塞·伯恩海姆 - 尤恩（Josse Bernheim-Jeune）解释说："我觉得一切都出问题了，我的视力，及其他各个方面。我再也做不了任何有价值的事情了。"伯恩海姆 - 尤恩回信温和地安抚他："您现在的身体状况还相当棒，还值得很多年轻人羡慕呢。这些沉重的想法只是暂时占领了您的大脑！"他向莫奈提出建议，和当年米尔博经常提的一样："我亲爱的先生，我想您是独处得太久了，来巴黎待几天吧，跟热爱您的朋友们在一起，就能驱散您的小烦恼了。"

不过雷诺阿的消息还是让莫奈受到了鼓舞。雷诺阿虽然疾病缠身，但依然坚持作画。他向若塞·伯恩海姆 - 尤恩表示："我很同情他（雷诺阿），但更加钦佩他，能够为了画画战胜身体上的痛苦。"鼓舞莫奈的还有另一个在困难时期坚韧不拔的榜样——克列孟梭。无论是西班牙流感,还是 1919 年 2 月的一次暗杀阴谋,都没有打倒克列孟梭。

1918 年 12 月初,克列孟梭前往伦敦会晤英国首相劳埃德·乔治。在白金汉宫,他受到"最高规格的接待和非常热情的欢迎"。为表示敬意,英国皇家园艺协会还将一株略带淡紫色的黄兰花以他的名字命名。记者们注意到他身染微恙,咳嗽得很厉害,但他的表情十分平和,打破了他在记者们心目中一贯的冷峻形象。当记者问道:"您还有什么需要做的吗?"他友善而风趣地回答:"'老虎'现在已经没有牙齿和爪子了,能做的只剩下微笑了。"

事实上,后来的几个月里,很多场合都需要"老虎"亮出尖牙利爪。德比伯爵在日记中写道:"劳埃德·乔治很不喜欢克列孟梭。这也不足为奇,一山难容二虎。"1918 年 12 月中旬,美国总统伍德罗·威尔逊(Woodrow Wilson)访问法国,参加巴黎和会。他受到了巴黎人民的热情欢迎,乘坐马车巡游爱丽舍宫,耳中传来人群的欢呼声,看见四处悬挂着"威尔逊万岁"的标语。克列孟梭对威尔逊的访问却疑虑重重,他认为美国并不清楚法国所遭受的严重破坏。根据德比伯爵的日记,克列孟梭称威尔逊为白痴。在国民议会发言时,克列孟梭评价威尔逊的思想"高贵而坦率"。由此,法国媒体,当然也包括威尔逊自己,推断克列孟梭认为美国总统天真而直率。威尔逊本人并不想来巴黎,他认为和会应该在瑞士召开。他的幕僚提醒他,巴黎是"交战国的首都"。只是因为担心瑞士爆发布尔什维克主义革命,他才最终同意来巴黎。到了巴黎之后，克列孟梭和普恩加莱邀请他参观遭受战争破坏的城市和乡镇，他拒绝了。他耸了耸肩对幕僚说："来巴黎已经显露了对德国的轻视，我不能再继续下去了。"

尽管咳嗽严重，克列孟梭还是一如既往地日理万机。1918 年 12 月，他冒着严寒在梅斯、斯特拉斯堡和列日（Liège）参加各种纪念活动，只有 1919 年 1 月初在暴雨肆虐的旺代省短暂休息。一位英国记者充满敬畏地看着他在波旁宫工作到凌晨 1 点，接着又在上午 8 点半在国防部和参议院之间来回奔忙。这位记者惊叹他的"精力和体力都远远超乎常人"。他的朋友们都急切地提醒他注意休息，养精蓄锐，因为即将开幕的巴黎和会必然会非常紧张。一家英国报纸为他起了"欧洲棒小伙儿"的绰号。

1919 年 2 月 19 日，巴黎和会还没有开幕。早晨，克列孟梭离开富兰克林大街的公寓，钻进由他忠诚的司机阿尔贝·布拉班特（Albert Brabant）驾驶的劳斯莱斯。轿车一路向南行驶，然后在路口左转驶入德拉瑟（Délessert）大街。突然，一个高个子、金色长发、穿着宽松天鹅绒长裤的年轻人，从一个男用公共小便池后面冲了出来，朝着克列孟梭的专车连开了七枪。其中两枪是站在大街上开的，另外五枪是追着飞驰的汽车开的。就在警察抓捕枪手的时候，劳斯莱斯加速驶离现场，调头回到了富兰克林街。克列孟梭在布拉班特的帮助下走出汽车，说道："别担心，我只是伤到了肩膀。"然后他步履沉稳地走回了自己的公寓。

之后的几个小时，内科医生、外科大夫、军队将领，以及总统普恩加莱接二连三地来到克列孟梭的小公寓。他们发现克列孟梭平静地坐在扶手椅里，嘴上说着"没事没事"，并强烈要求去办公室处理重要公务。上午 11 点 30 分，大批民众聚集在公寓外，官方发布了第一份通报："子弹击中右肩胛骨，没有伤及内脏。伤口及全身状况稳定。"到中午 1 点的时候，他吃了些流食，喝了矿泉水，还抽了雪茄。福煦元帅前来探望的时候，克列孟梭告诉他："我闪身躲开了从前面射来的子弹，否则可能会更严重。"事实上，有三颗子弹击中了他，其中两颗只是擦伤了手和胳膊，一颗击中肩胛骨并钻入离肺部很近的位置。还有两颗子弹穿透了他的衣服，另外两颗则完全没有射中。如此近距离射击还射不中，克列孟梭笑称对这么糟糕的射击水平深感鄙视。

一位希奥内斯特修女（Sister Théoneste）被召来看护克列孟梭，她来自比泽（Bizet）路的圣索沃尔（Très-Saint-Sauveur）修道院。1912 年克列孟梭曾在那里接受了前列腺手术。当时他的政敌们幸灾乐祸地等着看他这样一个激进的反天主教人士在修女们的看管下将如何康复。而他对此毫不在意，他说："我不在乎，我只想得到悉心地照料。"他对来自阿尔萨斯的希奥内斯特修女非常敬重和爱慕，称她拥有"勇敢的灵魂和善良的心地"。在停战协定签订的第二天，克列孟梭以私人名义送给她一束鲜花。他告诉她："等到你还俗的那一天，我希望能拥你入怀。"恐怕全法国只有她能够看管得了克列孟梭这样一位固执的病人。

克列孟梭主动联络的第二个人就是莫奈。莫奈收到了国防部发来的一份电报："总理向您致以诚挚的问候，他的身体状况良好，一切危险看起来都过去了。"但是，射入身体的那颗子弹，经过多位医生会诊之后得出结论：离心脏太近，不适合取出。克列孟梭将不得不和他胸膛里的这颗纪念品共度余生。

这次未遂的暗杀被《自由人报》称为"一个疯子的独立行为"。枪手是 22 岁的无政府主义者埃米尔·库达（Émile Cottin）。克列孟梭对反政府主义者的压制，尤其是 1918 年 5 月对飞机制造厂罢工的严厉镇压，激起了他的强烈不满。四周后他被判处死刑。而克列孟梭表现得非常仁慈："我觉得应该把他关上八年，并在射击场强化训练射击术。"最终，克列孟梭饶恕了他，只让他坐了五年牢。

参加巴黎和会的外交官和代表团抵达巴黎，迎接他们的是贴在售货亭和建筑物上的标语："先让德国赔偿。"对于巴黎和会，克列孟梭最远大的目标是要求德国赔偿法国在四年战争中遭受的空前损失。1918 年 12 月，他在国民议会发言时曾说过："德国对我们的人民欠下了累累债务，必须要偿还。"

德国占领了法国将近八分之一的领土，大约 2.5 万平方英里，相当于美国康涅狄格州和马萨诸塞州的面积之和。将近 30 万处住宅被夷为平地，还有约 43.5 万处严重损坏。6000 多所教堂、市政厅和学校遭到损毁，其中 1000 多所受损严重。大约 1500 座火车站和铁路桥、3000 多英里的铁轨和 3 万多英里的公路需要维修。法国全部的村庄都消失了，一些地方，比如杜埃（Douai），已经看不出村落的样子，但还残留着废弃的房屋，历史学家格雷戈尔·达拉斯（Gregor Dallas）用诗意的语言形容它们是"维米尔（Vermeers）❶笔下小小的废墟"。乡村的土地上遍布弹坑，受到毒气污染，还有绵延数百英里的壕沟和铁丝网。而德国的工厂、田野、铁路、公路及城市建筑都毫发无伤，完好如初。克列孟梭担心如果巴黎和会之后德国在经济和军事实力上超过法国，就会再次发动战争。随同英国代表团来到巴黎的经济学家约翰·梅纳德·凯恩斯（John Maynard Keynes）总结了克列孟梭的立场（他本人对此强烈反对）："克列孟梭的目标是通过一切手段削弱和击垮德国……他根本不打算让德国有机会发展大规模的工商业。"

遭遇暗杀未遂之后几个星期，克列孟梭就返回了工作岗位，应对法国国内的严峻形势。1917年和1918年，仍处于战争期间的法国就爆发了巴黎纺织女工和雷诺工厂工人的罢工，由此再度引发了工人运动的大潮。1919年，全法国的罢工事件多达2000起，成千上万的钢铁工人、煤炭工人、建筑工人和机械工程师要求提高工资以对抗通货膨胀。工人们阻断地铁，甚至放火焚烧电车。巴黎的银行职员甚至也参加了罢工，他们统一戴着保龄球帽在大街上集会、游行，文明请愿。当巴黎咖啡馆的侍者也罢工的时候，遭到了愤怒的顾客殴打。

不只是巴黎的劳工出了问题，在吉维尼，莫奈也遭遇了同样的困难。1919年春天，《费加罗报》刊登了一则广告："聘请优秀的厨师，30 到 40 岁之间，在郊区工作，薪资丰厚。要求由知名推荐人推荐。有意者请写信给克劳德·莫奈，吉维尼，弗农县。"看来优秀的厨师非常难找，几个月后他沮丧地写道："我没有厨师，没有女佣，事实上一个帮工都没有了。"1919 年夏初，所有的园丁都离开了他，包括那些为他工作了 20 年的老园丁。他的首席园丁菲利克斯·布勒伊回到了位于吉维尼西南 80 英里的雷马拉尔（Rémalard），当年他为米尔博的父亲工作的地方。还好，莫奈及时得到了帮助，他很快聘请了一位名叫莱昂·里布赫（Léon Lebret）的园丁。

此时，他向杜兰德-鲁埃尔订购的酒终于运到了，他的那封信已经寄出去好几个月了。令他极度失望的是，酒桶几乎都空了——只剩下 30 升。他只得拒收货物，并试图彻查"这起糟糕的事件"。他怀疑有人偷偷用管子抽走了酒桶中的酒，"我们严重的酒荒造就了这样的坏蛋"。

如果说 1919 年夏天，法国大部分人都在罢工，至少莫奈还在努力工作。就像 1917 年那次一样，莫奈在消沉了几个月之后又开始拼命地疯狂作画。1919 年 8 月底，他表示"蒙天公作美，我欣喜若狂地工作"。事实上，8 月底的几个星期天气异常酷热，法国的气温创下了 40 年来的最高纪录。8 月中旬，巴黎阴凉处的温度都高达 33 摄氏度，人们选择在户外睡觉。巴黎如此炎热，导致巴黎人倾城而出，到外地避暑。《费加罗报》戏称这里是"巴黎撒哈拉"。

但莫奈不惧热浪，他拒绝了伯恩海姆 - 尤恩兄弟让他去海滨别墅享受清凉海风的邀请。他戴上草帽，支起遮阳伞，终日坐在池塘边作画。他告诉伯恩海姆 - 尤恩兄弟，"我又开始画一个新的系列了，我很喜欢它们，也希望你会感兴趣"，他解释说他将巨型装饰画的工作"推迟"到冬天了。这些画作尺寸更小，大部分是 3 英尺宽，6.5 英尺高。绘画主题与巨型装饰画类似，也是点缀着睡莲的水面和倒影。莫奈准备将它们卖掉，莫奈觉得他需要筹些钱了，当然是因为他给予政府的捐赠（尤其是捐赠规模扩大之后，将包括巨型装饰画），使他无法从前五年的辛勤工作中赚到一分钱。因此，他把这个新系列睡莲画中的四幅送到了伯恩海姆 - 尤恩画廊。

然而，这四幅画都没有找到买家。这说明战后艺术品位发生了巨大的变化。"一战"前的十年是现代艺术的传奇时代，野兽主义、立体主义、表现主义、未来主义和漩涡主义，都令人匪夷所思地获得了成功。但是战争结束时，艺术品位、态度和实践发生了巨大的变化。战争期间，超过 350 位法国艺术家离开人世。德、法双方都有许多现代艺术领军人物死于战火，比如翁贝托·波丘尼（Umberto Boccioni）、亨利·戈蒂埃 - 布泽斯卡（Henri Gaudier-Brzeska）、奥古斯特·马科（August Macke）、弗兰茨·马克（Franz Marc）、艾萨克·罗森博格（Isaac Rosenberg），还有雷蒙德·杜桑 - 维隆（Raymond Duchamp-Villon），他的兄弟是更为著名的马塞尔（Marcel）；另外一些，比如古斯塔夫·克林姆（Gustav Klimt）、埃贡·席勒（Egon Schiele）、吉拉姆·阿波里奈尔（Guillaume Apollinaire），死于西班牙流感。

1918 年夏天，一家文艺期刊称："战争毁灭了立体主义。"让·考克多（Jean Cocteau）在法兰西学院演讲时表示，对于战争的恐惧让民众和画家都迅速转向"呼唤秩序"，而放弃了大胆创新。正如战前那些负面评论所说的一样，战后多数法国人认为"立体主义"这种疯狂的、全新的实验艺术，就是德国风格，是令人憎恨的。1919 年，巴黎成立了一个负责为纪念"战争烈士"而修建新的凯旋门和纪念碑的委员会。这个委员会邀请法国艺术家们参与各个项目，但是优先选用那些保守主义和爱国主义的艺术风格。一位政务委员愤慨地表示："法国人只能创作和赞美法国式的艺术！"

莫奈的艺术当然是法国式的艺术。他的大多数风景画都表现了法国独特的风光。然而，对印象主义的争议并未结束。1916 年，战争最为激烈的时候，法国激进的民族主义者及艺术评论家马吕斯·瓦尚（Marius Vachon）就表达了强烈的不满，他谴责将印象主义视为"法国官方艺术"的普遍观点，不承认印象主义是爱国的艺术，在某种程度上可以象征整个法国。相反，他认为，印象主义是"绝对的国际主义"，其追随者遍布世界各地；而印象派则是一个"好斗的派别"，其追随者"崇尚暴力、具有侵略性、喜欢闹革命、总是蛊惑人心，甚至是无政府主义者"，倾向于"攻击甚至颠覆所有传统艺术"。虽然瓦尚的言论只是极端案例，但是他偏激的批评也说明在 20 世纪第二个十年里，法国国内对印象主义的反对之声仍然不绝于耳；而战争结束后，在仇外情绪的助推之下，这种声音一时间甚嚣尘上。

作为一位丰衣足食、身体发福的"资产阶级绅士"，安居于自家宽敞、美丽的宅院，莫奈不太可能被指责为危险的无政府主义者。但是他朦胧模糊的画面既不受保守主义艺术家的欢迎，也未获得年轻一代先锋艺术家的青睐。路易·吉略特口中莫奈"上下颠倒"的睡莲画，对于战后在战争创伤中迷茫、挣扎，寻求稳定生活的人们，并没有带来多少安稳的保证。他的睡莲画虽然不像立体主义和未来主义作品那样荒诞不经、备受争议，但却让观者找不到立足点，产生一种飘忽不定的感觉。正如吉略特和康丁斯基所言，莫奈的作品已经接近抽象主义，不连续的笔触已经摆脱了传统绘画的责任——以显而易见的现实主义方法反映稳定不变的、人们熟悉的自然世界。

如果说 1919 年莫奈创作的新系列画没能找到买主而令他失望的话，画这些画给他带来的后遗症则更让他心烦意乱。前五年，他采取了预防措施，比如草帽、遮阳伞，只在早晨和黄昏作画，因此他的视力基本保持稳定。而且，他的工作热情令他克服或忽视了身体上的不适。然而，1919 年夏天的好天气使他不再甘心待在阴凉处，而是来到了刺眼的阳光下，每天连续好几个小时盯着波光粼粼的池塘水面，这导致他的白内障迅速恶化。1919 年 11 月，克列孟梭来探望莫奈，建议他接受白内障手术。但莫奈不太情愿让自己躺在手术刀下。他写信给克列孟梭说："我担心手术出现不良后果，而且即便这只眼睛治好了，另一只可能还会出问题。所以我还是更愿意充分利用我糟糕的视力，实在不行就放弃画画，只求还能看到我最珍视的亲人和朋友，以及我热爱的天空、水面和树木。"

想象莫奈失明无法作画的样子，一定令克列孟梭感到恐惧，他能够预见到那时莫奈将会陷入怎样的疯狂与混乱。但他又不知道该怎样向莫奈解释手术的好处。于是，克列孟梭后来记述的由白内障导致的"令人无话可说的曲折故事"发生了。

1919 年夏天莫奈开始创作新系列画作的原因之一应该是，他已经完成了巨型装饰画。这些见证他度过艰难战争岁月的巨幅画作，已经再没有什么修改和润色的空间了。创作这些画为他提供了强大的精神支撑，而如今这些画完成了，加上那么多画家同行的离世和自己 80 岁生日的临近，他心里的阴霾日渐增加。1919 年年底发生的两件事更是加重了他的沮丧之情。

莫里斯·霍里纳，"他的结局多么悲惨！"

第一件事是回忆起已经逝去的老朋友。11月，吉弗鲁瓦寄给他一本莫里斯·霍里纳的诗集，书名为《最后的作品》，前言出自吉弗鲁瓦之手。对于莫奈来说，这样的诗集读起来令人心酸。他和霍里纳是好友，霍里纳寄来的信件他都保存在一个文件夹里，用紫色墨水做了

标注："霍里纳的信"。他写信给吉弗鲁瓦说："读这本诗集让我很痛苦，不过欣赏你写的优美前言还是令我愉悦，回忆与可爱的霍里纳共处的美好时光也让我略感欣慰。他是个不幸的人，他的结局多么悲惨！"

即便是在 19 世纪灯红酒绿、梅毒肆虐的巴黎，莫里斯·霍里纳才华横溢却难逃劫数的一生也显得格外突出。他是波德莱尔（Baudelaire）和爱伦·坡（Allan Poe）的拥趸，狂热地崇拜奥斯卡·王尔德（Oscar Wilde），誊写王尔德的名言，模仿其标新立异的发型。他是黑猫夜总会的明星。在那里的卡巴莱歌舞表演中，他演唱的关于死神、幻觉和疾病的歌曲令观众们如痴如醉。他一边猛烈地敲击着琴键，一边模仿精神病患者狂乱的手势（他在当地精神病院仔细观察过这些手势）。其中一首著名的诗歌如下：

> 不分昼夜，他穿行在大地之上，
> 拖着自己孤独的心灵，
> 带来恐惧与神秘，
> 引起痛苦与懊悔。
> 死神永生！死神永生！

一位评论家狂喜地发现，霍里纳"对魔鬼的崇拜在诚意和深度上"都超越了波德莱尔。另一位支持者米尔博则认为，他的诗歌给人带来"如手淫般剧烈的快感"。

莫奈和这位病态的、奇怪的诗人成了好朋友。1889 年，莫奈创作克勒兹河谷系列画的时候，大部分时间都住在巴黎以南 200 英里的弗雷瑟利内偏远乡村的一座农舍里。霍里纳和他的同居女友，女演员赛西尔·布厄东（Cécile Pouettre）修整了这座农舍。在那里，这位因为可怕的想象而闻名的诗人快乐地钓鱼、登山、饲养动物、在教堂里唱赞美诗，穿着木屐四处闲逛（除了去教堂），也和莫奈一起度过了非常愉快的时光。莫奈对他的房东满怀钦佩。莫奈写道："多么真实的一位艺术家，他时常彻底失望，充满痛苦和悲伤，只是因为他是艺术家，所以从不满足，总不开心。"研究莫奈的学者史蒂芬·莱文（Steven Levine）指出，霍里纳是"十足的受虐狂，兼有与莫奈一样的永远焦虑的艺术家自我"。

霍里纳搬到弗雷瑟利内，就是为了远离巴黎带给他的焦虑、恐惧和过度劳累，以保护他"极度敏感的神经"。但他依然没能远离魔鬼，他沉迷于苦艾酒和鸦片，悲剧似乎成了他可以预料的人生结局。然而，击垮他的真正原因是，为了他来到弗雷瑟利内当护士的赛西尔痛苦地死于狂犬病。她痛苦挣扎的惨状令霍里纳精神失常。几次试图自杀之后，这位极度悲伤的诗人于1903 年死在伊夫里（Ivry）的一家诊所里，时年 56 岁。

霍里纳悲惨的结局，只是 1919 年年底导致莫奈心境凄凉的原因之一。他在给吉弗鲁瓦的同一封信里还写道："我可怜的朋友，我现在深陷痛苦之中。如果我失去视力，我就只能放弃作画了，我已经开始的工作就将半途而废。对我来说，这也将是悲惨的结局。"

不久之后发生的另一件事对莫奈造成了更大的打击：雷诺阿去世了。19 世纪 80 年代初，雷诺阿和塞尚一起在寒冬里到野外写生的时候患上了肺炎，之后呼吸一直有问题。1919 年 12 月，他终于被肺炎彻底击垮。12 月 3 日，躺在床上的雷诺阿向护士要了一支铅笔，想要描绘床边的鲜花。有传言说，他画完草图（也有人说是油画）之后将笔递给护士，同时喃喃自语地说出了最后一句话："我想我开始理解绘画的意义了。"然后他就溘然长逝，享年 78 岁。

莫奈，
和他痴迷的睡莲

这样的传言很吸引人，因为它符合老弱的雷诺阿勇敢地克服病痛坚持作画的形象；也因为它暗示了需要付出时间和耐心，事实上是需要付出一生，才能成为伟大的画家。这则传闻很可能是衍生自法国画家安格尔的故事，1867年，87岁的他临终前几天，拿起一支铅笔，开始画霍尔拜因（Holbein）肖像的草图。旁人问他在干什么，他回答说："我在学习。"而这个故事也有可能是源自关于日本画家葛饰北斋的评论，他晚年（他活到89岁）作品上的签名都是"痴迷于绘画的老头"。据说他曾经表示："我6岁就开始画画，直到65岁之前，我画的东西都不值一提。73岁的时候我开始理解动物、植物、树木、飞鸟、鱼类和昆虫的真正结构。90岁的时候我将领悟一切事物的奥秘。100岁的时候我的绘画水平将出神入化。110岁的时候，我画的所有东西，每一点、每一划，都会活过来。"

雷诺阿，和莫奈一样，也是痴迷于绘画的老头。然而，并没有可靠的记载能够证实他临终前终于顿悟绘画的意义。保罗·杜兰德-鲁埃尔说这位画家临终前喃喃自语的是"我是为了……"，这也是病弱的米尔博曾经重复念叨的句子。然后他抽了一支雪茄。他确实想要画花瓶里的花，但是没能画成（与传言完全不同），因为没有找到铅笔。雷诺阿的长子皮埃尔几天之后写给莫奈的信里又是另一番叙述，没有提到花、草图或铅笔，只有轻松地解脱。皮埃尔写道："令我们感到宽慰的是，他走得毫无痛苦。肺部的栓塞折磨了他两天，心脏停止跳动的那一刻，他终于解脱了。他最后的时刻焦虑不安，在半梦半醒的状态下说了很多话。我们问他感觉怎样，他说很好。然后他睡着了，一小时之后停止了呼吸。"

尽管并非出乎意料，但雷诺阿的死给莫奈造成了沉重的打击。他给两人共同的朋友写信说："你可以想到他的死令我多么悲痛，他是我生命的一部分。过去的三天里，我一直活在回忆中，回忆我们年轻时代的理想与奋斗。"他写给吉弗鲁瓦的信更加悲伤："这太悲哀了。只有我还活着，我们这个群体里只剩下我了。"雷诺阿死后，莫奈确实成了最后一位印象派画家。一家报纸提醒它的读者，雷诺阿生前是"重新振兴法国绘画艺术的一代特殊画家的一分子……他与莫奈曾经是这个传奇时代结束之后仍然健在的两位画家"。

又一个十年结束了，这可能更增加了莫奈的不祥之感。在这十年里，他的妻子和长子离世，很多好友也离世了，自己的身体也每况愈下；当然，战争带来的极度焦虑也结束了。

第 14 章

品位高雅的买家

1920 年 1 月 18 日，是一个星期日，早上，克列孟梭乘车抵达爱丽舍宫。按照事先的安排，他的部长和副部长们都在等待他的到来，他们所有人都在克列孟梭随身携带的一份文件上签了名。那是一封写给总统普恩加莱的信，言简意赅："我们谨向您递交辞呈。总统先生，请接受我们诚挚的敬意。"这寥寥数语，意味着克列孟梭领导的内阁解散了，他漫长的政治生涯结束了。莫奈对此愤慨地表示："他们对他要了阴险的花招！"

克列孟梭之前一直认为保卫和平与赢得战争同样艰难，这并非杞人忧天。经历了多轮谈判之后，《凡尔赛条约》终于在 1919 年 6 月签订，数百条条款之中包括要求德国裁军、向法国归还阿尔萨斯 - 洛林地区、莱茵河西岸由协约国军队占领 15 年，以及建立国际联盟。条约还需要经过德国和协约国三个成员国批准才能生效。德国马上就批准了条约，英国一个星期后批准，法国国民议会于 1919 年 10 月批准。法国批准条约的同一天，美国总统威尔逊在白宫因劳累过度而严重中风，他刚刚结束横穿美国的9500英里旅程，一路上向疑虑重重的美国人民宣传《凡尔赛条约》。对于强烈反对该条约的参议员们，威尔逊认为他们是"坐井观天的井底之蛙，可鄙……狭隘……自私……糟糕……"，因此很不明智地对他们置之不理。11月，美国参议院否决了《凡尔赛条约》。一家法国报纸信心十足地报道称，美国的否决"并不会对条约造成实质性的破坏"，但是克列孟梭马上去了伦敦与英国政府会商此事。

克列孟梭损失了多少政治资本很快就显现出来了，1920年1月，他被提名为下一任总统候选人。普恩加莱7年的总统任期即将届满。然而，克列孟梭并不愿意当总统，他曾经讽刺法国总统和前列腺一样毫无用处。但他的朋友们和英国首相劳埃德·乔治说服了他。他竞选总统将遭遇老对手，保罗·德夏内尔（Paul Deschanel）。1894年，两人曾经持剑决斗。那一次，德夏内尔技不如人，头部严重受伤，不得不认输，退出了决斗。而如今，20多年后，德夏内尔终于报仇雪耻了，他获得了408票，而克列孟梭是398票。一家报纸称，克列孟梭"得不到社会主义者的支持，因为他们认为他太过保守；也遭到多数保守主义者的反对，因为他们认为他太过激进"。克列孟梭立即退出了竞选，第二天，德夏内尔获得了734票。觉察到自己已经失去了议会的支持，克列孟梭专程赶往爱丽舍宫递交辞呈。两位到访巴黎的英国客人对克列孟梭的遭遇深感震惊。英国首相劳埃德·乔治感慨道："法国人又一次火烧圣女贞德。"而英国驻法大使德比伯爵则在写给英国国王乔治五世的报告中说："我的总体感觉是，当然我必须承认这是我的个人感觉，他们如此对待克列孟梭是忘恩负义。"

克列孟梭辞职后第一时间做的事情，自然包括拜访莫奈。辞职后第二天，他就前往吉维尼，寻求精神上的慰籍，还享用了美味的午餐。克列孟梭的辞职让莫奈捐赠画作之事前景堪忧。一年来，还没有签订协议或得到任何官方的认可。同样不利的是，克雷蒙戴尔已经不再是商业与工业部部长了。他于 1919 年年底就任国际商会第一任会长，为此辞去了所有政府职务。不过在他卸任之前，莫奈还是设法从他那里得到了足够过冬的煤炭供应。

1920 年 1 月，莫奈的巨型装饰画引起了一位知名收藏家的兴趣。雅克·朱白洛（Jacques Zoubaloff）是来自高加索地区（Caucasus）的实业家。多年以前，他用自己的小笔财富（包括妻子仅有的一些珠宝首饰）投资了比比 - 耶以巴（Bibi-Eybat）（今阿塞拜疆境内）的一口油井。就在他濒临破产想要自杀的时候，他的油井出油了。于是他的"资产增加上百倍，成了百万富豪"。后来朱白洛来到巴黎，大战爆发之前就成了法国需求最大、出价最高的艺术品收藏家。到 1920 年，他的法国绘画及雕塑收藏规模已经无人能比，包括莫奈、德加、马蒂斯和德兰的作品。当他位于巴黎帕西区埃米尔 - 梅尼耶（Émile-Ménier）大街的豪宅也装不下这么多藏品的时候，他开始向卢浮宫、装饰艺术博物馆、小皇宫博物馆，以及外地的省立博物馆进行慷慨捐赠。仅在卢浮宫，他不断慷慨捐赠的青铜像就占据了整整两间展厅。1920 年年初，各大报纸纷纷报道，因为他"为国家博物馆做出了巨大贡献，慷慨捐赠又不事张扬"，朱白洛被授予法国荣誉军团勋章。

这位极其富有的慈善家在 1920 年 1 月底造访吉维尼，同意以 2.5 万法郎购买莫奈《白杨》系列画中的一幅。但是，回到自己富丽堂皇的公馆之后，他即刻改变了主意。他的律师写信向莫奈解释，朱白洛想要将《白杨》换成一幅他在莫奈家里看到的《威斯敏斯特宫》。律师表示："《白杨》画作非常出色，但是与他已经拥有的两幅您的作品不协调。"就这样，朱白洛为了得到《威斯敏斯特宫》，将价格提高到了 3.5 万甚至是 4 万法郎。或许是出于执拗，莫奈拒绝了这笔买卖。他给律师回信表示歉意，解释说自己想留下《威斯敏斯特宫》，多少钱也不卖。律师还代表朱白洛提出了另一个问题，作为附言随意地写在信尾："您正在创作的巨型装饰画卖多少钱？"对于这个问题，莫奈再次拒绝了大收藏家的好意。他轻描淡写地在回信中告诉律师："至于我正在创作的装饰画，在完成之前我无法给出价格。"

朱白洛提出询价的时间点真是非常巧合，就在克列孟梭辞职之后，莫奈向政府捐赠画作的前景变得不明朗的时候。这让人不由得猜测，是不是克列孟梭指引朱白洛前往吉维尼并参观巨型装饰画。将巨型装饰画卖给朱白洛，能让莫奈多年的辛勤工作获得巨额的金钱回报。而且，朱白洛作为享有盛誉的赞助人，一定能够让这些巨型画作装饰在法国的某幢大型公共建筑物里。但是，即便克列孟梭确实策划了此事，莫奈也毫不知情。如果他知道这位俄罗斯富豪正是他和朋友们曾经想象过的那种既慷慨又有品位的赞助人，能够购买整个系列的睡莲画并造就一个"睡莲水族馆"，那他唐突地拒绝朱白洛的询价就令人匪夷所思了。

莫奈没有对巨型装饰画的价格表态，他坚称画作还没有完成，他不愿意卖掉它们。这些都为另一场危机埋下了第一行伏笔。这场危机可以称为关于睡莲的"令人无话可说的曲折故事"。

如果说莫奈并不愿意出售巨型装饰画，那他一定非常高兴能够卖掉另一幅很占地方的巨型画作。1920年2月，他得知雷蒙德·克什兰担任会长的卢浮宫之友协会建议购买他的《花园中的女人》。这幅巨型画作未能入选1867年的巴黎沙龙展，莫奈自己将其保存了50多年，用以纪念自己贫困不堪却奋斗不止的青年时代。它总是能令莫奈心潮澎湃地感慨自己"充满挣扎与希望的青春"。他曾经指着画中前景里覆盖小路的树木阴影，向一位来访的记者说道："没想到，这蓝色的阴影竟然引发了愤怒的讨伐。"

莫奈此言并不准确。不像马奈的《草地上的野餐》和《奥林匹亚》，他的《花园中的女人》从未公开展出，因此也没有遭受到公众的讽刺嘲弄和评论家的尖刻批评。即便如此，这幅当年被沙龙展拒绝的作品如果能够进入卢浮宫，对印象主义和莫奈个人来说，都将具有深远的意义：曾经遭受疯狂嘲笑的一个艺术流派终于得以跻身卢浮宫。另外，这笔交易还兼具现实意义。克什兰有意将此次购买作为对莫奈此前决定向装饰艺术博物馆捐赠画作的报偿，他与装饰艺术博物馆也关系密切。

尽管莫奈的四幅睡莲新作在巴黎的画廊里无人问津，但是，整个 1920 年春季，前往吉维尼洽商购买其他作品的潜在买家络绎不绝。3 月他写信向保罗·杜兰德-鲁埃尔抱怨："我没什么不满意的，除了不断有买家来看画，他们打扰了我的工作，而且往往令我无法忍受。"他表示其中一些来访者还是"有品位之人"，但他们只是来访者而已，买不起他的画。这样的言论说明莫奈对他的某些主顾缺乏尊重。其实他对钱相当在意，尽管视力不断衰退，但他总是仔仔细细地检查与伯恩海姆-尤恩和杜兰德-鲁埃尔两家画廊的往来账目，要求精确到分毫。与此同时，他却又瞧不起那些花大价钱买他画的人。1920 年春天，他的画在纽约拍卖会上又卖出了高价，他却鄙夷地表示"这只能证明大众的愚蠢"。这种轻视也可能是莫奈拒绝朱白洛的原因之一，无论是拒绝将《威斯敏斯特宫》卖给他，还是拒绝考虑他对巨型装饰画的询价。倘若果真如此，那莫奈的这种态度有失公正而且极不妥当。根据一位记者的客观报道，朱白洛购买莫奈的画作是出于"热爱与欣赏"，并且其品位高雅。

1920 年春前往吉维尼买画的人还包括作家马克·埃尔德尔（Marc Elder），其作品《大海的子民》获得了 1913 年龚古尔文学奖。他是米尔博的朋友，1914 年发表了一篇关于米尔博的长文。他是南特博物馆之友协会的会长，热爱艺术的会员们发现南特博物馆竟然没有"大名鼎鼎的印象主义"作品，于是他们联名给埃尔德尔写信，提议购买"一批新藏画"，他们希望包括莫奈的作品。莫奈非常高兴地向南特博物馆捐赠了一幅睡莲画以示答谢。

几周后，埃尔德尔发表了一篇关于吉维尼之行的文章。他到访吉维尼当天天气很好，"天空淡蓝，阳光和煦，早春的明艳色调让心情更加舒畅"。莫奈陪他参观了花园，园丁们在"雀鸟热切的目光注视之下"在花圃里辛勤劳作，梨树雪白的花朵在风中摇曳。埃尔德尔生长在大西洋沿岸的南特市，于是两人坐在睡莲池边的长椅上聊起了大海，尤其是海鲜。他在那篇文章中写道："原谅我，亲爱的大师，我发现我们的谈话显得我们很贪吃！"他们津津有味地谈论"蘸白奶油吃的梭子鱼、裹着葡萄叶烤制的红鲱鱼，还有用盐腌制的布列塔尼灰壳生蚝"。莫奈回忆起曾经吃过一次令人失望的鳗鱼，埃尔德尔回应道："您该到我那里品尝鳗鱼！"

莫奈的好胃口和美食带给他的乐趣显然没有丝毫减弱。但他也跟埃尔德尔说，他失去了其他的一些乐趣。他们坐在池塘边的时候，莫奈提起他的听力下降，听不见"蟾蜍微弱的叫声"了。埃尔德尔写道："噢，贪恋自然的大师啊，您的声音充满惆怅！"

1920 年，从春到夏，潜在买家一直接踵而至。6 月初，几位美国人来到吉维尼。在美国，莫奈的画作主要集中在纽约、波士顿和康涅狄格州展出，还有少部分到了更远的丹佛和新奥尔良。远赴美国的莫奈作品证明了"美国佬的贪婪"。莫奈画作在美国最为集中的一次展出是 1893 年在芝加哥哥伦布纪念博览会上，那一次展览引起了美国富人对印象派画家的注意。芝加哥黄金海岸的高级豪宅里几乎全都挂着莫奈的画作。描绘吉维尼罂粟花田的名画装点了伊芙琳·金博尔（Evaline Kimball）城堡一般的公馆，她是钢琴制造家威廉·W. 金博尔（William W. Kimball）的遗孀。那幅白雪覆盖的《麦垛》挂在安妮·斯万·科伯恩（Annie Swan Coburn）的家里，她是一位著名律师的遗孀。贝莎·帕尔默收藏的莫奈作品比其他人都多得多。她位于湖畔大道上的豪宅酷似一座建有塔楼的"城堡"，里面的私家画廊墙面都包着红色天鹅绒，挂满了莫奈的作品。多年来，她一共购买了 90 幅莫奈画作。

贝莎·帕尔默于 1918 年在佛罗里达去世，她的扶柩人中有一位叫马丁·A. 瑞尔森（Martin A. Ryerson），也在芝加哥黄金海岸拥有豪宅，他收藏了 50 多幅莫奈画作。瑞尔森是美国版的朱白洛，既是艺术品位高雅的巨富，又非常热衷于捐赠藏品。他的父亲是密歇根州的木材业大亨。他就读哈佛法学院之前曾在巴黎和瑞士学习过，后来继承父业。他是芝加哥大学的创立者和赞助人之一，时任大学信托委员会主席，资助了一间物理实验室和图书馆。他最为慷慨的捐赠都保存在芝加哥艺术博物馆，1892 年他开始向博物馆捐赠藏画，1900 年他捐建了美术分馆。瑞尔森进行慷慨捐赠有一部分原因是受到朋友查尔斯·L. 哈钦森（Charles L. Hutchinson）的感召。哈钦森是瑞尔森妻子的亲戚，一位富裕的金融家，芝加哥艺术博物馆的创立者及第一任馆长。他们两人经常偕妻子一起去欧洲旅行，为博物馆寻找藏画和其他艺术品。瑞尔森尤其喜欢去法国，他说得一口流利的法语。正是他们的努力促成了芝加哥艺术博物馆于 1903 年以 2900 法郎购买了《布维尔（Pourville）：恶劣天气》，成为美国第一家收藏莫奈作品的博物馆。

1920 年夏天,
美国收藏家兼慈
善家马丁·A.瑞
尔森在吉维尼

瑞尔森收藏的莫奈画作大多已经借给芝加哥艺术博物馆展览(大部分最后都捐赠了),贝莎·帕尔默也遗赠给这家博物馆 9 幅莫奈作品。卢森堡宫馆长莱昂索·贝内迪特(Léonce Bénédite)1920 年前往美国波士顿、费城和芝加哥参观,美国博物馆收藏的大量法国艺术珍品令他欢欣鼓舞。他回到法国后接受记者采访时兴奋地表示:"那些博物馆太棒了!有那么丰富的藏品!"他特别提到瑞尔森捐赠给芝加哥艺术博物馆的印象主义画作足足挂满了两间展厅。当时,美国博物馆收藏的印象派画家作品已经超过了卢森堡宫。美国拥有莫奈全部画作的十分之一,另外还有少量其他印象派画家作品:2 幅马奈的、3 幅塞尚的、5 幅德加的、7 幅毕沙罗的、11 幅雷诺阿的。贝内迪特谦逊地表示,由于"欣赏法国文化的高贵、慷慨的美国朋友"的努力,美国人民将法国视为"伟大思想的发源地和文明国度的代表"。

莫奈,
和他痴迷的睡莲

瑞尔森和哈钦森还有其他计划，将为颂扬法国文化提供更大的机会。1920 年夏天，64 岁的瑞尔森和妻子卡罗琳以及哈钦森的妻子莎拉造访吉维尼。一同前往的还有芝加哥艺术博物馆的一位馆长和一位建筑设计师。这个访问团规模不大，但能力很强。他们计划至少购买 30 幅莫奈的大型睡莲画，并在博物馆里专门为其建造一间展厅。芝加哥的一家报纸后来报道称，他们当时向莫奈开出的价格是 30 幅画 300 万美元，折合 4500 万法郎。这个数字肯定有误，因为这笔钱已经超出了瑞尔森捐赠给芝加哥大学建造实验室以及其他设施的总款项，115 万美元。这意味着他准备为每幅画支付 10 万美元（150 万法郎），而这远远超出了莫奈画作当时的市场价格（几个月前，莫奈告诉一位潜在买家，他的画"每幅大约卖 2 万 5000 法郎"）。更可能的数字是 300 万法郎（20 万美元）买 30 幅大型画作，每幅画 10 万法郎（6666 美元）。这是一大笔钱，但考虑到画作巨大的尺寸和瑞尔森巨额的财富，这也是合理的价格。

1920 年夏天，莫奈已经完成了足够多的巨幅画作。他完全可以轻松地满足瑞尔森的要求，收下他一生中收到过的最大额的支票，然后还能留下足够多的画作向法国政府进行大规模的捐赠。此时，根据吕西安·狄斯卡维斯的估计，他已经完成的巨型装饰画已经长达 170 米，而一位记者则推断已经足够装饰 15 间展厅。那个夏天，在某个冷静思考的时刻，莫奈曾经和另一位客人讨论巨型装饰画的尺寸，他反问道："你是不是觉得我画这些是彻底疯了？只有魔鬼才会这样做吧？"

然而，莫奈再次拒绝卖掉巨型装饰画。芝加哥的那家报纸后来将其归因于莫奈捉摸不定、乖张执拗的性格，又旧事重提，说起 1908 年莫奈毁掉了自己价值 10 万美元的画作；并声称这也能够解释他为什么朋友很少，还"离群索居，拒绝记者、评论家和摄影师参观他家美丽的宅院"。

事实上，记者、评论家和摄影师是吉维尼的常客，莫奈也从不缺少朋友，只是近些年死神夺走了他的很多朋友。不过莫奈断然拒绝了瑞尔森的购买意向，确实令人费解。或许他并不希望自己的作品横跨大西洋去装点美国的豪宅或博物馆。早在 1885 年，莫奈享有国际声誉之前，他就曾对自己的画作离开法国"去了美国佬的地盘"而表示遗憾，他说宁愿它们留在巴黎，"因为巴黎是唯一具有艺术品位的地方"。显然，莫奈心怀一丝反美情绪。战前他就不喜欢那些住在吉维尼的美国人，他对他们的态度是出了名的冷漠无礼，这种态度也由此及彼地扩展到了对待大洋彼岸的美国人。贝内迪特将美国人视为"欣赏法国文化的高贵、慷慨的朋友"，而莫奈却认为他的画作在美国受欢迎只能证明"大众的愚蠢"。

客观地说，莫奈是希望巨型装饰画留在法国，最好留在巴黎；这可以说是出于爱国主义，也可以说是出于敝帚自珍。1920 年夏天，他曾向一位客人解释："一想到我的画要离开我的祖国，我就深感烦恼……我要在巴黎为它们找一个地方。"但事实上，他拒绝芝加哥买家的要求，进一步证明了：他极不情愿和他投入了那么多时间和精力的作品分离。

这个月还发生了另一件事，更加清楚地证明了这一点。由于克列孟梭已经辞职，莫奈向政府进行捐赠的事宜转而由蒂博 - 西松继续接洽，他是新任总理亚历山大·米勒兰（Alexandre Millerand）的朋友。莫奈告诉蒂博 - 西松，政府需要满足他的两个条件，他才会捐赠画作。第一个是，他要保留这些画直到"最后一刻"，只有他死后才能把画作从他的画室里移走；第二个是，他要亲自去看看将来准备展示这些画作的地方，具体如何展示也需要经过他同意。他表示"这是无可变更的条件"。

关于捐赠的洽谈变得越来越困难，尤其是蒂博 - 西松搬进吉维尼的布迪酒店之后，经常为此叨扰莫奈。莫奈不但开始拒绝移走任何一幅画作，还不愿意将此事公诸于众。1920 年 7 月，他写信给蒂博 - 西松说："请不要将我信中提及的捐赠事宜透露给任何人。不要让更多的人知道此事，因为它给我造成的困扰超乎想象，我不想听到其他人的议论。我希望安静地工作……我现在没有时间可以浪费了。"莫奈显然不希望媒体关注此事从而给他造成压力。

莫奈准备捐赠给国家的画作肯定远远不止 1918 年 11 月克列孟梭挑选的那两幅。只是到底捐赠哪些作品，还没有决定下来。备选的画作非常多。蒂博 - 西松看到莫奈的画室里已经摆放了将近 6000 平方英尺的巨幅作品，但莫奈却表示巨型装饰画还没有完成，而且莫奈似乎还在不停地创作新画，这让他非常吃惊。1920 年 1 月，莫奈写信给吉弗鲁瓦，抱怨自己的视力问题，同时也表示要保存体力"继续完成"巨型装饰画。在给蒂博 - 西松的信中他写道："我目前除了工作什么也不考虑……我这个年纪一分钟都浪费不起。"如同鲨鱼一旦停止游动就会沉入海底，莫奈似乎也认为自己一旦停止绘画便会死去。到了 1920 年夏天，这一点已经显而易见：他会将巨型装饰画一直画到"最后一刻"。

尽管不愿与自己的画作分离，也不想将自己的捐赠计划公之于众，但莫奈仍然心安理得地享受为国家工作能够得到的好处。还是潮湿闷热的夏天，他就写信给克雷蒙戴尔以确保冬天的煤炭供应。他向克雷蒙戴尔表示："如果国家希望我为她工作，那她就应该向我表示一下心意。而你，我亲爱的朋友，是我唯一能够依靠的人。"和以往一样，他要求从鲁昂运一船煤炭给他；他告诉克雷蒙戴尔，他需要十吨。

莫奈战前就很少去巴黎，而到 1920 年夏天，他已经 3 年多没去了。1919 年年底他就坦言："我不认为我还有必要去巴黎。"1920年夏天他写信给吉弗鲁瓦说："当然，我不离开这里，永远都不该离开。"事实上，自 1917 年从诺曼底海滨旅游回来之后，他就再也没有出过远门，除了偶尔去附近的凡尔赛与克雷蒙戴尔共进午餐，或者去参观苗圃。

与莫奈相反，克列孟梭则在周游世界。1920 年 2 月，他辞职才两个星期就启程前往埃及，一共花了 12 个星期的时间。他参观了开罗、亚历山大港、尼罗河谷，还会见了埃及国王。在卢克索，他愉快地给莫奈写信说："莫奈，我亲爱的朋友，你在塞纳河描绘了每一个瞬间的光线变幻，而这里尼罗河和天空以及底比斯山的光影效果一定会令你疯狂。"莫奈不可能乘船远赴埃及。不过回国之后，克列孟梭还是希望能够劝说他离开吉维尼走动走动。"总缩在你的壳里可不好，"克列孟梭告诫莫奈。为此，他 8 月底寄给了莫奈一份铁路时刻表，上面有从吉维尼开往巴黎西南 280 英里的法国大西洋沿岸海滨胜地萨布勒多洛讷（Les Sables-d'Olonne）圣文森市（Saint-Vincent-sur-Jard）最偏远乡村的列车发车时间。

克列孟梭已经把他在贝尔努维尔的度假屋卖掉了。1919 年年底，他在旺代省度假的时候，在他度过童年的海滨附近，碰巧发现了一座海滨农舍，他称之为"陋室"（这种称呼并无丝毫夸张）。房子的主人是一位乡绅，就住在附近一幢宏伟的城堡里。虽然是虔诚的天主教徒和保皇党人，但这位乡绅非常敬重克列孟梭，允许他随便使用这座农舍。而克列孟梭执意要支付租金，最终两人协商决定每年租金 150 法郎，捐给附近的穷人。

1920 年 8 月，克列孟梭搬进这间海滨农舍，开始享受他所说的"我的天空、我的大海和我的沙滩"。他随即写信给莫奈，寄给他列车时刻表，力劝他前来参观。知道吸引莫奈兴趣的最好方法是勾起他的食欲，于是克列孟梭试图用当地的一种美食——卷心菜汤，来诱惑莫奈。他在信中写道："如果你不来，你就没有机会品尝这么美味的海鲜蔬菜汤了。"但是莫奈丝毫不为所动。他回信说："我得完成我刚刚开始画的画。"在这之后不久，"老虎"克列孟梭再次远游海外，去了新加坡、荷属东印度群岛；还应比卡内尔王公的邀请，前往印度拉贾斯坦邦（Rajasthan）的丛林里捕猎老虎。

第 15 章

规模巨大的捐赠

1920 年 9 月 27 日，新上任的美术部总干事保罗·莱昂（Paul Léon）在克什兰的陪同下，来到吉维尼。46 岁的莱昂自称"多面手"，他的新职位不但要求他负责为政府采购画作，还要安排音乐厅和博物馆的修建，以及历史建筑的维护。他是法国历史遗迹方面的专家，尤其熟悉在战争中受损的那些，他当时刚刚发表了一篇关于修复兰斯受损古建筑的文章。几年来他一直积极宣传他在兰斯所进行的古迹修复工作，作为对抗他口中"德国野蛮暴行"的舆论工具。

不过，那天下午他们三人的谈话显然没有涉及当初委托莫奈描绘兰斯大教堂的事，莱昂看来并不知情。午餐时，男管家为他们送上了烤鸡肉和牛肉烩饭，三人边吃边聊，最终确定了莫奈将要捐给国家哪几幅巨型装饰画。后来，莫奈向金佩尔解释："我要将 12 幅巨型装饰画捐给毕洪酒店。"但莫奈强调了重要的前提条件："他们必须按照我的规划和要求建造展厅，直到我满意为止，否则这些画会一直留在我家里。"

就这样，捐赠计划终于敲定了。捐赠数量从两幅画上升到了 12 幅，还确定了将在毕洪酒店内按照莫奈的规划建造专门的展厅。前一年，毕洪酒店的部分区域刚刚改建为罗丹纪念馆，用于展示罗丹遗赠给国家的作品。我们不清楚毕洪酒店是怎么成为了最终的展览地点，也不知道是是谁先提出来的。但毋庸置疑，自从 1916 年罗丹签署遗赠协定的时候，莫奈就已经开始将毕洪酒店列入备选地点了。法国最伟大的雕塑家和法国最伟大的画家，他们两人攀登艺术高峰的辉煌历程原本就存在许多交会之处，由此将再一次交会于毕洪酒店——罗丹纪念馆和莫奈纪念馆紧挨在一起。

吉维尼意义重大的三人午餐之后的第二天，建筑师路易·邦尼尔（Louis Bonnier），在自己位于列日大街圣拉扎尔火车站附近的家中接到了保罗·莱昂的电话。64 岁的邦尼尔秃顶，络腮胡子已经白了，和莱昂一样，他也是位身居要职的大忙人。他是国家宫殿和民用建筑首席建筑师、巴黎市政首席规划师、塞纳河建筑风貌保护委员会主席，是巴黎建筑领域的权威人士，也起草过许多关于公众健康的市政报告。他推动了一系列新建筑规范的实行，允许在巴黎建造更高、更多样的建筑物，使巴黎出现了许多新艺术风格的建筑。他的一句名言是："人们有追求健康的权利，也有追求美的权利。"

邦尼尔也是一位著名的执业建筑师。他设计了伊西莱穆利诺的市政厅，还有各式各样的高级别墅，其中就包括在奥特伊（Auteuil）为作家安德烈·纪德（André Gide）设计的宅邸。据一家报纸报道，这位建筑师唯一令人遗憾的缺点，与其他所有建筑师一样，那就是"他们设计纪念馆的时候，丝毫不考虑要纪念的人是谁"。纪德一定会同意这种说法，他位于奥特伊的别墅，确实相当壮观，也非常时尚，造价高昂，但采光很差，冬天非常冷，作家待在家里的时候不得不套上好几件毛衣，戴上羊毛帽子和手套。

邦尼尔还有另一件著名的作品。大约 25 年前，莫奈在吉维尼修建阳光充足的画室（继谷仓画室之后的第二个画室）时，他担任建筑顾问。他结识莫奈是因为他妻子的哥哥费迪南·德孔西（Ferdinand Deconchy）是法国风景画家，也是莫奈的老朋友，住在离吉维尼只有 4 英里远的加斯尼（Gasny）。1920 年 9 月的那天，保罗·莱昂是代表莫奈致电邦尼尔。作为老客户，莫奈明确要求由他来设计巨型装饰画的展厅。这不仅仅因为两人相识，更是因为莫奈考虑到了他与政府高官之间的关系。邦尼尔接受了这项任务，并立即计划前往吉维尼，与莫奈商讨相关事宜。

1920 年 10 月初的一天，邦尼尔在德孔西的陪同下到访吉维尼。他仔细听取了莫奈的意见，研究了他的巨幅画作，测量了它们的尺寸。回到办公室之后，他在笔记本上写下了一句不祥之语："可以预见这将是造价高昂的展馆。"通常，邦尼尔才不会在乎工程造价这样的"无聊琐事"。纪德的奥特伊别墅高昂的造价曾让作家陷入绝望：
"我不知道我怎么付得起这笔钱，也不知道我付了这笔钱之后一家人要怎么生活。"当时莫奈纪念馆的造价却着实令邦尼尔操心，因为这项工程需要经过政府批准。他写道："如果因为费用太高而不得不拒绝接受捐赠，政府将非常尴尬。"而且，莫奈的要求很容易造成费用超支。莫奈坚持建造一个椭圆形的展厅，他认

莫奈不满意的设计师路易·邦尼尔

为这样能够更好地展示他的 12 幅巨型装饰画。邦尼尔根据长轴和曲率计算之后发现，如果建造椭圆形展厅，需要花费 79 万法郎，他担心政府会拒绝；而如果按照他自己的想法，建造圆形展厅，只需要 62.6 万法郎。

莫奈的要求无可变更，于是邦尼尔开始按部就班地设计椭圆形展厅，并在两天之后将第一份设计样稿寄给了莫奈。然而莫奈很不满意，又提出了许多修改意见。邦尼尔大发感慨："莫奈每天都有新想法。"由此，另一段"令人无话可说的曲折故事"又拉开了帷幕——这次是关于展厅。

自此，莫奈的捐赠事宜终于进入了实质性的阶段，不再只是为了庆祝法国胜利而说得语焉不详的口头承诺。就在邦尼尔为了展馆的设计图稿每天工作到深夜的时候，莫奈捐赠画作的消息也被媒体打探到了。1920 年 10 月中旬，《小巴黎人报》报道了头条新闻："画家克劳德·莫奈向国家捐赠 12 幅最优秀的作品。"另一家报纸以敬畏的口吻报道了莫奈所捐画作的巨大规模："163 米（178 码）长的画作。"这个数字有些夸大了，莫奈写信给文章作者风趣地指出，这样的尺寸"对国家来说太过笨重了"。但莫奈创作的巨型装饰画总长度确实超过这个数字，但他捐给国家的只是其中一部分。12 月，莫奈表示自己的巨型装饰画包括 45~50 幅，组成了 14 个独立的系列。他说这些画都高 2 米，宽 4.25 米；另有 3 幅是 6 米宽。这说明此时的巨型装饰画总长度已经超过 200 米。1920 年确定捐赠给国家的作品只是其中的四分之一。

事实上，莫奈捐赠的 12 幅巨型装饰画总长度 51 米，面积仅 100 平方米。蒂博 - 西松在《时间报》上发表文章表示，这 12 幅画作将在新建的玻璃顶棚的展馆里，首尾相接地装饰在墙上。他在文中给出了更加精确的尺寸，12 幅画都是 2 米 ×4.25 米，将装饰在椭圆展厅四面巨大的弧形墙上，每一面墙之间由窄小的门廊分隔；这样能够令观者感受到周围美景环绕。四面墙将要装饰的画作主题各不相同：《绿色倒影》（由 2 幅画组成）、《云影》（3 幅）、《睡莲》（3 幅）、《三株柳树》（由 4 幅画组成，总长 17 米）。

但这并非全部。蒂博-西松表示，展厅的透光玻璃顶棚必须足够高，因为莫奈还要在 12 幅巨幅画作的上方分散放置几幅"装饰性主题画"。莫奈计划绘制的是缀满日式拱桥的紫藤。他最终画了 9 幅紫藤，他称之为"花环"。这些"花环"画作宽 2~3 米。因此，莫奈的捐赠作品又多了 20 多米。

莫奈如此大规模的慷慨捐赠，或许令他认为对展厅工程造价的任何非议都是琐碎无聊甚至忘恩负义的。蒂博-西松指出，莫奈对国家的捐赠实在是非常慷慨，因为前六个月里曾有几位私人收藏家（这里指的就是朱白洛和瑞尔森）提出购买"全部或部分巨型装饰画"。蒂博-西松谨慎地暗示，这些潜在买家之中最远的来自美国芝加哥，而且他们并没有被最终拒绝。蒂博-西松故意说："这些富商态度恳切，所以只是暂时被拒绝。"不能让巨型装饰画落到美国人瑞尔森手里，是驳倒那些反对者的最佳理由。这些反对者与社会主义倾向的周报《大众报》所持观点一致，他们议论纷纷："议员们真的应该批准国家花费巨资来安装莫奈捐赠的画作吗？为了展示这些画作真的需要新建一座展馆吗？"

国家出资建立罗丹纪念馆就曾引发种种争议，莫奈及其支持者也必然预料到了在议会和报纸上即将就此次捐赠画作而产生的激烈论战。瑞尔森的购买意向（这样将导致画作远赴美国，而且瑞尔森只是被暂时拒绝）成了莫奈阵营最有力的筹码。克列孟梭曾经的同事、《自由人报》的一位记者弗朗索瓦·克鲁斯（François Crucy）的文章又为莫奈增添了胜算。他认为莫奈是一位在自己的祖国不受重视的先知，他说在过去 30 年里，莫奈的画作在美国、英国和德国广受赞誉，在外国博物馆被大量收藏，可法国博物馆却藏品寥寥。这种长期的忽视使得国家有责任支持莫奈此次的捐赠；鉴于国家机构对莫奈作品的歧视，莫奈所捐赠的作品乃是无价之宝。

另一位评论家阿尔塞纳·亚历山大（Arsène Alexandre）则另辟蹊径。他在《费加罗报》撰文对莫奈准备捐赠的画作大加赞颂，并极力渲染将来无与伦比的展览效果。这些巨幅装饰画中的任何一幅都从未公开展出，他的描述勾起了读者浓厚的兴趣，使他们不太可能反对国家出资兴建展馆。亚历山大宣称，莫奈的这些最新作品不仅体现了他的绘画水平不断提高，还反映了"全新的广阔视野和丰富的思想情感，已经超越了我们以往对莫奈的认知"。他写道，在莫奈纪念馆的专门展厅里展出这些巨幅画作，将为观者带来"空前的视觉享受，这是任何画派、任何时代都从未有过的"。来到这间特殊展厅的观者将"沉浸于大师对色彩的无尽热爱和他变幻无穷的梦境之中"。为了确定爱国主义的基调，他还写道，这些画作将"通过它们美妙和谐、令人陶醉的色彩之歌，向全世界传播法国艺术的无限魅力"。

亚历山大还向《费加罗报》的读者披露了另一则消息，"国家为了嘉奖莫奈的慷慨捐赠，已经购买了一幅他年轻时期的巨幅画作《花园中的女人》，这幅杰作曾经在 1867 年落选巴黎沙龙展；它将由卢森堡宫收藏，与马奈的《奥林匹亚》并肩展出，这两幅作品具有同样深远的意义。"亚历山大没有透露国家购买这幅作品的价格，而另一家报纸不久后报道了具体数字："国家购买此画的价格一定会吓坏 1867 年的巴黎沙龙展评委和观众，但在今天，这个价格相当公道，20 万法郎。"但是，尽管画作尺寸巨大，这个价格其实一点也不便宜；莫奈自己刚刚表示过他的某一幅作品卖到了 2.5 万法郎的高价。

听说这个价格之后，金佩尔惊呼："莫奈真是诺曼人啊！"在法语里，"诺曼"的同义词是"精明狡猾、工于心计"。这确实是一笔非常划算的买卖。将一幅曾经被官方机构拒绝的作品以如此高价卖给国家，莫奈毫不留情地向历史痛快淋漓地复了仇，同时还赚了大钱。

1920 年 11 月中旬，又出现了另一个理由支持国家接受莫奈的捐赠。11 月 14 日，《费加罗报》头版的一篇文章报道："印象主义创始人、唯一健在的印象派画家八十岁了。他依然在吉维尼的画室里积极进行创作，只在星期日接待客人。他的朋友们纷纷在星期日前往吉维尼送上生日祝福。"

参加莫奈生日聚会的人为数不多。两个人的缺席尤其引人关注，一个是克列孟梭，他正在新加坡；另一个是蒂博 - 西松。莫奈告诉约瑟夫·杜兰德 - 鲁埃尔："蒂博 - 西松待在吉维尼的时候让我不胜其扰，我想我曾经祈祷过他 11 月 14 日不要来。"莫奈一向不喜欢热闹和仪式，为了保证聚会的亲密气氛和非官方性质，一位参议员和新任总理乔治·莱格（Georges Leygues）都经人劝阻而没有前来。

不过生日聚会上还是举行了一些小型的仪式。莫奈的朋友特雷维索公爵（duc de Trévise）是拿破仑时代一位将军的后代，也是知名的艺术品收藏家，他朗诵了一首赞颂莫奈的诗歌，第一句是"您用画笔表达思想，何须多言？"，篇幅长达 20 多个诗节。现场有一位专业摄影师负责拍照，其中一张照片显示莫奈神态自然放松，身穿粗花呢外套，袖口随意地卷起，口袋里的手绢露出了一角。所有人都认为他精力充沛，显得很年轻，更像是 60 岁而不是 80 岁。亚历山大写道："莫奈是推翻所谓'年龄限制'谬论的绝佳例证。"另一位朋友称他为"吉维尼的老橡树"，尽管须发皆白，黑色的双眼依然"犀利而深邃"，腰背依然十分挺直。在特雷维索看来，莫奈的外表显出"一派领袖形象，充满力量，简朴又不失威严"；而他敏捷的动作和强壮的身体又像是角斗士，特雷维索这个比喻也算恰当，因为莫奈总是在跟自己的画和大自然进行搏斗。

就在莫奈 80 岁生日过后不久，《大众报》不无调侃地报道："美术学院的几位成员建议莫奈接替因吕克 - 奥利维尔·默森（Luc-Olivier Merson）❶辞世而空缺的院士席位。我们不知道这几位勇敢者是谁，他们竟然不知天高地厚地想要做这位伟大画家的推荐人。不过我们很想知道他们是谁。"

由此，官方对莫奈的认可似乎业已展开。美术学院是法兰西学院的分支，而法兰西学院是法国艺术、科学和文学的国家级权威机构。法兰西学院的院士，都是些"名垂青史的大人物"，他们身着绣有桂冠的绿色

院士袍，坐着豪华的绒面扶手椅，在塞纳河左岸的穹顶建筑里办公。美术学院有 40 名院士，其中包括 14 位画家和 8 位雕塑家。年过八旬才成为院士是没有先例的。1920 年，美术学院院士的平均年龄是 69 岁，其中只有两位比莫奈更年长，82 岁的让·保罗·劳伦斯（Jean-Paul Laurens）和 87 岁的莱昂·博纳（Léon Bonnat）；但这两位都是在年富力强之时当选院士的：劳伦斯 53 岁、博纳 48 岁。当年，院士当选时的平均年龄为 55 岁。在莫奈 80 岁生日的前一天去世的默森（终年 74 岁），在 46 岁那年当选。

提名莫奈入选美术学院院士的建议姗姗来迟，凸显了莫奈和其他印象派画家多年来一直遭受官方的刻意忽视。《大众报》指出："克劳德·莫奈已经 80 岁了，到这个时候才承认他有资格在那些官方认可的画家中占据一席之地。"美术学院当然是保守主义艺术风格的坚定捍卫者。默森便是其中的典型代表，他擅长描绘神话、历史和宗教题材，画作饱含哀伤与悲壮之情，还有不必要的裸体形象——这些恰恰是 19 世纪六七十年代印象主义所抵制的。1911 年，有评论家欢呼："印象主义衰落了！"他对默森以及劳伦斯、博纳等院士大加歌颂，称赞他们捍卫了"古典传统艺术"，使其免受印象主义的侵蚀。

默森、博纳，以及其他美术学院的院士，比如费尔南·科尔蒙（Fernand Cormon），都强烈反对印象主义。1914 年，印象派画作从卡蒙多宫移至卢浮宫，《吉尔布拉斯报》就曾对博纳和科尔蒙的愤怒津津乐道："这将激发出博纳先生和科尔蒙先生灵魂深处多么狂暴的怒火啊！这简直就是打耳光。" 1869 年博纳是巴黎沙龙展的评委之一，那年莫奈送去参评的《海上渔船》和《鹊鸟》两幅画都落选了。莫奈后来表示："他憎恶我的画，但我对他的看法不以为然。"博纳的密友让 - 莱昂·杰罗姆（Jean-Léon Gérôme）也是著名的印象主义憎恶者。1900 年万国博览会期间，他曾经引领来访的外国政要匆匆离开印象主义画作的展厅（当时那里展出了莫奈的 14 幅作品），并说道："先生们，请尽快离开，这是法国艺术的耻辱。"这位杰罗姆当然也是美术学院的杰出院士，直到他 1904 年去世。

莫奈愿意成为美术学院院士吗？《大众报》在文章最后写道，如果莫奈拒绝，那将是"对法兰西学院挥出的一记重拳"。莫奈的好友马奈一直热衷于获得各种奖章，他曾经说过"在该死的人生里，一个人拥有多少武器装备都不为过"。然而，莫奈不是马奈，他蔑视一切官方授予的荣誉。让 - 皮埃尔表示，莫奈曾经拒绝了荣誉军团勋章，因为他认为这种勋章是用来表彰"听话的孩子"。克列孟梭也同样藐视权威，1918 年 11 月，他全票当选法兰西学院的另一个分支——法兰西科学院的院士；而他却说："给我 40 个蠢货，我就能组建一个法兰西科学院。"

在接下来的几个月，关于莫奈和美术学院院士席位空缺的各种小道消息在各大报纸上传得沸沸扬扬。一家报纸急切地探询："大师莫奈会进入法兰西学院吗？"尽管有传言说院士席位已经"给了"莫奈，但事实上，需要所有在任院士对候选人进行匿名投票才能最终确定新院士的人选。接替默森的候选人可不少，据《费加罗报》报道，有六位候选人获得了提名。如果报道属实，那莫奈可能会因为自己显然不是唯一候选人而感到不悦。总之，莫奈很快就发表声明表示自己无意成为院士。1920 年 12 月，莫奈一位没有透露姓名的朋友告诉《费加罗报》："他害怕人们会问他为什么要加入美术学院，他宁愿人们问他为什么不加入。"《费加罗报》就此评论道："如此高调地表达蔑视，算是对美术学院 40 年来的愚蠢狭隘、目光短浅、刻板僵化进行了酣畅淋漓地报复。"

莫奈可能也很享受报复所带来的快感。然而，此时此刻，他正需要国家支付巨额资金以实现其捐赠计划，如此怠慢国家机构，显得自己心胸狭窄、难弃前嫌，绝非明智之举。要不是"老虎"克列孟梭正在印度捕猎老虎，他应该会劝说莫奈接受院士的提名。

椭圆形展厅的设计进展得并不顺利。1920 年 11 月底，邦尼尔再次到访吉维尼，一同前往的还有保罗·莱昂和雷蒙德·克什兰。当天晚上，邦尼尔在日记中不无忧怨地写道："整个工程设计要推翻重来。"他很快做了另一份设计图稿。根据这份最新的设计，展厅用加强混凝土建造；外观是多边形，正立面是砖结构，刷成白色，给人一种"宏大简洁、安静自然"的感觉。经过入口处的铁门进入展厅。展厅内部是直径 25 米的"特殊形状……严格按照莫奈先生的规划进行设计"。室内安装玻璃顶棚，内衬一层透明的羊皮纸，这样可以稍微减弱阳光暴晒。

1920 年年底，邦尼尔的设计图纸提交公共建筑总理事会审议。

邦尼尔强调："我们的设计不会对毕洪酒店的建筑结构造成任何破坏。"遗憾的是，理事会的建筑师们考虑问题的思路并不一样。他们一致否决了这项设计，因为他们认为设计太过现代化，与毕洪酒店这座庄重古雅的 18 世纪建筑不相协调。邦尼尔的现代化设计遭到否决似乎也并不奇怪，因为毕洪酒店确实是历史建筑，而且战后颁布的一项新法令也影响了当时的艺术环境。这项关于建筑物重修或改建的法令规定，建筑师"必须尽最大努力确保保存建筑物的历史价值和考古价值，保护当地的自然景观、遗迹和名胜，这些都是法兰西民族艺术遗产和精神源泉的重要组成部分"。

邦尼尔连忙向莫奈保证理事会的决定是可以更改的。不过莫奈本来也并不喜欢这项设计，因为考虑到成本，邦尼尔所设计的"特殊形状"并非椭圆形，而是圆形。莫奈在写给莱昂的信中尖刻地表示："我对展厅的形状确实有点失望，它是规则的圆形，就像看马戏的地方。这样的展厅展览效果不会好。"后来他告诉莱昂，为了削减成本，他同意将展厅面积减小，只要是椭圆形就可以；但这意味着他捐赠的画作数量也不得不相应减少，从 12 幅减少到 10 幅或 8 幅。他给毕沙罗的儿子吕西安写信抱怨这次捐赠带来的麻烦已经超过了它的价值。

不过，至少《花园中的女人》的相关事宜有所推进。1921 年 2 月他表示这幅画作已经"发往巴黎"。这幅巨幅作品被从墙上取下，搬下楼梯，在莫奈本人仔细的监督之下装上了莱昂派来的汽车。他坦言这幅画离开的时候他非常难过，因为"它承载了我太多的回忆"。他在遇到 19 岁的卡米拉那年画了这幅画。卡米拉是其中三个人物的模特，画面前景里最显眼位置的那个女子就是她：穿着大摆长裙坐在草地上，腿上放着一束鲜花。几十年来，画中的卡米拉始终年轻、白皙、美丽，她撑着太阳伞遮挡多年以前的阳光，低头凝神注视，却看不到，也想不到吉维尼的日日夜夜。

如果说希奥内斯特修女是全法国唯一能够管得了克列孟梭的人，那克列孟梭则是全法国唯一能够管得了莫奈的人。所以，当 1921 年 3 月 21 日克列孟梭结束了 6 个月的远东之旅回到法国的时候，莱昂一定在办公室里长长地舒了一口气。莱昂后来回忆："莫奈上了年纪，又面临失明的威胁，心理脆弱，很容易灰心。每天我们都得阻止他踢踹自己的画作。他总是改变计划和尺寸，让我们陷入尴尬的境地，经常不得不请克列孟梭来最终拍板。"

克列孟梭的旅行充满了疯狂与赞誉。马来半岛的海峡殖民地总督劳伦斯·基里玛爵士（Sir Laurence Guillemard）写道："他走遍了所有地方，看遍了所有景致，跟所有人交谈。他的人格魅力令人无法抗拒；他的风趣幽默富有感染力；他的儒雅真诚征服了所有人，在两天之内他就成了新加坡的偶像。他从不知疲倦。每天早上都精神抖擞地下楼吃早餐。"应柔佛苏丹的邀请，他前往雨林捕猎老虎，但空手而归。不过在印度他的运气好了些。在印度大公的陪同之下，他头戴木隋太阳帽，系着蝶形领结，戴着他从不离手的灰色手套，进行了三天的狩猎探险。除去狩猎，他同样享受那些恬静安宁的时光。他在印度北方邦的瓦拉纳西（Varanasi）给莫奈写信说："就不要提我到瓦拉纳西享受最奇妙的日光浴了吧，因为我都不知道如何用语言来形容。"之前他向莫奈介绍过阳光照耀尼罗河的美丽景象，这次他也描绘了恒河奇妙的光影："黎明的阳光宛如一层薄雾，宽阔、清澈的河流及河边一大片白色宫殿的颜色逐渐由浓转淡。一切生灵都笼罩在河流和天空明澈而简洁的光辉之下。如果我是莫奈，在看到如此美景之前，我可不想死。"莫奈教会了克列孟梭敏锐地感知光线，特别是水面上的光线。正如他后来写给莫奈的信中所说的"我爱你是因为你就是你，因为你教会我看见了光，由此你丰富了我的生命。"

克列孟梭回到巴黎的时候，大家已经开始讨论为莫奈捐赠的巨型装饰画更换展馆地点。1921 年 3 月底，克列孟梭、莱昂、邦尼尔和吉弗鲁瓦（唯独没有莫奈，因为他还是不肯出家门）一起去考察了杜伊勒里宫最西面靠近协和广场的两座建筑。其中一座是德波姆比赛馆，建于 1861 年，最初用于德波姆（网球的前身）比赛，1909 年改为艺术馆；当时正在筹备名为"无与伦比的伦勃朗"的荷兰艺术展。另一座是橘园美术馆，是建于 1852 年的一栋绿色建筑。克列孟梭马上写信给莫奈告知他们的考察结果，德波姆比赛馆只有 11 米宽，可能不够大，而橘园美术馆则更宽些，超过 13 米；"我觉得够大了……改建费用会比德波姆比赛馆高，但保罗·莱昂也看中了这里。我建议你同意这个地点。"

一周之后，4 月 6 日，莫奈终于离开吉维尼动身前往巴黎，他已经四年多没有去巴黎了。他要去"亲眼看看"橘园美术馆。这座建筑没什么名气，莫奈可能都没有听说过。为了与凡尔赛宫里著名的橘园区别，它通常被称为杜伊勒里宫橘园，由拿破仑三世改建自一座 16 世纪的绿色建筑。亨利四世时期，酷爱橘子的皇帝建造了一座绿色温室用以保护橘树过冬。当时，一棵棵橘树出现在皇宫庄严的庭院里，成了巴黎春天里最为著名的景致。后来，橘树还会在这里过冬，但这个场地的用途不再仅限于此，用我们现在的话说，这里成了一个"多功能厅"。这里曾经是雕塑家让 - 巴蒂斯·卡尔波（Jean-Baptiste Carpeaux）的工作室，他是拿破仑三世儿子的老师；还曾经作为向学生颁奖的会场；1878 年夏天，这里还曾举办一系列慈善音乐会，为贝朗热（Béranger）街玩具店爆炸案受害者筹款。19 世纪 80 年代，这里的香槟酒吧闻名遐迩，客人可以俯瞰塞纳河；之后的几十年里，这里上演过轻歌剧，开过赌场，办过犬展、昆虫标本展、小麦及面粉展览。这里的地面既可以用来游行，也可以作为露天游乐场，还可以当田径运动场（地上有跑道）；1898 年曾举办过汽车展览。1913 年这里险些被拆除。"一战"期间，慈善组织"阿尔及利亚"在这里为来自北非的伤兵制作蒸粗麦粉面点、烤肉等阿尔及利亚食物。

莫奈到巴黎的前两天，一家报纸报道保罗·莱昂负责的部门已经开始设想"移走橘园里的橘树准备展出莫奈的巨型装饰画"。然而，事态的发展并非如此简单、顺利。莫奈在巴黎的短暂逗留非常愉快，他度过了"充实而快乐的一天"，与克列孟梭共进午餐，并参观了卢浮宫。但可以想见，他对捐赠计划发生变更非常焦虑。4月中旬，他写了一封长信向莱昂表示，他希望签署一份正式的捐赠协议（直到此时，还没有任何相关的官方文件或法律文书）。他指出，已经过去 7 个月了，"官方有必要进行正式的认可，以确保后续工作能够迅速推进。如果橘园场地还需要进行大量准备工作，要等上一年半载才能开始装饰画作，那谁知道到时候又会发生什么？"因此，他要求加快进度，"然后我才会同意签署捐赠协议"；他还表示，如果在他死前展馆还没有准备好，那捐赠协议将无效。

到了 4 月底，经过进一步的考虑，莫奈对橘园更加不满了。他写信给乔治·杜兰德-鲁埃尔表示，捐赠计划进行得不顺利，"我非常烦恼"。这个新地点与邦尼尔设计的展馆大不相同，他不得不重新考虑捐赠的巨型装饰画数量及其相互关系，最重要的是，怎样才能达到最好的展示效果。这一切都让他很快就认定这个地方不合适。根据克列孟梭所说，橘园美术馆宽约 13 米，但比为毕洪酒店设计的展厅要长得多，长度超过 40 米。这就需要对莫奈捐赠的巨型装饰画进行调整，以适应新的展馆空间。

在莫奈看来，橘园有三个明显的缺陷。首先，顶棚比原先为毕洪酒店设计的展厅要低，这样就无法装饰紫藤画作了。再者，墙壁不是弧形的，那样他的巨幅画作就只能装饰在"完全平直的墙面上"，而不是他一直坚持的"弧形墙面"。最后，宽度太窄了，只有原先毕洪酒店展厅设计宽度的一半，这就意味着观者无法站在较远处欣赏画作。

因此，莫奈做出了一个重大的决定。1921 年 4 月 25 日，他写信给保罗·莱昂指出，他捐赠画作的前提条件之一是他对展厅满意；而橘园狭长的长方形展厅并不适合展出他的巨型装饰画。他写道："您可能已经想到了，我慎重地考虑了橘园的情况，很遗憾，我恐怕不得不取消我向国家的捐赠计划。"

莫奈可能只是虚张声势，威胁取消捐赠以迫使政府做出重大让步。莱昂似乎并未将这封信放在心上，也可能是他实在公务繁忙；又或者是他在等待莫奈自己冷静下来，或是等待克列孟梭来做决断；总之，他没有回复莫奈的这封信。不过，几个月之后，莫奈手里的筹码更多了，因为又一位希望购买巨型装饰画的人造访吉维尼。

第 16 章

最狂热的仰慕者

1921 年 6 月 1 日，巴黎迎来一位贵客：20 岁的日本皇太子裕仁。这位年轻人受到了盛情接待，马不停蹄地游览了巴黎所有的名胜古迹。他受邀参观了卢浮宫、凡尔赛宫，出席了法日协会在尚蒂伊（Chantilly）举行的午宴。他在珑骧赛马场的总统包厢观看了赛马，还去了巴黎周边的一些城市，如贡比涅（Compiègne）和皮耶枫（Pierrefonds），视察了凡尔登战场，在枫丹白露（Fontainebleau）与克列孟梭和普恩加莱共进晚餐。尽管日程安排十分紧张，皇太子殿下还是花了一个小时登上埃菲尔铁塔俯瞰巴黎风光。

裕仁皇太子并没有受邀参观法国另一处最难得一见、最受人追捧的景观——莫奈的花园。但在日本皇太子访问法国期间，克列孟梭将另外两位特殊的日本客人带到了吉维尼：桑吉黑木男爵❶和他的妻子竹子。过去的两年里，这对夫妇一直旅居法国，住在爱德华七

❶ 古代日本的爵位是与官职挂钩的，明治维新后效仿西方"公、侯、伯、子、男"的爵位级别划分。"二战"后日本取消了爵位的继承和分封。（译注）

莫奈，
和他痴迷的睡莲

世酒店的高级套房里。桑吉男爵是日本一位著名海军将领的儿子，当年随日本代表团参与巴黎和会时结识了克列孟梭。克列孟梭收藏了大量日本艺术品，他还专门聘请了一位日本园丁照管自己公寓楼梯上的那株日本盆栽，这一切都足以证明他对日本文化的钟爱。

从左至右：桑吉竹子、莫奈、丽莉·巴特勒、布兰切、克列孟梭，拍摄于 1921 年

桑吉夫妇几个月前就曾到访过吉维尼，以 4.5 万法郎的高价购买了 1907 年水景系列画中的一幅。1921 年不断有日本艺术家和收藏家前往吉维尼，并受到欢迎。日本夫人们穿着的和服令莫奈心情愉悦。而只要一有机会，克列孟梭就会驱车载着日本朋友从巴黎赶赴吉维尼。于是，在 6 月，克列孟梭的劳斯莱斯专车［希

腊裔银行家巴西尔·扎哈洛夫（Basil Zaharoff）借给他的］载着最重要的日本客人来到了吉维尼，他就是松方幸次郎。

据一家法国报纸报道，松方幸次郎是日本"赫赫有名的大人物"。他是桑吉竹子的叔叔，日本前首相的儿子，也与天皇私交甚密。《自由人报》称他是克列孟梭的"好朋友"，每次到法国一定会拜访"老虎"。56岁的松方幸次郎温文尔雅，身穿尖领外套，佩戴怀表，嘴里一直叼着雪茄，他形容自己是一个"行业的船长"。作为川崎造船厂的厂长，他拥有巨额财富。"一战"结束后这几年，他几乎一跃成为全世界最重要的艺术赞助人。正是因为他在英国购买了巨型起重机，并拆卸后运回日本重新组装，川崎船厂才能造出巨型战舰。在"一战"期间，他把战舰卖给协约国，赚了大钱；同时，他对西方艺术的兴趣也油然而生。一天，他在英国一家画廊的橱窗里看到了一幅描绘起重机和造船厂的画。这幅画出自弗兰克·布朗维（Frank Brangwyn）爵士之手，两人很快就成了互相信赖的朋友。令人难以理解的是，松方幸次郎对西方艺术的兴趣从此便一发不可收拾。1916年他到访巴黎，在卢森堡宫馆长贝内迪特的建议之下，他找到保罗·杜兰德－鲁埃尔向其购买大量现代艺术画。他解释说："我不懂艺术，但我认为欣赏大师的佳作是提高员工素质的好方法。"

松方幸次郎购买的画作很快就达到几百幅，他计划将它们运回日本，在一个能遥望富士山的地方，按照布朗维的设计图纸建造一座现代西方艺术博物馆。这些画暂时存放在毕洪酒店里几间未向公众开放的展厅里，由贝内迪特照管。松方幸次郎打算将新建的博物馆命名为"极乐艺术馆"。这样的博物馆当然不能没有莫奈的作品。于是，1921年，松方幸次郎在克列孟梭的陪同下造访吉维尼。一开始莫奈建议他去杜兰德 - 鲁埃尔画廊和伯恩海姆 - 尤恩画廊采购，能看到比他自己画室里更多的画作。但松方没有听取这个建议，不难理解，他并不想错过参观吉维尼的愉快旅程；而且，克列孟梭一定跟他提起过巨型装饰画，这引起了他的好奇心。

日本收藏家松方幸次郎

所有对莫奈作品感兴趣的日本人都是受欢迎的，双方相谈甚欢。莫奈和克列孟梭一样，多年以来一直是日本文化艺术的爱好者。1871年莫奈旅居荷兰时，在那个"神奇的日子"（米尔博这样形容）里，他走进赞丹市（Zaandam）的一家杂货店买东西，发现柜台后面的胖老板正在用一张日本木刻版画把他要的胡椒和咖啡包起来。怀着"无限的景仰"，莫奈买下了剩余的所有"包装纸"，它们是跟随一艘运输香料的轮船从远东来到欧洲的。据说，其中就有喜多川歌麿和葛饰北斋的作品。

这个故事可能是虚构的，但莫奈对日本艺术的由衷热爱绝对是事实。他尤其喜欢喜多川歌麿、葛饰北斋和安藤广重的版画作品，他称安藤广重为"日本的印象派画家"。 1909 年曾有记者报道，莫奈在采访中说："如果你非要坚持认为我受到了其他画家的影响，那么也应该是日本古代画家。"他指的大概就是葛饰北斋及其他 19 世纪上半叶的日本画家。1921 年，桑吉和松方到访吉维尼前后，莫奈向另一位记者表示："能够得到日本人的认同我非常荣幸，他们才是深刻理解和表现大自然的行家。"

这段话其实跟其他任何艺术家谈论"大自然"的表述一样，没什么意义。那么，莫奈是否真的崇拜甚至模仿过日本艺术呢？他曾经告诉特雷维索公爵，西方艺术家所看重的是日本艺术作品中"对物体轮廓线条的大胆勾勒"。对于梵·高或布朗维等西方画家来说，情况或许如此，但莫奈的画作中却根本看不到"对线条的大胆勾勒"。莫奈在赞丹杂货店里的惊艳之感和"无限景仰"，恐怕更多的是因为葛饰北斋和其他同时代的日本画家描绘了日本人在平凡而美丽的环境中生活的场景：河边、桥上、熙熙攘攘的街道、当地的节日庆典，还有茶馆和繁花盛开的湖畔花园。这些正是印象派画家最钟爱的题材。这类法国风光频繁地出现在 19 世纪初的法国印象派画作中。莫奈收藏的喜多川歌麿、葛饰北斋和安藤广重的日本版画作品被称为"浮世绘"。这个所谓的"浮世"充斥着歌舞伎表演场所、合法的妓院，居住着演员、娼妓和新兴的资产阶级；与"黄金时代"的巴黎并无本质的区别。

在日本浮世绘的影响之下，莫奈和他的朋友们开始在法国发掘类似的平凡美景：街道、河岸、女人的服饰、帆船、桥梁、戏院及歌剧院。安藤广重 1850 年创作的《一百处著名水景》中，就有垂至水面的柳条、湖畔初吐芬芳的鸢尾花，以及装点日式拱桥的樱花。其中很多素材及其构图方式成了莫奈的第二个"大自然"。

莫奈还从日本版画中吸取了一种画法，除了塞尚之外，其他法国印象派画家都没有采用此种方法。日本画家经常就同一个素材创作系列画。比如，葛饰北斋和安藤广重都分别画过《富士山三十六景》，反映这座圣山在不同角度、不同距离、不同天气、不同季节，乃至同一天不同时段的景色，画面前景则不断变换。其中最为著名的一幅是安藤广重的《神奈川的巨浪》，画中富士山在远处，近景则是可怕的海啸。这些反复描绘同一素材不同瞬间的日本系列风景版画，无疑对莫奈的《麦垛》系列画产生了影响，并开启了他长达数十年的系列画创作实践。它们也影响了塞尚，他创作《圣维多利亚山三十六景》绝非出于巧合。

在法国，像莫奈一样效仿日本风格建造花园的人也为数不少。1878 年万国博览会上日本馆里充满异国情调的植物和花卉在法国引发了一股园艺热潮，并持续了相当长的时间。11 年后，1889 年，羽田和介设计的日式花园出现在特罗卡代罗广场，花园里遍布盆栽树木和盆景柏树。在那之前，旅行家兼摄影家乌格斯·考夫特（Hugues Krafft）已经在凡尔赛附近设计建造了一座名为"嫩绿山丘"的日式花园，面积达 12 公顷，还包括一个由日本请来的木匠修建的亭子。羽田和介因特罗卡代罗广场的花园而名声大噪之后，考夫特聘请他来照管"嫩绿山丘"。羽田和介还曾经为米尔博的朋友、贵族公子罗伯特·德·孟德斯鸠（Robert de Montesquiou）位于富兰克林大街上的公寓设计了一个迷你日式花园。几年之后克列孟梭搬进了这套公寓，他和孟德斯鸠一样，钟爱日本的一切。

羽田和介还为爱德蒙·德·罗斯柴尔德（Edmond de Rothschild）位于巴黎郊外布洛涅 - 比扬古（Boulogne-Billancourt）的城堡建造了花园。1913 年，为了帮助莫奈摆脱因为爱丽丝去世和自己查出白内障而导致的长期消沉，克列孟梭陪同他参观了这座以宝塔和茶室闻名的花园。后来罗斯柴尔德夫人写信给克列孟梭表示："我们非常高兴莫奈先生在布洛涅度过了愉快的时光。如果他神奇的画笔能够捕捉我家日式花园的某个角落并允许我们一睹为快，我们将深感荣幸。"

然而，莫奈的画笔只有兴趣捕捉自家花园的景致。他曾经否认自己尝试在吉维尼建造一个日式花园。乍听起来，这像是他任性而为的矢口否认。毕竟，他的花园里种植了竹子、日本苹果、樱花、日本芍药，很多植物都是他的日本朋友赠送的。池塘一角优雅的日式拱桥，和安藤广重版画中的日本桥几乎一模一样。但是，他的花园并没有传统日本花园的典型特征：石子路、瀑布、盆栽树、宝塔、佛像、平整的沙地。而且，他的日式拱桥刷成了绿色，而传统的日本拱桥通常是深红色（比如"嫩绿山丘"的桥）。与他的一些朋友相比，莫奈对日本花园的兴趣微乎其微，他更喜欢的是自己收藏的日本版画里出现的池塘、小桥、摇曳的柳条。还有一个令人愉快的巧合，1893 年他买下土地准备修建"睡莲王国"的五天前，他去杜兰德 - 鲁埃尔画廊参观了喜多川歌麿和安藤广重的日本版画展，欣赏了 300 多幅刻画竹林、拱桥、樱花和垂柳的版画作品。

1921 年松方幸次郎到访吉维尼，他认为莫奈是一位"可爱的绅士"。他想要让他的"极乐艺术馆"收藏最优秀的现代艺术绘画作品，而克列孟梭也向莫奈介绍他是"你最狂热的仰慕者之一"。按照惯例，他在莫奈家享用了午餐，然后参观了画室。最终，松方购买了大量莫奈画作，大约 15 幅。克列孟梭告诉莫奈："给他看你最好的画，因为他是我的朋友，给他个优惠的价格。"但松方却声明他不愿接受任何特殊照顾："尽管开出高价。我对朋友一向慷慨，而且如果我通过朋友谋利会脸红的。"于是莫奈向他展示了一些最好的作品，他"从中选择了一部分，然后递给画家一张一百万法郎的支票"。

《自由人报》报道了这笔巨额交易，另一个可靠的消息来源——伯恩海姆 - 尤恩画廊发布的《艺术品公告》也刊登了这个数字。松方买下的画作包括《麦垛》《白杨》《伦敦风光》《贝勒岛悬崖》系列各几幅，涵盖莫奈不同时期不同系列的作品。如果一百万法郎这个数字没错的话，松方支付的价格约为 7 万法郎每幅。1922 年初，松方又去美国采购艺术品，《纽约论坛先驱报》惊愕地报道这位"神秘的日本人"支付"超高的价格"买下各种各样的艺术品。布朗维的一位助手怀疑松方受到了许多贪婪商人的蒙骗。但是，如果一百万法郎的数字是可信的，那么说明他确实向莫奈支付了高于市场价的款项。

松方在吉维尼似乎还看中了另一样东西。1921 年 6 月中旬，莫奈写信给阿尔塞纳·亚历山大说："有人非常认真地提出要买巨型装饰画的主要部分。"在莫奈的画室看到巨型装饰画之后，松方表示有意购买至少其中的几幅。莫奈之前拒绝了朱白洛和瑞尔森的购买意向，但到了 1921 年夏天，他向国家捐赠巨型装饰画的计划屡遭挫折，他开始考虑同意松方的提议。橘园美术馆的大门似乎即将关上，而极乐艺术馆的大门正缓缓开启，吸引了莫奈的目光。

松方得以买到了莫奈巨型装饰画中的一幅：4.25 米宽的《睡莲池塘：垂柳倒影》。松方自豪地告诉记者，他在吉维尼购买的莫奈画作中有一幅"长达 14 英尺……画的是他的花园景观。多少钱？我不记得了。"如果松方总共支付一百万法郎的说法真实，那么，这幅画应该也包含于其中。对于松方的支票簿来说，没有什么价格是支付不起的。不过，比起花费一百万法郎购买莫奈的画作，他做到了另一件更加难以实现的事情：将莫奈的一幅巨型装饰画从画室里搬走了。

尽管 4 月份莫奈写信给莱昂声称要取消捐赠计划，但他还是通过艺术评论家阿尔塞纳·亚历山大重新与政府接洽。亚历山大刚刚成为法国博物馆总巡查员，而且正在撰写莫奈传记。他向亚历山大坦言，无法履行将巨型装饰画捐赠给国家的承诺令他"非常痛苦"，国家花费 20 万法郎购买他的画作《花园中的女人》也让他"极其尴尬"。他怎么可能在收了国家的 20 万支票之后又拒绝向国家捐赠巨型装饰画呢？

因此，他告诉亚历山大："如果美术部能够将橘园加宽三到四米，我还是愿意捐赠，而且捐赠的画作将足够装饰两间展厅。我想这是我可以承诺的最优条件了，如果可以得到满足的话，我会非常高兴。"然而这个提议也没有得到莱昂的回复。心烦意乱了两个星期之后，莫奈再次给亚历山大写信，询问："你是否把我的信转交给了保罗·莱昂？他有没有说可以加宽橘园？"

直到1921年6月，依然杳无回音。或许是彻底放弃希望了，莫奈抛开了这些烦恼，重新开始平静地描绘他的花园。这一年春天，莫奈的视力退化更加严重了，他在5月写道："我可怜的视力，我觉得它每天都在退化，几乎一小时比一小时差。"不过，也许是因为松方幸次郎的大额购买，到6月底，莫奈的视力和心情似乎都有所好转，接下来的几个月他都在"以极大的热情高效地工作"。秋天即将到来的时候，他对自己的工作进度非常满意，开始筹划去海边旅行：不是去他热爱的诺曼底，而是去偏远的旺代省海滨，去看望克列孟梭。"老虎"克列孟梭得知莫奈终于接受了他的邀请，惊喜交加地感叹："什么？！莫奈终于要出门了！这简直就是古老的梅罗文加王朝金币突然从某个隐蔽的角落里冒出来，重重地压在我们这个时代的一叠假钞上面。哈利路亚！致以最崇高的敬意！"

如果说1920年是为莫奈庆祝的一年，那么，接下来的1921年就是属于"老虎"的——9月28日是克列孟梭80岁生日。陪同松方幸次郎前往吉维尼之后，克列孟梭又赶赴英国，接受牛津大学的荣誉学位。牛津大学发言人"慷慨激昂"地宣布，不会有哪个名字如"克列孟梭"一般将被历史永远铭记。之后他又去了一趟科西嘉岛（Corsica），然后才回到他在圣文森市租下的海边农舍。附近就是他童年生活的桑特埃尔米纳（Sainte-Hermine）村，村子里建了一尊他的塑像，将于 10 月 2 日揭幕。两周前他写信给莫奈说："我想，揭幕仪式一定会很棒，就像我们小时候那样，有美妙的舞会和烟花。我们可以在屋外吃饭，可以睡在林间或沟里。就看你想不想来。我的车可以去接你。"莫奈不想参加这些庆祝活动，但同意在揭幕仪式之后那一周过来，到时候应该会清静很多了。

桑特埃尔米纳为克列孟梭举行了盛大的庆祝活动。这个小村庄仅有的两条街上旗帜招展，所有房屋都刷成了红、白、蓝三色。人们乘坐火车、汽车、卡车、马车或自行车从乡村的各处赶来。据一家报纸报道，人群的密集程度甚至超过了巴黎的繁华大道。一支乡村乐队奏响《马赛曲》，塑像随之揭幕。那是一尊巨大的石像，表现的是大战期间克列孟梭视察前线的场景：他站在壕沟的胸墙前，目光坚毅地注视着前方；他的脚边有六位士兵。对于当天在场的很多人来说，真实的克列孟梭比坚硬的石像更加令人印象深刻。在即兴演讲中，他高呼："胜利属于法国！胜利属于文明！胜利属于人民！"媒体报道称，这位"伟大的老人"鹤发童颜，比以往任何时候都显得更加年轻。《小巴黎人报》则表示："他看上去被晒黑了，海风和烈日造就了他一身古铜色的皮肤。"

克列孟梭在旺代省的生活一定十分惬意。几天之前他写信给莫奈说："瞧瞧我，双手的湿疹如灼烧一样疼，肩膀也不听使唤了。但是，只要海水涌到我的脚边，我就忘记了一切病痛。如果你想在这里作画，我一点也不会觉得奇怪。这里天空湛蓝，海水碧绿。"克列孟梭的房子离大西洋只有 40 码，他将海边的一片沙地改造成了花园。他对莫奈说，这个小花园是"我的土地、我的天空、我的鸟舍、我的乐园"。

克列孟梭曾经向一位客人解释，为什么将自己的这所海边农舍命名为比利芭（Belébat），这是古代法语，意思是"美好、欢乐"，指愉快地享受。他也为莫奈安排了愉快地享受。塑像揭幕仪式两天之后，司机开着克列孟梭的劳斯莱斯专车接来了莫奈，还有布兰切和米歇尔。克列孟梭之前向莫奈表示："我这里有两间小屋可以让你和布兰切住，蓝色天使还是有地方伸展翅膀的。

克列孟梭在比利芭的小花园里

你儿子住在我家旁边一座更好的房子里，有一辆车，还有一个临时车库。"

克列孟梭满心欢喜地融入了他的避暑和度假胜地。他雇用了一位年老的厨师克罗盖德（Clothilde）和一个男佣皮埃尔，他们称他为"总理先生"。他养了一头名叫"莱昂尼"的驴，住在房屋一端的马厩里。他还有一条小狗"比夫"，当它惊扰到客人的时候，他总是说这家伙的"脑子只有沙丁鱼那么大"；小狗狂吠的时候，他总是用美式英语大声呵斥："闭嘴！"克罗盖德做饭的厨房里有石板地面，白色的墙壁和裸露的房梁。屋外摆着一把乡村风格的长椅，克列孟梭吃完饭后经常坐在这张长椅上，凝望他那小巧简朴的花园和远处浩瀚无垠的人海。住在这里的时候，他还会使用气象监测仪器：在旗杆顶端绑上一个鲤鱼形的风向袋（风向袋是几个月前日本驻法大使送给他的）。

园艺、绘画、美食——克列孟梭借助莫奈的这三大爱好终于将他诱惑到了比利芭。在他逗留的八天里，这三大爱好无疑都得到了充分的满足。八年前在吉特里的豪华别墅里发生的事情，如今又在克列孟梭的海边农舍重演了：莫奈对克列孟梭的沙丘小花园提出了很多建议，还赠送了一些植物。其中有一种被克列孟梭称为"蓝碗"的植物，它的蓝色花朵总是让他想起布兰切蓝色的眼睛。（这是克列孟梭经常提起布兰切蓝色眼睛的原因；另外，因为她对自己脾气暴躁的继父充满了耐心，克列孟梭称她为"蓝色天使"。）这是一种蓟草，是能够在克列孟梭的海滨花园里过冬的为数不多的植物之一，经受得住狂暴且高盐的大西洋飓风。莫奈还送给克列孟梭一些玫瑰、紫芥菜、黄水仙和剑兰花。

"值得入画的美景在等着你"，克列孟梭之前向莫奈保证。莫奈也确实在这里作画了，但并非克列孟梭所期望的海景画，而是一幅描绘老朋友的海边农舍的水彩画，自己留作纪念。莫奈偶尔会画水彩画，除了这一幅，还有一幅多年以前创作的阿尔及利亚风景画，另外还有两幅睡莲画。

由于克罗盖德的高超厨艺，这里的食物足以与吉维尼的媲美。在莫奈到来前几天，一位客人享用了沙丁鱼和炖羊肉。莫奈品尝的可能是一年前克列孟梭就跟他提过的卷心菜汤。不过克罗盖德的拿手好菜是苏比斯鸡肉。这道菜以苏比斯大公的名字命名，他是 17 世纪一位生于旺代省的元帅。做这道菜需要耗费 48 个小时，将烤过的鸡肉切碎，放入稠厚的洋葱调味汁中熬制。克列孟梭曾经宣称："我比元帅本人更爱这调味汁。"

克列孟梭最热衷的另一项活动，是花上 90 分钟到莱萨布勒多洛讷（Les Sables-d'Olonne）的集市采购物资。他从一位叫玛蒂尔德（Mathilde）的老板娘那里买虾，喜笑颜开地看着她收了自己两倍的钱。10 月到访的另一位客人描述了克列孟梭和"身材肥硕、笑容灿烂"的玛蒂尔德的打情骂俏：玛蒂尔德劝说克列孟梭多买点，而"他回答说除了她本人，他什么也不要了。她则回答说自己太重了，没法被搬走。他指了指在旁边等候的大汽车，说自己喜欢沉甸甸的女人。"在集市上，克列孟梭还买梨子、梅干、蛋糕和报纸。只要他一出现在集市上，人们就会高呼："'老虎'来了！"在一家糕点店，一个头上扎着蝴蝶结的小姑娘感谢他允许自己帮他把东西送上汽车，这让她感到非常荣幸。

完成采购之后沿着漫长的公路回家，克列孟梭总是催促他的司机——忠诚的阿尔贝开快点。（七年后，也是阿尔贝开车，也是从集市回家的路上，克列孟梭的劳斯莱斯意外撞死了一名妇女；但克列孟梭坚称当时汽车并没有超速。）房前的风向袋在旗杆顶端随风飘动，簌簌作响。可以想象这样的场景：黄昏时分，夕阳笼罩海面，克列孟梭和客人们凝神静听阵阵松涛和海浪拍打岸滩的声音，遥望八英里以外吉伦特（Gironde）河口上巨大的灯塔发出的闪烁灯光。克列孟梭写信给莫奈说："你在这里待的八天里，每天太阳都会落下，但我们的友谊永远不落。"

八轮海上日落之后，莫奈回到了吉维尼。莫奈才刚离开，克列孟梭就给他写信，讲述了他对大海的观察和思考。"哲学教导我们，最美妙的快乐总是转瞬即逝。你的到访如此短暂，因而也格外珍贵。像你这种习惯缩在壳里的老乌龟，能够来我这儿真是值得大加赞扬……而我，还会继续像陀螺一样不断旋转，因为天堂里那些淘气鬼每个人都要轮流抽打一下陀螺。"

莫奈探访克列孟梭期间，他们一定谈论过莫奈捐赠巨型装饰画的事情。到 10 月底，问题还是没有解决，于是莫奈写信给克列孟梭重申了他的条件。只要政府能够"进行他认为必要的改造"，他可以接受橘园作为展馆。6 月份他曾经向亚历山大表示，他准备增加捐赠画作的数量；这次他告诉克列孟梭，他向国家捐赠的画作数量将从 12 幅增加到 18 幅。他在信中附上了一份计划：将橘园分隔成两个独立的椭圆形展厅。他重申："只要政府接受这个建议并进行必要的改造，事情就解决了。"

克列孟梭 10 月 22 日返回巴黎，开始进行斡旋。他在 11 月初约见了保罗·莱昂，然后高兴地通知莫奈："一切都按照你的意见开始推进了。"他安排莱昂和邦尼尔于一周后造访吉维尼，最终敲定了相关事宜。他们离开后第二天，莫奈就特意写信提醒莱昂，他将捐赠 18 幅巨型装饰画，组成 8 个主题，用来"装饰两间椭圆形的展厅"。如今已经万事俱备，只欠邦尼尔的新展馆设计图，以及一份正式的捐赠协议，以体现官方的认可并对双方产生法律效力。

此时，莫奈的捐赠计划再一次进展到了与去年相同的阶段：画作和地点都已经选定了，就等着邦尼尔设计展厅了。可以预见，还是会出现与去年相同的问题。没过几周，莫奈就写信向克列孟梭抱怨邦尼尔设计的橘园展厅不合适，因为建筑师依然像去年那样希望节约成本。克列孟梭不得不再次介入。12 月中旬，与莱昂会面之后，克列孟梭向莫奈保证："他会完全按照你的意思去办……再也不会出现问题了。"这次会谈的结果是，邦尼尔不再参与，换了一位新设计师：45 岁的卡米耶·列斐伏尔（Camille Lefèvre），卢浮宫和杜伊勒里宫的首席建筑师。唯一遗留的问题是，似乎没有任何人将此事通知邦尼尔，因此当莫奈收到邦尼尔再次修改后的设计图稿时大吃一惊。他向莱昂抱怨："我都不知道该如何给他回信。"

邦尼尔应该会因为退出此事而大松一口气。才过几周，列斐伏尔也发现自己的设计遇到了难以解决的问题，最主要的就是如何保证充足的采光，因为建筑结构的原因，橘园的顶梁不能被拆除或改造。莫奈再次向克列孟梭抱怨，而此时，克列孟梭已经受够了大画家和耐心十足的建筑师们之间无休止的争执。1922 年 1 月初，他给莫奈写了一封坦白直率又不容辩驳的信，表示"问题必须解决了"。

列斐伏尔在接下来的一两个月里准备了三份不同的设计图稿，都是椭圆形的展厅，这是克列孟梭跟莱昂多次磋商之后才最终在捐赠协议中列明的。与此同时，莫奈给克列孟梭发了一份加急电报，上面直白地说"臀部疼"。莫奈的心情又变得阴郁。在看到他的脾气给布兰切造成的困扰之后，他非常罕见地自我反省，向克列孟梭承认："我是多么招人烦啊。"

莱昂和两位建筑师一定会赞同这样的评价。不管怎样，到 1922 年春天，事情终于接近尾声了。3 月，莫奈告诉莱昂他准备将捐赠画作数量增加到 22 幅，组成 12 个主题，不过他特别注明作品主题可以"等到安装的时候再确定"。也就是说，画作的数量取决于展厅的空间，可以灵活调整。正式的捐赠协议也已经准备好了，计划 4 月初签署。即便如此，莫奈还是抱怨莱昂和他的法律顾问办事"拖拖拉拉"，还不到吉维尼来。拖拉了多日之后，4月22日，在弗农县政府办公室里，莫奈的律师、莫奈、莱昂在捐赠协议上签了名。莫奈必须在两年之内，也就是1924年4月之前，将19幅（不是22幅）巨型装饰画捐赠给"克劳德·莫奈纪念馆"。

根据协议，莫奈捐赠的19幅巨型装饰画将组成8个主题，装饰在橘园美术馆两个椭圆形展厅的弧形墙面上。之前计划装饰在毕洪酒店的画作中，有3个主题得以保留，它们分别是《云影》《绿色倒影》《三株柳树》，但是由三幅画组成的《睡莲》主题以及上方的紫藤装饰画被取消了。另外又增加了几幅新画。新增的单幅巨作（6米宽）《日落》，以及另一个新增主题《清晨》（由3幅画组成），将和《云影》《绿色倒影》一起安装在第一间展厅。第二间展厅大门对面的墙上将安装总长17米的《三株柳树》（由4幅画组成），《树影》（由2幅画组成）将安装在大门所在的那面墙上，另外两面墙的巨型装饰画主题也都是《清晨》，分别由两幅6米宽的画作组成。

与18个月之前达成的口头承诺相比，最终捐赠的画作数量大大增加了，总长83.5米，将近274英尺。1922年春天，这些画作应该都基本完成了，尤其是最大的《三株柳树》主题，其实在五年前就已经完成了，有1917年11月摄影师在莫奈画室拍摄的照片为证。

莫奈为他的捐赠规定了一连串"不容违背的条款"。他指出，他的画作是捐赠给"莫奈纪念馆"，一旦安装，这些画作就再也不能被移走，而且橘园的这两间展厅也不能再展出其他展品。因为不想让自己的画作像那些古代大师作品一样泛黄，他还规定他的画作永远不能上油漆。出于不祥的预感，他还注明因为视力问题，他可能无法保证画作的美感。

克列孟梭听到捐赠协议签署的消息十分高兴，此事洽谈过程中的种种麻烦和枝节一定让他回忆起巴黎和会上令人不快的谈判经历。就在捐赠协议签订的前夜，他从比利芭给莫奈写了一封长信，对他大加鼓励："你很清楚，你的画笔和大脑已经突破了一切极限。如果不是因为永远追求无法实现的目标，你也不会画出那么多优秀的作品……你会奋斗到生命的最后一刻，从而创作出最美丽的作品。"他以一句鼓舞人心的话语结尾："画吧，坚持画下去！直到画布撕裂。"

事实上，1922年春天，已经不需要莫奈再画什么了。绝大部分巨型装饰画都已经完成了，可能除了《日落》主题。他应该可以心满意足地放松休息了，他终于如愿以偿，为他的这些"大画"在巴黎最核心的地方找到了归宿。然而，真正的问题其实才刚刚开始。

第 17 章

闪闪发光的深渊

1922 年 6 月 25 日，星期日，莫奈在吉维尼与克列孟梭共进午餐之后，坐下来给吉弗鲁瓦写信："不用说你也能明白，你的书令我多么兴奋！我都顾不上表示谦虚了，你对我的画和我本人的赞誉让我深深地感动……我从心底感激你……再次对书中所有的溢美之词致以敬意和感谢。"

这本书是吉弗鲁瓦刚刚出版的《克劳德·莫奈：他的生活、他的时代、他的作品》。《费加罗报》称此书为"划时代的巨著、具有权威性和重要意义的传记"。莫奈确实应该感谢他的朋友所做的一切。吉弗鲁瓦希望通过此书大力宣传莫奈及印象主义。他用心良苦地驳斥了后印象派画家及其追随者对莫奈的批评，他们认为莫奈的画作并未抓住事物的内在本质（野兽派和立体派则宣称他们的作品反映了事物的本质），而只是流于表面。他反复说明，莫奈的作品恰恰体现了大自然相生相克的短暂与永恒、宏观与微观、光鲜亮丽的外在表面与神秘莫测的内核深处。

全书无数次提及"万事万物的复杂性",涉及未解的奥秘、彼此的共性、已知的真相、永恒的存在，以及"无尽的梦想"（全书最后一行）。

吉弗鲁瓦渴望证明莫奈的画作并不只是好看而已，不仅仅是打着阳伞散步的时尚女子，或艳阳之下流光溢彩的塞纳河。为了强有力地反驳那些认为莫奈的画只不过是阴影、水波和倒影的人，他写道：恰恰相反，莫奈总是在那些"无时无刻不在同时上演着转瞬即逝与永恒不灭"的地方写生。对于那些"印象主义不过就是在河边或阳光明媚的下午支起画架，在画布上涂抹鲜艳色彩的休闲娱乐"的说法，吉弗鲁瓦则追忆莫奈备受折磨却痴心不改的画家生涯，为了追求他对形状与色彩的梦想，他"几乎自我毁灭"。这一切对于莫奈最亲密的朋友们来说，都再熟悉不过了。

吉弗鲁瓦并非是第一个尝试探寻莫奈作品所蕴藏的深刻意义的人。早在 1891 年，米尔博就写道，莫奈的画并不只是"反映自然，"而是揭示了"地球上一些未被人们察觉的现象，以及一些超越我们的感官和思想的形态。"一年之后，卡米耶·穆克莱（Camille Mauclair）热情洋溢地称赞莫奈的画作"散发着梦幻般的神奇气息……带来的视觉感受让人心醉神迷、如痴如狂。他的画通过一种看似虚幻、令人炫目的方式揭示了未知的自然，并上升为一种象征符号。"他认为，莫奈抛开了"表面的所谓哲理"，只求体现"大自然不断变化的外表之下内在的永恒"。

根据这些观点，莫奈是一位痛苦挣扎的天才，拥有深厚的知识素养和高尚的精神境界。他的画笔不仅仅捕捉闪耀的外表，更是在探寻深不可测的生命奥秘。吉弗鲁瓦做出这一论断的证据是三十年前米尔博和穆克莱赞扬莫奈时都没有看到的：莫奈在他的睡莲池旁创作的水景画。吉弗鲁瓦认为，这些水景画都是"对生命的无尽梦想"的组成部分，莫奈"表达了，并且反复不断地表达他在睡莲池旁的所见所感，这个浑浊得看不清水底却又'闪闪发光的深渊'每时每刻都激起他新的疯狂想象。"

米尔博、吉弗鲁瓦、克列孟梭都十分熟悉莫奈的喜怒无常和疯狂执着。然而，这些关于"备受折磨、自我毁灭、无底深渊和疯狂想象"的说法，恐怕会令莫奈的一些崇拜者无法理解。那些途经吉维尼，特意在路边停下，透过围墙上的窗洞窥探莫奈花园的旅行者，或者那些在火车缓缓经过时伸长脖子想要一睹莫奈家池塘和娇艳睡莲的乘客，都会觉得莫奈的花园是天堂。"这里是伊甸园，"这是访客最典型的评价，"这里是天堂，树木在风中自由摇曳，鲜花在阳光斑驳的草地上恣意绽放。"但也是在这个美丽的地方，莫奈在绘画过程中倍受折磨与煎熬，苦苦探索吉弗鲁瓦所说的"无限的虚幻"。这"无限的虚幻"，对于吉弗鲁瓦而言，不仅仅是倒影随波荡漾的池塘，更是水面上的那种水生植物——莫奈痴迷了几十年的睡莲，它们"比其他任何花朵都更加沉静、神秘"。

自从 1889 年在万国博览会上看见拉图尔 - 马利列克培植的杂交品种，莫奈就开始痴迷于睡莲。如同垂柳代表悲伤和失去，当

❶
维斯塔贞女（ Vestales Virgins ）
是古罗马时代侍奉圣火女神维斯
塔（ Vesta ）的女祭司，因奉圣
职的 30 年内须守贞而得名。维
斯塔贞女在古罗马拥有很高的地
位。（译注）

时睡莲也有其特定的象征意义。这种植物及其花朵
已经超越了一般的植物学和园艺学范畴，而与艺术、
神话、文学和宗教相关。睡莲（以及其他睡莲科植物，
如荷花）在许多国家的文化和宗教中都占据着重
要的地位。根据古罗马诗人奥维德的叙述，"荷花
（Lotus）"一词来源于古希腊神话中的水泽仙女洛蒂丝（Lotis），
她为了躲避普里阿波斯的纠缠，化作了一朵睡莲。因此，对于
古罗马人来说，睡莲象征贞洁，如同维斯塔贞女❶的秀发一般神
圣而不可侵犯。在古埃及，睡莲代表重生与不朽；因为睡莲的
花朵在黎明绽放，在黄昏合拢，在花期内每天如此循环，这使
它们成为永恒和圆满的象征。在印度，太阳神苏里亚被称为"莲
花之王"；在印度教传说中，毗湿奴神斜靠在一条巨蟒身上的时候，
从他肚脐里的一朵莲花中生出了梵天神。在佛教神话里，释迦
牟尼的母亲无法喂养他，是一朵莲花养育了他。阿兹特克人的
雨神特拉洛克的嘴里始终含着一朵睡莲；而因为睡莲中含有与
鸦片类似的生物碱，北非的"食莲人"（见荷马史诗《奥德赛》
第九卷）和中美洲的玛雅人都将睡莲作为治疗精神疾病的药物。

除了这些丰富的文化内涵，在 19 世纪的法国，睡莲还具有一系
列独特的含义。在大量的诗歌和绘画作品中，它们代表着神秘
的未解之谜、女人的阴柔之美、东方的异国情调，以及性感撩
人的气息；但同时，它们也常常象征邪恶、死亡和恐怖。

关注细节的让-皮埃尔清楚地描述了睡莲的植物学特性。他写道：
"人们以为莫奈只是把睡莲的种子撒在水面上，但其实它们是

种在土里的。很多人都说睡莲是漂浮在水面上，但这是误解：睡莲扎根在水底的淤泥里，长长的叶柄和花梗伸到水面吸收氧气。叶柄上长出叶子，在水面上形成一个圈。花梗上绽放出花朵。"他指出，睡莲生活在浑浊的死水里，比如泥塘或水塘。

扎根在淤泥里，美丽的花朵漂浮在死水上——这样的特点很容易与特定的象征意义相联系。诗人和剧作家莫里斯·梅特林克（Maurice Maeterlinck）将睡莲视为一种原始的植物，因为它生于"原始的泥浆和黏土之中"。作家乔治·桑（Georges Sand）认为，睡莲生长在腐臭、湿冷的环境里，却出淤泥而不染，纯洁、娇嫩。在 1848 年开始连载的小说《弃儿弗朗萨》的序言里，她讲述了这部小说的灵感来源：她在路上看见了一个可怜的小男孩，那是一条肮脏、危险的死胡同，尽头是一道臭水沟，沟里"泥泞污浊，蛇虫横行，却盛开着世界上最美丽的睡莲，比山茶花更加洁白，比百合花更加芬芳，比处女的衣裙更加纯净"。她写道，这些野花"出淤泥而不染，令人心生敬佩"。几年之后，法国一位神学家再次进行了"处女与淤泥"的对比，他认为睡莲出淤泥而不染，象征着圣母玛利亚，因为她生于拿撒勒（Nazareth）的偏远地区，出身不详。

对于其他作家来说，睡莲生长在烂泥塘里，隐含着不祥的意味。在莫奈那位难逃劫数、狂放不羁的朋友莫里斯·霍里纳看来，死水塘永远是怀疑与焦虑的来源。他在一首诗中曾经写道"一个邪恶、恐怖的黑色泥沼"在月光下显得无比阴森，就像骷髅头和交叉的腿骨。睡莲生长在浑浊的水中，花朵却无比纯洁素雅，这种令人不可思议的反差也暗示着隐藏的危险。他的一篇散文诗《红色池塘》里描述了一朵"巨大而可怕的睡莲"，花朵的颜色"如停尸房一样惨白"，漂浮在黑红色的水面上，"那水仿佛心脏融化之后流出的血水"。

在米尔博的《酷刑花园》里，睡莲的形象则更加可怕。1898年，这部关于性、死亡和花朵的恐怖小说在《日报》上连载，第二年出了书。在小说中，米尔博描绘了一所中国清朝监狱中央的花园，100年前为了建造了这个花园，3万名苦力死去，他们的尸体被埋在了花园里。后来，监狱囚犯的粪便以及遭受酷刑的犯人所流的血也都成了花园土壤的肥料。由于土壤特别肥沃，这里盛放着"最为珍稀、娇艳的花朵"。花园里充满了死亡的气息，散布着死尸、垂死挣扎的躯体，还有可怕的刑具；而花朵却吸收了充足的养分。站在一座木桥上的叙述者低头凝望池塘，讲述着酷刑与花园的故事："睡莲……绽放着巨大的花朵，遍布整个金色的池塘，让我想起被砍断的头颅漂浮在水面上。"

罗丹为米尔博的《酷刑花园》（1902年版）所画的一幅插画

米尔博创作这部小说的灵感来源于德雷福斯事件及其背后的政治腐败。他写道："我将这些充满谋杀和鲜血的文字献给那些或引领，或支持，或控制人们的神父、士兵和法官。"他所描绘的在粪便里争奇斗艳的花朵可能来源于卡里埃尔（Carrières）市的真实情况，他于 1893 年搬到那里，当地的公共卫生部门将居民的粪便洒在田野上作为肥料。而他笔下的木桥、池塘和睡莲，都是源于吉维尼。1891 年，米尔博到访吉维尼之后，第一次描述了莫奈的花园。他使用了诸如"泻落""混战""狂欢""没完没了地开花"这些很少用来形容 19 世纪法国花园的词汇。十年后，一位参观过莫奈花园的诗人也用了类似的语言来描述，"美丽的植物军团发了疯似的繁茂生长，各种颜色和光线相互紧密交缠。人们会说花朵、杂草、幼苗和枝条全都拥挤在一起！"

无论莫奈的花园是不是真的像植物军团疯狂混战的战场，它肯定激发了米尔博的某种想象。1903 年，作家爱德蒙·皮隆（Edmond Pilon）在描述了米尔博对吉维尼的造访之后，反问道："谁知道是不是那天莫奈花园里荷花与红树的气息激起了米尔博关于《酷刑花园》的沉重想象呢？"小说中横跨池塘的木桥与莫奈花园里的日式拱桥很像，小说中的花园里也有鸢尾花、经过精心修剪的美丽紫藤，还有睡莲。文学研究者艾米丽·埃普特（Emily Apter）认为，莫奈花园和吉维尼与米尔博小说中的花园"令人不安的相似"，米尔博的恐怖花园"几乎一一对应"地反映了莫奈花园的布局。

莫奈的朋友米尔博和霍里纳，出于丰富而可怕的想象力，曾经从莫奈花园的池塘或灌木丛中瞥见死亡的幽灵。当然这绝不意味着莫奈自己看见他的池塘也会同样浮想联翩。但这也说明在19世纪末的法国，花园不再只是重现美妙的伊甸园，而是具有了更加复杂和令人不安的意义。即便是莫奈家美丽的睡莲池塘，也如吉弗鲁瓦所言，常常引发关于"毁灭"或"深渊"的痛苦思考。因此，当莫奈描绘他的花园时，他经常提到"痛苦"和"折磨"："啊！我多么痛苦，绘画令我多么痛苦！它在折磨我。它带给我痛苦！"

莫奈的另一位朋友斯特凡尼·马拉梅，也凭借记忆中莫奈花园里的睡莲创作了作品。1885年，他写了一首散文诗《白色睡莲》，1891年出版的诗集收录了这首诗。他寄了一本诗集给莫奈。他笔下充满奇幻色彩的短篇故事讲述了一个男子划着小船逆流而上，寻找水上的花朵和一位并不认识的女子所居住的地方，想要向她表达倾慕之情。河面变宽形成一片池塘，男子认出了神秘女子庄园里的小桥、树篱和草地。正当他俯身奋力划动船桨、沉浸于对女子的遐想之时，他听见了一个声音，但不确定是否那位女子。然而，他并没有抬头去看是不是她，而是调转船头，悄然离开了。马拉梅在结尾处使用了令人赞叹的隐喻手法，划船的男子收获了"永远完美的纯洁梦想……就像我们摘下了一朵纯白无瑕、含苞待放的迷人睡莲，我们不知它是在何时悄然吐露花蕾，也永远不会知道它绽放之后的样子。此时我们心中升起难以名状的梦幻之感——永远沉醉于美梦之中。这种快乐是以前从未体验过的。"

在马拉梅的诗中，睡莲代表了那位没有露面的女子。马拉梅于 1898 年去世，那时莫奈刚刚开始画他的睡莲池塘。莫奈的许多睡莲画中都隐藏着没有露面的女子。艾米丽·埃普特甚至认为，莫奈笔下的睡莲就是"显而易见的女性象征"，用来替代女模特。妒忌心强的爱丽丝不允许莫奈画女模特，她曾说"如果有女模特踏进这个家，我就离开"。法国诗人兼评论家克里斯蒂安·利穆赞（Christian Limousin）也认为，由于"爱丽丝病态的妒忌"，莫奈只好用睡莲替代女模特；"每一朵花的背后都藏着一个女子，一个并不存在的虚幻的女子、一个无法看见、无法接近、只能想象的女子。塞尚和雷诺阿画沐浴者的时候，莫奈在画睡莲，其实就是花如女人"。史蒂芬·莱文还宣称，从莫奈的两三幅睡莲画中，他看出了"漂浮在波光粼粼的水面及倒影之上的人形或脸庞"。

早在上述现代评论家之前，就有人发现了隐藏于莫奈的睡莲背后或水面之下的女性形象。吕西安·狄斯卡维斯 1909 年参观莫奈那次里程碑式的睡莲画展时，就发现了画中的女性笑脸和裸体形象。他写信给莫奈说："您的画展令我心醉神迷、惊叹不已。我想说，我从画中流动的水里，看到了一个少女微笑的脸庞。在我看来，在神秘的水面上，阴影是悬垂的帷幔，阳光是裸露的肌肤，不同时段的水面景色就是少女脸上变化的表情。"狄斯卡维斯的感受并非独一无二。一位观看了同一场画展的女性评论家凝视着那些睡莲画，感觉自己化身成了水泽仙女，"觉得自己身处水中，成了池塘、湖泊或水潭里的居民，是长着灰蓝色头发的美人鱼，或是双臂如水般流动的山泉女神，抑或是双腿如草叶般嫩绿的森林水仙"。另一位作家则相信，如果莫奈一直画下去，总有一天他笔下的睡莲会化作人形，成为"神灵和仙女"。女性形象，似乎从未离开莫奈花园的池塘水面。

那些观者从莫奈的睡莲画中看到了潜藏的仙女，主要的原因恐怕是因为睡莲的法语学名"睡莲"（nymphéa）。让-皮埃尔说曾经有个"十足的傻瓜"来到吉维尼，要求在莫奈花园的池塘里钓鱼，还问"这是不是就是莫奈画仙女的池塘"。这个"傻瓜"所说的话其实一点都不傻。在法语里，"睡莲"很容易让人联想起"仙女"（nymphes）。这些仙女是自然力量的人格化体现，在神话传说中是守护特定地方的女神，通常以少女的形象出现，优雅端庄，赤身裸体，栖息在水里、林间或山中。法语的"仙女"一词来源于拉丁语"新娘、少女、女主人"（nympha），与拉丁语动词"结婚、嫁娶"（nympha）同源；而由这个拉丁语动词又发展出了英语的"适婚"（nubile）和"婚姻"（nuptial）两个单词。法语单词"仙女"（nymphes）还有另一个意思，19世纪的一本解剖学教科书非常清楚地解释："nymphes（小阴唇）指'大阴唇之内外阴上部的'膜状褶皱。"于伊斯芒斯（J.-K. Huysmans）在他 1884 年发表的小说《反常》（À Rebours）里，生动地描述了睡莲与女性性器官之间的关联。他描写了古埃及人在制作女性木乃伊时，将女尸放在玉石板上，并用玉石插入女尸的性器官，作为一种圣洁的仪式，让"贞洁的花瓣永远贞洁"。这里的花指的就是"莲花"。

莫奈的朋友评论家路易·吉略特通过比喻将吉维尼的睡莲和仙

女联系在一起，他写道："莫奈的池塘是他爱慕的仙女。"他还认为莫奈所有的睡莲画里都隐藏着"同一个仙女，那条他想要抓住的美人鱼"。美人鱼是水妖，在吉略特看来，莫奈描绘睡莲其实就相当于捕捉游走于水中的美丽水妖。然而，根据神话传说，捕捉水妖是极其危险的。19世纪的一本法国百科全书严肃地表示："捕捉水妖可能会让自己发疯。"水妖的可怕在著名的希腊神话里就有所体现：寻找金羊毛的著名英雄之一赫拉克勒斯的亲密战友许拉斯被水妖害死了。许多作家都讲述过一头金发的许拉斯上岸寻找淡水，误入一个住满水妖的洞穴。根据古希腊诗人阿波罗尼乌斯（Apollonius）的记述，其中一个水妖倾慕于许拉斯的俊美，"她的左手伸到他的颈前，想去亲吻他温柔的双唇；右手抓住他的臂膀，将他拖入旋涡中央"。

儒勒-欧仁·勒内弗的《水妖诱惑许拉斯》

莫奈，
和他痴迷的睡莲

许拉斯被水妖诱惑并淹死的故事，也是画家们最喜欢描绘的主题之一。最为著名的是约翰·威廉姆·沃特豪斯（John William Waterhouse）1896年画的《许拉斯与水妖》。画中袒胸露乳的美艳水妖坐在莲叶上，将许拉斯拖向水中。更早之前，法国画家爱德华·泰奥菲尔·布朗夏尔（Édouard-Théophile Blanchard）的《水妖诱惑许拉斯》获得了1874年巴黎沙龙展的一等奖，并由政府购买，被卢森堡宫收藏（后来转移至卡昂，在"二战"中被毁）。画中的许拉斯俯身望向池塘，池中聚集了许多美丽的水妖，当然还有睡莲。不过画家们未必需要许拉斯，巴黎沙龙展上从来不缺表现身材曼妙的水妖在睡莲池中嬉戏的画作。然而，耐人寻味的是，这种以神话故事为主题的柔焦作品，正是莫奈和他的印象画派朋友们所反对的。如果吉维尼睡莲池中的水妖并非莫奈自己的想象，那至少存在于观者和评论家的想象之中。而由于莫奈痴迷于描绘睡莲，这些水妖随时可能将他拖入那个闪闪发光的深渊。

第 18 章

命运的劫数

"你敏锐的目光穿透了事物的外表，直击深处的本质。"克列孟梭对莫奈这样说过。他确实相信莫奈非凡的视力在人类进化史上具有重要意义。诗人朱尔·拉弗格（Jules Laforgue）也秉持类似观点，1883 年他宣称印象派画家享受着"人类进化史上最高级的眼睛"带来的好处。

印象主义的反对者也认为莫奈等印象派画家拥有与众不同的视力：和精神病患者一样视力有问题。1892 年，一位德国作家出版了一本书《衰退》，他指出"法国出现了最疯狂的文学艺术形式"，并以此证明法国已经陷入"无可救药的衰退"之中。他表示，根据对产生幻视的精神病患者的研究，可以解释印象派画家的画风（他称之为"点画法"），他们视神经衰弱或紊乱，或者眼球颤动。他写道："他们宣称自己忠实地再现他们所看到的景物，说的是实话。这些视觉衰退的画家患有眼球震颤症，因此，他们所看到的大自然是晃动的、不稳定的，缺乏明晰的线条。"于伊斯芒斯也用类似的研究成果［让-马丁·沙可（Jean-Martin Charcot）医生在巴黎毕提-萨博特医院（Pitié-SalpêtrièreHospital）进行的研究］来证明印象派画家视神经衰退，患有"视网膜疾病"。他认为莫奈就是充分的证据：莫奈就像"刚刚从剧烈晃动的摇椅上起身，用双手死死地捂住眼睛"。

那些希望解释印象派独特画风的人还可以引用画家们罹患的真正眼疾作为证据。毕沙罗患有多种眼病，严重影响了他的视力。19世纪70年代初，还不到40岁的德加就对光线格外敏感；50多岁的时候，他的视野中出现盲点，无法再阅读报纸；70多岁的时候几乎无法画画了。他的病情让眼科医生困惑不已，只得为他配了一副奇怪的眼镜，德加称之为"我可怜的工具"：右边是毫不透光的黑色镜片，左边也是不透光的黑色镜片，但开了一条斜缝。但这副眼镜没有起到任何作用，德加去世之前几乎全盲了。

尽管自从1912年开始，莫奈就阶段性地受到白内障的困扰，但在他创作巨型装饰画的过程中，他的视力一直没有受到太大的影响。但在第一次确诊两年之后，他的视力开始明显退化。1922年4月签署的捐赠协议似乎引发了他对视力退化的恐惧，签名的墨迹还没干，他就觉得自己的视力更差了，让他认为继续画画很困难，甚至是不明智的。5月，他向马克·埃尔德尔表示，以自己目前衰弱的视力，继续画画是巨大的错误。他说："我马上就要瞎了，必须停止一切工作。"他又毁掉了几幅画，就像多年以前一样，他觉得必须毁掉它们。不久之后，埃尔德尔到访吉维尼，发现有几幅画被"愤怒的手"划坏了。他写道，其中一幅画上的"刀痕清晰可见，画作像伤员一样可怜"。莫奈还叫佣人烧掉了另外几幅画——桌子下面那一堆被撕成条状的粉色、蓝色和黄色的画布碎片。这些被毁掉的作品看起来并不包括将要安装在橘园美术馆的那些。但莫奈撕画、烧画是不祥之兆。

在这样的情绪状态下，继续创作巨型装饰画显然不合时宜。但1922年夏天，莫奈还在坚持绘画。7月他写信给约瑟夫·杜兰德-鲁埃尔，说他希望"在彻底失明之前将所有景物都画一遍"。但约瑟夫对莫奈刚完成的这些作品不感兴趣，他认为它们"糟糕、刺眼"。

1922年莫奈创作的许多画作十分引人注目。他又开始画日式拱桥了，在1918年那个充满焦虑与煎熬的夏天，他曾画过几幅背景如漫天火焰的日式拱桥；他还画了自家房前的玫瑰花径，20多年前曾经画过。这些画作其实应当归入他最杰出的作品之列，但确实也不适合在杜兰德-鲁埃尔画廊销售。莫奈戏剧性地将美丽的玫瑰花径画成了令人眼花缭乱的橙色、黄色和紫色的色块和线条，让人看得头晕目眩，也认不出是什么。在另外几幅画中，这条通往他深爱的住所、由园丁精心养护的玫瑰花径，看上去就像恶魔巨兽的血盆大口。毫无疑问，他画出这些狂乱的色彩，是因为他退化的视力。8月，他抱怨自己看什么东西都像"笼罩在浓雾里"。他所体验到的这种非凡而强烈的视觉效果，导致他在画布上将景物的固有形态溶解于纯粹的色彩之中；这与他的眼睛和视网膜其实并无太大关系，而是与他拓展绘画艺术边界的决心有关。不可否认，其中有些确实是艺术上的失败，但是还有一些，比如《玫瑰花径》则是对奇妙光影效果的大胆探索。它们再次证明了，无论如何，这个痴迷于绘画的老头，依然是最伟大的画家。

莫奈近期的这些作品没能打动约瑟夫·杜兰德-鲁埃尔，他认为"跟日本人的大买卖冲昏了莫奈的头脑"。这个日本人指的就是松方幸次郎，当时他还在四处收购莫奈的作品。到1922年，他已经拥有25幅莫奈画作。5月，巴黎一家报纸报道，这位工业大亨递给莫奈一张80万法郎的支票，让莫奈随便挑一幅画给他。如果报道属实，这幅画的价格不但超过了1912年莫奈的25幅画在纽约拍卖会上拍出的总价格，也刷新了在世画家作品的单幅最高价纪录，并且比之前的纪录高出近两倍；之前的纪录是1912年路易丝·哈弗梅耶以47.85万法郎购买了德加的《酒吧里的舞者》。莫奈当然是做了笔好买卖，就像之前以20万法郎卖掉《花园中的女人》一样。而且，在签署协议把自己将近十年的辛勤劳动成果捐赠给国家之后，莫奈肯定希望通过其他渠道犒劳自己。

这幅卖出了80万法郎的画作到底是哪一幅无法确定，但几乎可以肯定和1921年松方在吉维尼购买的那幅一样，也是一幅巨型装饰画。最有可能是一幅边长6.5英尺的正方形"睡莲画大型习作"，由松方幸次郎于1922年购买，现存于东京国立西方艺术馆。塔克指出，这幅画在目前留存的莫奈习作中属于翘楚之作，艺术造诣无与伦比，色彩、笔法、构图都极其出色，远远超越了其他习作。莫奈也一定十分珍爱这幅习作，认为它足以与极乐艺术馆中他的其他作品相媲美。

1922 年 9 月，莫奈的视力已经很差了，他不得不暂时放下对巴黎和医生的反感，去巴黎看眼科大夫。莫奈找的是克列孟梭的朋友、46 岁的查理·库特拉（Charles Coutela）医生，一位著名的眼科专家，他的诊所位于博埃蒂街。库特拉医生检查之后发现，莫奈左眼只剩下 10% 的视力，而情况更糟的右眼则几乎失明。一天之后，莫奈写信告诉克列孟梭："一只眼睛失明了。近期做手术是必要的，甚至是别无选择。同时，对另一只眼睛进行一系列治疗，或许能够改善，让我可以画画。"

库特拉想要为莫奈的右眼做手术，但是他发现他的病人犹犹豫豫、不情不愿。于是他开了扩瞳的眼药水治疗莫奈的左眼。刚开始，眼药水的效果令人振奋。第二周，莫奈欢欣鼓舞地写信给库特拉，说眼药水的效果"简直太神奇了"，他看东西很久没有这么清楚了，他后悔没有早点去找库特拉；"这下我可以认真地画些画了，之前视线模糊的时候都是在乱涂乱抹"。

而莫奈的右眼视力则变得更加糟糕，只有手术才能治疗。他很快就放弃了"绝不躺在手术刀下"的念头，这无疑要归功于克列孟梭温和地劝诫。莫奈口中"可怕的手术"被安排在 11 月初，之后还要进行几个星期的后续治疗。然而，在预计手术时间的前一晚，他身体感觉不适，于是又打了退堂鼓，让克列孟梭帮他取消了与库特拉医生的会面安排。他表示自己的"身体状况太糟，不能冒险手术"，他也非常"担忧手术造成不良后果"。

在帮助解决巨型装饰画的展厅问题之后，克列孟梭又要帮助莫奈应对"白内障危机"。但是他都没时间责备或鼓励莫奈了。收到莫奈这封信之后的第二天，克列孟梭在阿弗尔港登上了一艘开往美国的邮轮。《纽约时报》报道，克列孟梭"准备以一种全新的方式再次涉足政坛"。

1922 年，克列孟梭对国际政治局势感到越来越失望。特别是在召开了几次削弱《凡尔赛条约》的会议之后，美国不再理睬欧洲事务；事实上德国还没有向法国支付一分钱战争赔款，而美国却坚决要求协约国全额偿还当初向美国所借的贷款。除非德国被强制履行《凡尔赛条约》所规定的义务，或者采取措施防止德国侵略法国，否则，克列孟梭表示了不祥的预感："一切都将重演"。

克列孟梭卷入了一场国际热点事件。导火索是 1922 年 9 月 10 日的《纽约世界报》报道的对大作家鲁德亚德·吉卜林的采访。吉卜林几个月前在自己位于索赛克斯（Sussex）的家中接待了英国雕塑家克莱尔·谢里登（Clare Sheridan），她是丘吉尔的堂妹。她向作家隐瞒了自己为报社工作的情况，而是带着自己的孩子装作去喝茶。在诱骗之下，吉卜林表达了过激的反美言论。据报载，他宣称战争并没有结束，当初美国迟迟没有动作，"足足等了两年七个月零四天才参战"，而在停战日当天就迅速退出战争，并在第一时间强迫协约国和谈，而不是进军柏林。

吉卜林否认自己曾说过这些话，但美国的角色与责任却由此成为公众热议的话题。很多法国人赞成吉卜林的观点，即便不能指责美国逃避责任，但人们都认为美国至少应该向德国施加压力迫使其偿还战争赔款。吉卜林的言论见报当天，普恩加莱在莫城（Meaux）的古老教堂参加马恩战役的纪念活动，他发表了演讲敦促德国承担战争责任："……必须明确的是，无论如何，我们一定要让德国赔偿。我们一再坚持我们的要求，是因为一旦我们放弃要求，法国就将毁灭。而法国的毁灭将是欧洲最深重的灾难。"

作为影响力最大、言辞最犀利的先知，克列孟梭的相关言论也被《纽约世界报》引用，并提出疑问："克列孟梭是否认为美国已经履行了促进协约国团结的责任"。克列孟梭从他的海边"陋室"发出了一份电报作为回应，说他将于 11 月赴美，亲自给美国人民一个答案。《纽约时报》报道，"老虎"克列孟梭要为法国赢回美国人民的支持。

一些法国报纸对克列孟梭重回世界政治舞台表示欢迎。其中一家报纸称："无论克列孟梭此次远行结果如何，我们都应当对他的壮举表示敬意……无论是朋友还是敌人，都会敬重这样一位老人，他本来完全可以置身事外，但他自愿重返激烈的舆论战场，并不是为了无聊的口舌之争，而是为了再一次向世界明确地传达法国的声音。"然而，并非所有人都希望或乐见克列孟梭抨击美国不批准《凡尔赛条约》或未履行应尽的义务，从而给已经隐约紧张的法美关系增加新的压力。克列孟梭对这些人的担忧毫不在意，他慷慨激昂地宣布："我要和美国直接对话。"一位英国记者在克列孟梭出发前一天采访了他，发现他的强硬姿态丝毫未减。他还是"像当年那样凶狠地低声咆哮，声色俱厉"。他戴着从不离手的灰色手套，敲击着桌面，发表了"冲动、尖刻、激烈"的言论，"不适合刊登"。法国《晨报》主编在一家美国报纸上发文，感叹"法国对克列孟梭此行并不看好，担忧可能造成严重后果"。

1922 年 11 月，克列孟梭在纽约

克列孟梭的对手们低估了他作为战争英雄的名望与魅力。他乘坐法国邮轮"巴黎号"于 1922 年 11 月 18 日抵达纽约，受到了热烈的欢迎。美国人称赞他为"世界大战英雄"（据《纽约时报》报道）和"协约国胜利的第一功臣"（据《纽约论坛报》报道）。纽约市政府专门为他出动了一艘驳船，并鸣响警笛。在他前往市政厅的路上，表示欢迎的彩带和从电话簿上撕下的黄页漫天飞舞。当地政要都出来迎接，总统伍德罗·威尔逊也从华盛顿发来了电报。克列孟梭住在《生活》杂志老板查尔斯·达纳·吉布森（Charles Dana Gibson）位于纽约东73街的公馆里，吉布森夫人认为他是位"亲切的老人，非常好相处"。他参观了美国自然历史博物馆，在市政厅和大都会歌剧院向大批听众发表了演讲。拉尔夫·普利策（Ralph Pulitzer）在丽兹卡尔顿酒店宴请了他。他早晨4点起床前往蚝湾镇，向西奥多·罗斯福的墓地敬献了花圈。美国记者都惊讶于他一口流利的英语：他言辞犀利，妙语连珠，充满"黑色幽默和明嘲暗讽"。但他的言论也并不全是"黑色幽默和明嘲暗讽"，他热情地赞美美国女性比50年前更加美丽了。

当然，并非所有人都折服于他的个人魅力。他对美国东道主进行了一些不留情面的批评，他声称，如果早知道《凡尔赛条约》不会对德国产生约束力，他会在1918年下令攻入柏林。有美国参议员在国会发言谴责克列孟梭；还有其他孤立主义者❶认为他试图劝诱美国士兵回到欧洲去向德国施压。他们还担心克列孟梭要求德国进行战争赔偿会导致德国人陷入贫困，参议员吉尔伯特·希区柯克（Gilbert Hitchcock）认为，那样会使德国"投入布尔什维克的怀抱"。

克列孟梭还去了波士顿，市长赠送他一只安全剃须刀作为礼物，他对这个新产品"饶有兴趣"。随后他还到访了芝加哥、圣路易斯、华盛顿、费城和巴尔的摩。12月，美国之行即将结束之时，他告诉报社记者："几天后我就要回法国了，我会告诉我们的同胞不要害怕，美国依然和我们站在一起，她初心未改。"不过他依然态度悲观："希望神灵庇佑，我回去的时候战争还没有再次爆发。"

克列孟梭抵达纽约一天后，《费加罗报》刊载了一篇关于莫奈"神奇之眼"的文章。此时，这种称赞莫奈超常视力的老调重弹却更加凸显了现实的严峻。1922 年 12 月，他的视力已经退化到了极点，使他终于克服了对手术的恐惧。他告诉正在返程途中的克列孟梭，他希望"手术尽快进行，安排在来年 1 月 8 日或 10 日，我已经看不到什么东西了"。1923 年 1 月 10 日，在巴黎郊区纳伊市（Neuilly）的安布瓦斯 - 巴雷诊所，库特拉医生为莫奈做了白内障手术。手术分两个阶段进行，第一阶段是虹膜穿孔：切除右眼的一部分虹膜；第二阶段是白内障囊外摘除术，需要等到几周之后再做。

手术本身并不复杂，但也不可避免地会产生疼痛，并需要长期的恢复和悉心地照料。手术采取局部麻醉，通过向视神经注射可卡因而使角膜失去知觉。手术完成后，莫奈需要在诊所的病床上静卧十天，病房不能透光，双眼全部蒙上，还不能垫枕头。这样的状态对于最坚强、最有耐心的病人来说都很难适应，因此，莫奈对此极不配合也不足为奇。根据库特拉医生的笔记，手术按照计划进行，尽管病人出现恶心甚至呕吐，"这是非常罕见、出乎意料的反应，是由他自己的情绪造成的，他极度惊慌不安"。刚完成第一阶段的手术，莫奈就欣喜地看到了鲜艳、丰富的色彩，眼前出现了"人们想象中最美丽的彩虹"。但这种奇妙的视觉

莫奈接受白内障
手术之后躺在病
床上

莫奈，
和他痴迷的睡莲

效果不能持续下去。他必须经历难熬的恢复期，要在床上绝对静卧，双眼蒙上纱布，在此期间只能吃蔬菜汤、酸橙茶，和一种神秘的肉食，标签上写的是"鸭肉"或"鸽肉"，由护士一勺一勺地给他喂食。

蒙住双眼的纱布偶尔会被移开滴眼药水，或者继续注射可卡因。1906年有一篇关于眼科手术使用可卡因的论文指出，这种药物的毒性会导致"许多风险"，因此必须谨慎使用。注射可卡因之后，通常需要有护士在病人身旁监护，以防止病人因为可卡因而神志失常，扯下蒙眼的纱布或是引起其他麻烦。莫奈显然是高风险病人。还有一篇眼科医学论文则指出，年纪较大的病人，特别是嗜酒者，更容易在蒙住双眼的时候精神错乱。布兰切称当时没有护士监护莫奈。因此，不出所料，有一天，在某个愤怒或惊慌的时刻，莫奈扯掉了眼睛上的纱布，对自己的视力造成了严重的损害。

在莫奈难熬的恢复期里，无私奉献的布兰切大部分时间都陪伴在他身边。她写道："他是那么紧张、兴奋，总是动来动去，一刻不停。"他甚至有几次都下了床，咆哮地说"瞎子才该安静地躺着"。他最终平静下来了，但是他的愤怒影响了他的恢复，他的恢复期必须延长。医生一直没有允许他离开诊所，直到做第二阶段手术。月底最后一天，莫奈接受了白内障囊外摘除术。之后，这位焦虑、暴躁的病人需要再一次经历静卧恢复期。

1923年2月中旬，莫奈在诊所待了38天之后，医生终于同意他离开了。他的视力还不稳定，但他很高兴能够自由地跟克列孟梭和保罗·莱昂一同前往橘园美术馆。前一年的9月，他第一次到库特拉医生那里接受检查之后，顺便去橘园看了看。尽管当时他视力很差，但他还是发现工程毫无进展。他写信向克列孟梭抱怨："根本就没有工人，一片寂静。就是门口有一小堆碎石。"

1922年12月，莫奈那次"单独视察"橘园之后三个月，橘园的改造工程才获得批准，政府承诺出资60万法郎。在工程进行的同时，橘园继续举办各种展览。莫奈签署捐赠协议一个月之后，一年一度的"犬展"在橘园如期举行，展出了上千只狗。小型犬"在笼子里汪汪叫，大型犬像狼一样咆哮和嚎叫"。1923年还计划举行"加拿大火车展"：30节装满加拿大产品及艺术品（独木舟、毛皮、绘画作品，以及森林和捕兽者的仿真模型）的火车车厢将陈列在杜伊勒里宫，其中几节将放置在橘园的庭院里。《艺术品公报》对此表示抗议，认为橘园正在为莫奈捐赠的巨型装饰画进行全面改造，就应该停止举办此类临时展览。但商业与工业部部长支持举办加拿大展览，他回应说，因为改造费用高昂，保罗·莱昂同意橘园"进行改造的同时举办其他展览"。尽管展出加拿大河狸皮和独木舟会影响橘园改造工程的进度，但它带来的收入也为改造工程提供了急需的资金。

1923年，莫奈和克列孟梭、莱昂一起去橘园的目的是决定如何将他的画安装到墙上。木头支架和画框当然是不行的，因为巨型装饰画需要在弧形的墙上展示。莫奈选择了一种被称为"贴

壁画"的方法：在画布背面涂上胶水，直接贴在墙上；很像将海报贴在公告牌上。这种方法已经通过了实践的检验，19 世纪曾大量运用此法将很多大型画作贴在万神殿、索邦大学、巴黎市政厅的墙壁或顶棚上，以及法兰西剧院门厅的拱顶上（这里的壁画宽达 8 米）。不过，莫奈想亲自见见负责贴壁画的工匠。在他的要求之下，莱昂允诺尽早安排卡米耶·列斐伏尔和工匠去吉维尼与他面谈，以缓解他"对改造工程的焦虑"。莫奈捐赠协议中不可变更的条款之一是，巨型装饰画永远不能移出橘园，他急切地想要知道画作是否能够永久牢固地贴在墙上。这说明他确实担心自己死后这些画作被扔进黑暗、肮脏的地下室。

而此时此刻，莱昂和克列孟梭最担心的却是莫奈的视力。克列孟梭一直跟库特拉医生保持密切的联系。莫奈获准离开诊所一星期之后，克列孟梭给医生写信说："我衷心地感谢您告知的宝贵信息。我和你意见一致，我们必须仔细关注他的精神状态，否则他可能会拒绝后续治疗。"几个星期过后，后续治疗的必要性似乎越来越大，因为莫奈的视力并没有显著改善。1923年4月，克列孟梭向莫奈解释："一种血管增生导致的难以解释的浑浊使你的视线依然模糊。"

事实上，浑浊是由右眼重新长出的白内障造成的，这是常见的手术并发症。但这让莫奈这位讳疾忌医的病人深感失望。他度过了一段"痛苦而敏感的糟糕日子"，他不得不戴着墨镜，足不出户；自己口述，由布兰切代笔写信。4月9日，他口述了一封长信给库特拉医生："……今天我的眼睛像触电一样剧痛，而且不停地流泪……"手术后几个月，库特拉医生去了几趟吉维尼。但他有几次推迟了约见时间，复活节又去摩洛哥度假了，这让莫奈相当恼火。在圣枝主日，莫奈不耐烦地口述给医生的信："我等着您的到访，这次不能再推迟了。"

1923年春天，莫奈陷入了他所说的"糟糕日子"：灰心失望、惊惶不安。让-皮埃尔也证实了这一点。与往常一样，克列孟梭尽力鼓励他。4月他在给莫奈的信中说："无论雨天还是晴天，我的原则都是让自己适应。"可惜，这并非莫奈的处事原则。1913年莫奈上次陷入"糟糕日子"的时候，克列孟梭陪同莫奈去了罗斯柴尔德家族位于布洛涅-比扬古的日式花园，克列孟梭称之为"日本之旅"。这一次，克列孟梭再次陪同莫奈出门散心，还带了几位美丽迷人的女士造访吉维尼，查尔斯·达纳·吉布森的夫人艾琳（Irene）和马切纳公爵夫人（Duchess of Marchena）。艾琳是一位典型的英国南方美女，她的姐姐是英国下院第一位女议员南希·阿斯特（Nancy Astor）。马切纳公爵夫人是"一位伟大的女性和谦逊的富翁"，克列孟梭介绍说，"她热爱鲜花和绘画，尤其是莫奈的画作。她令人无法抗拒地请求搭我的车到你这里来"。这位公爵夫人和粗暴弱智的公爵（西班牙国王的堂弟）分居多年，一直是克列孟梭的富豪朋友巴西尔·扎哈洛夫（Basil Zaharoff）的情妇，就是他借了劳斯莱斯给克列孟梭。

但莫奈还是如同他告诉库特拉医生的那样"灰心丧气"。到6月中旬，他可以戴着眼镜阅读了，一天15~20页；但依然看不清远处的东西，尤其在户外的时候。很快他眼前出现了黑点。更糟糕的是，做完手术五个月之后，他不再相信库特拉医生。他开始后悔接受"这可怕的手术"，莽撞无礼地指责医生"害我成了这副样子是犯罪"。库特拉医生安排莫奈6月22日到巴黎复查眼睛，莫奈并没有去，但他还是经常向医生寻求帮助。复查推迟到了一周之后，医生确诊就是继发性白内障，安排在7月中旬再次手术。莫奈对再次手术不抱什么希望，他写信向医生表示："我知道我的宿命，我在等待命运的劫数。不用说你也明白，我很遗憾它没有早些降临。"

这一次，手术在吉维尼进行。1923年7月18日，库特拉医生在

上午 9 点 20 到达弗农火车站。事后他写信告诉已经回到海边"陋室"的克列孟梭："吉维尼的手术很成功。他的精神状态……一切都非常好。"不过他也提到，莫奈还是出现了眩晕、恶心和呕吐。手术结束后莫奈状态很好，当天就在布兰切的陪同下到花园里散步了。两天后库特拉医生回访吉维尼，确认一切良好。启程前往布列塔尼度假之前，医生决定回巴黎之后为莫奈配一副眼镜。

"你这不也做到了嘛"，几天后克列孟梭写信给莫奈，以略带责备的口吻说他"是个神经紧张的人，总是不由自主地让事态变得复杂"。他在信尾称呼莫奈为"坏小孩"。

"你这不也做到了嘛"，克列孟梭写下这句话的时候可能自己都还不敢相信。尽管如此，克列孟梭还是继续鼓励莫奈，让他保持耐心。莫奈开始比较乐观。他口述了一封给伯恩海姆 - 尤恩兄弟的信，还是由布兰切代笔；他告诉他们，这次手术比上两次更令他痛苦，让他有些"难受和沮丧"，但他热切地盼望着"救命的眼镜"赶快配好，希望眼镜能改善视力。8月份的第三个星期，库特拉医生复查之后写信向克列孟梭宣布"这次手术效果很好"，但两人都意识到了，如果莫奈真想保住视力，左眼也必须动手术。克列孟梭委婉地向莫奈提起此事，他说"我希望确保你像其他所有人一样，两只眼睛都能看到东西"。

劝说莫奈接受第四次手术的努力遭遇了挫折。8月底"救命的眼镜"寄到了。他向克列孟梭抱怨："这眼镜太令我失望了！"他在口述给库特拉医生的信中说："我彻底完了。尽管我小心翼翼，但我觉得戴着眼镜每走一步就会摔倒，无论远近，所有东西都扭曲了，而且会看到重影，令我无法忍受。我感觉继续戴眼镜很危险。我该怎么办？急盼您的回复，我的心情极其沮丧。"库特拉回信让他坚持戴眼镜适应一段时间。两天后，莫奈写给医生的信稍显振奋："我的天啊，我终于可以阅读了，开始有点……有点疲劳，这是自然的。看东西还是扭曲，不过我勇敢地适应了。"他给左眼滴大量的眼药水，戴眼镜的时候把左边的镜片遮住。

8月底，莫奈收到克列孟梭发来的电报，依然是亲切的鼓励："现在你能看到东西了，这证明你的视力恢复了……一定会成功的。"如此积极乐观的话语让人联想起1918年3月他充满信心地声明"形势在好转"，那时协约国的防线崩溃，大批德军向巴黎进发，巨炮开始轰击巴黎城区。此时，克列孟梭用当年鼓舞了整个国家的巨大能量来鼓舞莫奈，却收效甚微。

眼镜使莫奈能够阅读了，但是新的问题又出现了，莫奈的色觉受到严重影响。8月30日，经布兰切代笔，他告诉克列孟梭："我看到的颜色失真、刺眼，把我自己都吓坏了。"他不无夸张地宣称，那些颜色"太俗艳、太虚假，为了不玷污他记忆中美丽的大自然，他宁可失明"。克列孟梭对他荒唐的说法一笑置之："疯人院还有多余的床位吗？"但更严重的问题是，莫奈表示"大自然和我的画看起来都丑陋无比"。莫奈的左眼视力已经退化得相当厉害，不滴眼药水就几乎看不到东西。而库特拉医生开眼药水的时候严格控制了药量，这让莫奈很不高兴。在这一连串的视觉困扰之后，他向克列孟梭表示他的几幅画作需要修改，这无疑敲响了警钟：他所谓的"修改"最终将以刀划和火烧收场。

9月初，库特拉医生再次前往吉维尼。他让莫奈看一封克列孟梭的信，以此测试他的视力。医生告诉克列孟梭，他自己都看不清那封信，"请不要介意，我觉得您的字写得太小了，很难看清"。但莫奈看这封信却毫不费力。医生还透露了一个让他印象深刻的细节：莫奈看信的时候十分开心。医生判断莫奈的远距离视力很差，而且他估计这种情况将会随着时间和适应性而日渐恶化。同时，医生认为莫奈去卧室需要经过阳光充足的楼梯，这会进一步损害他的视力。

莫奈并不在意他的楼梯，他更担忧的是远距离视力变差导致他无法站在远处欣赏他的巨型装饰画了。而且，他因为他自己所说的"丧失了"色彩平衡感而恐慌，他告诉克列孟梭，他看到的不再是36种颜色，而只有两种——黄色和蓝色。库特拉医生向克列孟梭保证，这种情况在白内障术后非常罕见，在其他不像莫奈那样"拥有超常色彩辨识能力"的病人身上几乎从未出现过。为了解决这个问题，库特拉医生建议将眼镜镜片换成浅色的。而莫奈对那副"救命的眼镜"失望之后，不再相信它们能起作用。而库特拉医生似乎对他的色觉问题"不以为然"，这让他相当恼怒。

事实上，让库特拉医生无法明确诊断的原因是，莫奈诉说的色觉问题含糊其辞，甚至自相矛盾。他说看东西都是黄色的，于是医生诊断为黄视症，一种由于晶状体老化造成的眼疾，白内障通常会加重其症状（梵·高生前也罹患黄视症，根据医生的诊断，可能是由滥用药物导致的）。可是，莫奈告诉克列孟梭的是，他看到黄色和蓝色，而且最初写的是"黄色和绿色"，后来划掉了"绿色"改成"蓝色"。而几天之后他给库特拉医生写信，又说他看到的"黄色像绿色，其他都是深蓝或浅蓝"。这种主要看见蓝色的情况听起来又像是"蓝视症"，白内障手术导致的暂时性反应。在这个麻烦重重的时候，萨沙·吉特里也来到吉维尼探望莫奈，他发现莫奈"状态十分糟糕"：独自一人坐在画室里，"看上去像一个被不幸吞没的人"。吉特里亲吻了他的脸颊，他悲伤地说："我亲爱的萨沙！我再也看不到黄色了。"

克列孟梭不断地向吉维尼发去信件和电报，一如既往地以他的乐观精神鼓励莫奈，同时也委婉地劝诫。他敦促莫奈"保持冷静，我亲爱的暴躁的兄弟"，或者"有点耐心，小婴儿"。他也越来越担忧莫奈捐赠协议的执行状况。过去的一年里，莫奈几乎没有动过画笔，而此时距1924年4月的捐赠日期只剩半年了。库特拉医生到访吉维尼两天后，他写信给医生指出莫奈必须以"身心俱佳"的状态参加捐赠仪式。莫奈能够仅凭一只眼睛对画作进行必要的修改吗？如果不能，左眼就必须也动手术。动完手术之后莫奈能够及时恢复并开始工作吗？他会同意再一次动手术吗？正如克列孟梭委婉地表述，需要"考虑病人的心理状态"。他对库特拉医生说："靠你了。"

然而，库特拉越来越犹豫不前。他在圣弗卢尔（Saint-Flour）一家"嘈杂的咖啡馆"里给克列孟梭回复了一封长信。圣弗卢尔位于美丽而偏远的奥弗涅（Auvergne）地区，在巴黎以南300多英里，远离莫奈。而莫奈觉得，医生去这么远的地方度假就是想要避免随时为他服务。这位大名鼎鼎的病人总是提出特殊的要求和不切实际的期望，很快就让库特拉医生筋疲力尽，就像当年可怜的建筑师邦尼尔一样。医生在给克列孟梭的信中说："在我看来，对于普通人来说，手术的效果相当好。但是，莫奈先生对视力的要求高于常人……他的远距离视力足以应对日常生活，但对他来说却不够。"换句话说，就是手术很成功，但是画家生涯已经结束了。他回答了克列孟梭的问题，认为左眼的手术十分必要。但他不愿意动这个手术："说实话，莫奈先生令我相当痛苦，我不想再负责他的左眼了。"不过他还是留下了重新考虑的余地，他告诉克列孟梭自己喜欢莫奈，因为"莫奈是如此勇敢的人，就是爱发脾气"。

于是，克列孟梭在 1923 年 9 月中旬写信给莫奈，坦率地说："如果左眼不做手术，你就无法完成巨型装饰画了。"莫奈 9 月 22 日在回信中同样坦率地说："经过深思熟虑之后，我告诉你我的真实想法，我绝对不会同意左眼动手术。"

此时，另一位遭遇同样困境的画家手术成功的实例或许有可能说服莫奈接受左眼手术。莫奈写信给 74 岁的保罗 - 阿尔伯特 - 贝纳尔 (Paul-Albert Besnard)，这位声名显赫的画家是美术学院院士，兼任法兰西学院罗马分院和巴黎美术学院院长。贝纳尔不仅蜚声画坛，社会活动也非常丰富，不仅跟其他美术学院院士熟识，也因不久前组织了一场杜伊勒里宫沙龙展而结识了很多年轻画家，其中很多是他在罗马或巴黎教过的学生。似乎正是他如此广泛的社会关系促使莫奈给他写信，莫奈在信中提到两人是"老朋友"。

莫奈开门见山地提出请求："亲爱的贝纳尔，我有事相求。"简单描述了他近期接受的眼科治疗——三次手术、效果并不理想、可能还要再次手术，然后他询问贝纳尔是否知道某位画家做了白内障手术之后色觉得以恢复的例子。他说他之所以问这个，是因为不相信医生会知无不言；他认为眼科医生之间有秘密约定："他们都达成了一致，对任何失败的例子闭口不提。"

贝纳尔没能向莫奈提供真实的例子。不过莫奈知道玛丽·卡萨特跟他情况类似，她在世纪之交的时候视力开始衰退，那时才 50 多岁。她的双眼在 1912 年确诊为白内障，莫奈也是在那一年确诊的。到了 1923 年，她已经接受了五次手术，都没有显著改善。金佩尔在 1918 年春天拜访了她，那时她已经动了三次手术，金佩尔感慨道："唉，这位追随光线的虔诚信徒如今几乎失明了。"几个月后金佩尔告诉莫奈卡萨特的情况，当时他觉得莫奈"这位老者对此漠不关心"。莫奈的漠不关心可能是因为当时他的白内障还没有对他造成太多困扰，那时候他不需要向卡萨特寻求建议。金佩尔和杜兰德 - 鲁埃尔家族是双方共同的朋友，如果莫奈不认识他们，卡萨特手术失败可能不会对他产生什么影响。而此时，她失败的手术更不可能成为他拼命寻找的成功案例。没有找到手术成功的真实案例，莫奈的决心更加坚定了：绝不让自己再次躺在库特拉医生的刀下。

1923 年 9 月底，因为担忧莫奈的捐赠，克列孟梭失去了耐心。他和莫奈不断地信来信往，他力劝莫奈再次手术，而莫奈则回信拒绝。在克列孟梭看来，莫奈拒绝的理由"毫无意义，还是长期以来的种种抱怨"。双方僵持不下的时候，莫奈做了以往深陷危机之时也会做的事情：重拾画笔，开始画画。10 月，他收到了一副德国制造的新眼镜。他告诉库特拉医生："真是不可思议，这副眼镜效果很好，我又看到红色和绿色了，还有淡淡的蓝色。"捐赠期限即将到来，莫奈开始疯狂地工作，决心按时完成画作。克列孟梭松了一口气，愉快地写信给莫奈："我亲爱的朋友，得知你在努力工作，我太高兴了！这是最好的消息……你这艘大船又重新起航了。航向正常。现在起雾了，但重要的是心里充满阳光。"

两个星期后，12月中旬，克列孟梭和库特拉前往吉维尼，为莫奈带去了另一副眼镜。他们返回巴黎的路上，发生了车祸。劳斯莱斯为了躲避突然出现的一辆车而急转弯，撞上了一棵树。总是坐在前座的克列孟梭脸部受伤，流了很多血，库特拉也受伤了。两人被送往医院，缝合伤口之后当晚出院。克列孟梭写信给莫奈，开玩笑地说去吉维尼"可不是出车祸的理由，他下次会更加注意"。一天之后，他寄出了另一封信，在信中他轻率地向命运发出挑战："等到下一次灾难来临时。"

第 19 章

囚禁灵魂的黑屋

1923 年 9 月 1 日中午 11 点 58 分，日本东京周边的关东地区发生强烈地震。据一位目击者讲述，地震引发大火，把首都东京变成了一片"火海"。灾难导致 14 万人丧生，据法国报纸报道，死难者中包括松方幸次郎。不过这位日本大亨的死讯最终被确认为谣言。

法国国民议会沉痛地发布声明说，日本"曾在战争中支持我们"。日本遭受了如此可怕的巨大灾难，作为盟友，法国开始进行各种援助和慈善活动。法国总理米勒兰（Millerand）向日本裕仁天皇发去慰问电报，法国最著名的毁于战争的城市凡尔登市市长也向日本驻法大使发去了慰问电报。克拉里奇酒店举办了"日本晚会"，普恩加莱夫人领导的一个妇女组织收集了大量援助物资包裹准备装船发往日本，艺术展览门票和电影票房收入也分出一部分用以支援日本。科利瑟姆剧院放映了一系列日本受灾情况的纪录片，其下午场票房收入将捐给受伤或无家可归的日本灾民。

因此，1924年1月初，巴黎小乔治画廊举办援助日本地震灾民的义展时，几乎无人感到惊讶。展览由松方的朋友贝内迪特策划，展览标题为"克劳德·莫奈：援助日本灾民义展"，展出了大约60幅莫奈作品，包括《花园中的女人》以及那些松方为极乐艺术馆购买的画作。此次画展当然是合乎时宜的，正如《号召报》的评论所说："莫奈的崇拜者遍布全世界，尤其是日本。他不也向我们展现了日本画家和雕刻家美丽独特的作品吗？他不也是日本艺术虔诚的崇拜者吗？"

事实证明，唯一对此次画展感到惊讶的人，是莫奈自己。他在给吉弗鲁瓦的信中愤怒地表示："想想看吧，那个贝内迪特完全没有跟我提起这件事，他甚至不征求我的意见，好像我已经无关紧要了。真是个没教养的家伙！"画展开幕前几天莫奈才得知此事，他立即联系了克列孟梭，克列孟梭又联系了保罗·莱昂。真正让莫奈大发雷霆的原因，是作为松方所购画作的保管人，贝内迪特计划展出松方买下的那两幅巨型装饰画。莫奈写信给贝内迪特说："明白无误的事实是，你没有尽责地在策划画展之前通知我。我并不会不同意，而是会请求你不要展出那两幅巨型装饰画，原因你是知道的。"

两幅巨型装饰画中，一幅是松方于1921年造访吉维尼时购买的，宽14英尺；另一幅是创作于1916年的大型睡莲画习作，6.5英尺见方，据报道是1922年松方花费80万法郎购买的。此时展出这两幅画，会影响将来的莫奈纪念馆揭幕仪式。如果一切顺利，莫奈纪念馆（即橘园）将于几个月后开幕。莫奈最担心的肯定是其中更大的那幅，那是即将安装在橘园第二间展厅的大型连作《树影》的习作（甚至就是另一个版本）。这幅画看起来色调暗沉甚至模糊，如果人们提前随意参观，将使其在橘园展出的效果大打折扣。而且，这幅巨型画作被挂反了，可能会对因地震受伤的灾民造成刺激；但更重要的是（与国际问题无关），这令莫奈回忆起 1878 年厄尼斯特·奥什蒂破产后他的藏品被拍卖的痛苦场景。一些作品被画商故意挂反，以强调画作的结构混乱。贝内迪特的上司保罗·莱昂干预之后，14 英尺的巨幅画作被撤下，但另一幅则继续展出。

《两个世界评论》的读者也提前得知了巨型装饰画的相关信息。1924 年 1 月中旬，艺术史学家路易·吉略特到吉维尼看望莫奈并参观了他的画作。两周后，他发表在上述杂志上的文章"莫奈悄悄画了八年的巨型装饰画"勾起了读者强烈的好奇心。他宣称，那将是莫奈最重要的作品，比 1909 年莫奈划时代的水景画展更加壮观。他指出，当年那次展览获得了巨大成功，人们认为莫奈的绘画水平已经达到巅峰，没有继续攀登的空间了。然而，莫奈当然会坚持继续攀登。吉略特告诉他的读者们，在大战期间，大师莫奈"冒着前所未有的巨大风险，努力让他的印象主义与德拉克洛瓦和皮维·德·夏凡纳（Puvis de Chavannes）❶的艺术风格分庭抗礼"。他还描述了莫奈日益孤独的生活、被撕碎的画作，以及为了不浪费一分钟的时间，莫奈把理发师请到画室里在

❶————————
夏凡纳 (1824-1898)，法国象征
主义画家，著名的装饰画画家。
（译注）

画架旁理发的场景。然后吉略特宣布了激动人心的消息，这一系列宏伟的画作已经完成，即将向人们展现辉煌的全貌——在"橘园的环形展厅里构成壮观而迷人的梦境"。

然而，这个"壮观而迷人的梦境"在4月的揭幕日期依然没有确定。1923年圣诞节前，莱昂向克列孟梭询问莫奈的工作进展。克列孟梭写信告诉莫奈："我告诉他你一直在工作，我有理由相信一切进展顺利。我还告诉他一个月后我会再和你见面。他看来很满意。"麻烦不断的1923年快过去了，克列孟梭似乎确信一切都将变得顺利：莫奈又开始画画了，4月份所有画作都将如期交付；而莱昂也向他保证，橘园改造工程会按时完工，如期接收画作。圣诞节后一天，克列孟梭写信给莫奈，提议两人在1月底或2月初见面，"到时你会让我知道你的情绪状态和工作成果吧"。

克列孟梭于1924年2月初如约来到吉维尼，满心期望莫奈能够确定交付画作的具体日期。然而，两人的会面无果而终，日期依然未能确定。一个月之后，捐赠协议的最后期限越来越近了，克列孟梭从未感觉如此灰心过。莫奈再次陷入沮丧，说自己在"如奴隶一般辛苦工作数月"之后，却没有画出任何有价值的作品，就因为他糟糕的视力。他又向库特拉医生写信重复他常说的话"生活对我是一种折磨"，他还说"我是班尼克"。班尼克出自他年轻时代的一首流行歌曲《我的朋友班尼克》，描述了一位名叫班尼克的男人，他的所有愿望和计划——当律师、追求女性、靠卖酒发财、去美国旅行、继承遗产，全都落空了。

后来"班尼克"一词也成了表示"无法实现"之意的专有名词，相当于"徒劳无功""毫无机会"。

克列孟梭左右为难，一方面他对莫奈再次停止作画已经失去了耐心，但是另一方面他心里非常清楚，此时此刻不能给莫奈施加太大的压力。3月初，他给莫奈写了一封充满深情的信，称呼莫奈为"我亲爱的老疯子"，赞扬莫奈的巨型装饰画"创造了巨大的价值"，是"观察力和想象力最惊人的结合"。克列孟梭指出莫奈总是在逆境中奋发图强（事实的确如此），希望以此为他提供精神力量，"你这一生不断地遭遇危机，你的画作不断地受到非议。但也正是这些造就了你非凡的成功"；如今，他再次遭遇新的危机，这次是由"视网膜过度劳累"造成的。尽管视力受损，他仍然创作了出色的作品，克列孟梭向他保证那是"无可挑剔的杰作"，是他战胜困难和不幸的又一个例证。然而，莫奈并不认为他近期的作品是杰作，4月份交付画作变得愈发不可能了。

这时候，莫奈因为视力问题和无法作画而极度烦躁，时常大发雷霆，让他身边的人难以忍受。捐赠协议期限临近的时候，莫奈似乎把布兰切的生活搅得一团糟，这已经不是第一次了。他喜怒无常的脾气让布兰切多年以来承受着巨大的痛苦。两年前，莫奈曾向克列孟梭承认："可怜的天使跟着我受苦了。我是多么招人烦啊！"克列孟梭无奈地向朋友解释："莫奈给我写了许多阴郁的信……他的继女哭了。"1924 年春天，布兰切的哭泣和莫奈阴郁的心情似乎达到了顶峰。随着捐赠期限日益逼近，莫奈觉得视力无法恢复、画作无法完成，变得愈发暴躁，令人不堪忍受。克列孟梭接连给他写了好几封信，其中一封委婉地劝诫他不要再惹"蓝色天使"伤心了。

克列孟梭钦慕布兰切，时不时会在给莫奈的信里表达对她的爱意，说自己是她"胖乎乎的小情人"。他钦慕她，更多的是因为她对莫奈全心全意地奉献，她为莫奈所做的一切甚至超出了他自己对莫奈的支持和鼓励。克列孟梭后来写道："布兰切在任何方面都值得钦佩。她照顾他、安慰他，就像对待自己的孩子一样呵护他。"莫奈非常依赖她的安慰和陪伴，就像以前依赖她的母亲一样。在战争岁月里，她一直陪伴着他，晚上陪他坐在图书室里，陪他下十五子棋。她帮他支起画架，陪他去任何他想去的地方旅行，她帮他打理资产。她甚至愿意和他一起吃奇怪的食物，比如其他人碰都不会碰的胡椒味沙拉油。对于克列孟梭来说，她就是天使——蓝色天使，他就是这样称呼她，有时候还称呼为"天使女王""蓝色翅膀的天使"。

克列孟梭知道，如果没有布兰切如天使般神圣的支持，就不会有莫奈的巨型装饰画。

1924年3月底，橘园的改造工程差不多完工了。克列孟梭写信告诉莫奈："水边露台的工程似乎已经结束了，我想是完工了。"过去几十年一直在橘园举办的犬展在1924年转移到了巴黎大皇宫。橘园里根据莫奈的要求建造的两个椭圆形展厅已经就绪，只等着安装巨型装饰画了。可是，画作还无法交付。克列孟梭请求延期交付，一直没有得到莱昂的回音，几个月之后他才同意延期。在做了一切他所能做的事情之后，克列孟梭也不想再管这件事情了。他在给莫奈的信中说："此时此刻，我想我能为你做的最好的事情，就是不再管你了。这样你就可以自由自在地任性发脾气了。"

就在几年前，克列孟梭还给莫奈写信说，两人友谊的太阳永远不落。然而，莫奈拒绝接受左眼手术，没能按期交付巨型装饰画，让两人的友谊面临严峻的考验。克列孟梭在吉维尼悠闲地享用午餐似乎要成为历史了。复活节过后两天，4月22日，克列孟梭写了一封略显灰心失望的信，尽管他还是一如既往地对莫奈表示理解和鼓励。他说莫奈最需要的是冷静，所以他不想去吉维尼，"不要认为这是我们的友情变淡的表现"。他也劝说库特拉医生不要去吉维尼，他指出莫奈面临的最大困难并非视力。他告诉莫奈："你现在精神上的危机是因为强烈的恐惧侵蚀了你的自信。我觉得除了自我审视，没有别的解决办法。他人的评价会让你更加固执。"在信的最后，他像往常一样写下了鼓励的话："去工作吧，不管是耐心地工作，还是暴躁地工作。你比任何人都清楚，你所做的这一切具有多大的价值。"

然而，莫奈既不相信他近期的工作有何价值，也不认为自己能够完成巨型装饰画。5月，他在给库特拉医生的信中写道："克列孟梭说我最近的作品是杰作，要么是他错了，要么是我错了。"他对库特拉医生也失去了信心："我需要见你，不过我认为你也无能为力。"他还是看到夸张的颜色，尤其是蓝色和黄色；

但是到了 1924 年夏天，他又抱怨再也看不到黄色了。6 月初，他给保罗·莱昂写了一封唐突无礼的信，取消了莱昂到访吉维尼的安排，并告知"目前想都不要想拿走那些画"。

但希望永远不灭。不久之后，莫奈又将他的希望寄托在了一种新型眼镜上。他已经拥有好几副眼镜，但每一副他戴的时间都不长，导致他的眼睛还不能适应。1924 年 5 月库特拉医生到吉维尼看他，告诉他眼科业的新发展；德国领先的光学仪器制造商蔡斯公司研制了一种特殊的白内障镜片。1912 年，蔡斯公司开始生产一种名为"卡特尔镜片"的非球面镜片，镜片外缘逐渐变得平缓，从而降低了放大倍数。1923 年，蔡斯公司又开始生产专为做过白内障手术的人设计的卡特尔镜片。生产工艺难度很大，所以价格非常昂贵，但是库特拉承诺为莫奈弄一副。

但是这一次，库特拉的动作比画家安德烈·巴比尔要慢。让 - 皮埃尔认为这位安德烈·巴比尔是"莫奈最热情的追随者"。根据巴比尔自己的记述，得知眼科业的新发展之后，他兴奋地通知了莫奈，并主动去见了蔡斯公司驻巴黎的代表。这位代表让他去找雅克·马瓦（Jacques Mawas）教授，巴斯德研究所的一位眼科专家，擅长进行配眼镜所必需的精确验光。巴比尔拜访了马瓦医生，说他要为"一位不住在巴黎的老年画家配一副特制的蔡斯眼镜"。马瓦医生问道："是克劳德·莫奈吧？"巴比尔说是。然后马瓦说他是画家莫里斯·德尼的私人眼科医生，对画家的视力很感兴趣，很乐意去趟吉维尼。

1924 年 7 月初，在巴比尔的陪同下，马瓦医生造访吉维尼，与莫奈和克列孟梭共进午餐。马瓦宣称："'老虎'对我很冷淡。"克列孟梭确实感到恼怒，另一个医生取代了他的朋友库特拉医生；而巴比尔则取代了他自己的地位，试图拯救莫奈不断退化的视力。但莫奈很高兴。午餐之后，马瓦医生开始进行"著名的验光"，巴比尔后来写道："我觉得那是非常复杂的工作，需要经验丰富的操作者来进行。"

全法国最著名的这双敏锐的眼睛，用上了最先进的科技进步成果。验光过程包括检查双眼不对称的情况，以使镜片背面与角膜上端保持固定的距离，从而保证镜片始终聚焦于瞳孔。一种被称为"角膜弧度仪"的验光设备刚刚被发明出来，是一根装有蔡斯镜片的管状仪器，用来测量角膜和瞳孔的直径。马瓦医生透过这根细长的管子检查莫奈的双眼，就像天文学家通过望远镜观测天空一样。马瓦医生仔细检查了莫奈双眼的情况之后，莫奈带他去参观画室，向他展示了巨型装饰画。马瓦医生绝非不懂欣赏的普通参观者，莫里斯·德尼称这位眼科专家"喜欢买画"，不过他离开吉维尼的时候并没有带走哪幅画。

卡特尔镜片的制作需要耗费好几个月的时间。于是，马瓦医生到高端商业街卡斯蒂廖内（Castiglione）大街上的梅罗维兹眼镜店为莫奈先定制一副暂用的眼镜。这条街上还有售卖昂贵珠宝、高档时装、名酒和女士内衣的商店。根据一份 1923 年的法国奢侈品市场报告，梅罗维兹眼镜店使用珐琅和宝石装饰的玳瑁镜架，使佩戴近视眼镜变成了一种时尚。报告里写道："戴着如此漂亮的眼镜所看到的生活怎会不像玫瑰那般美丽呢？"

这副新眼镜几周之后寄到了，确实让莫奈看得清楚多了。然而，他又迅速陷入沮丧，因为突然能够看清楚之后，他更加确认自己之前的画作非常糟糕。他写信向克列孟梭抱怨，却几乎没有得到任何安慰。克列孟梭的回信不无讽刺："现在你没法再像以前那样愤怒地抱怨自己的视力问题了，这让你烦躁。还好，你的画'看起来非常糟糕'，这下你又可以大声抱怨了。抱怨给你的生活带来了巨大的乐趣。"不过克列孟梭看到了隐藏于愤怒、抱怨之下的是莫奈一如既往的激情，他意识到莫奈的艺术造诣就是由这些抱怨推动的，在这种永远自我怀疑的煎熬之中不断进步。他敦促道："继续怒吼吧，这就是你画画的理由。"几个星期后，他又写了一封信："如果你觉得高兴，那你就不是一个真正的艺术家，因为你必须超越自己已经达到的境界……每五分钟就让自己暴跳如雷吧，这能够让你热血沸腾。"

莫奈暴跳如雷可不需要任何鼓励。1924 年整个夏天和秋天，莫奈持续抱怨和愤怒，可是没有动笔画画。吉略特告知 9 月份将前去探访，莫奈沮丧地回信说"你会发现一个非常灰心的人在等着你"。他并没有夸张，吉略特对他的状态大感惊奇，由此而担忧莫奈会对巨型装饰画做出过激举动。返回巴黎后，吉略特给莫奈写信说："我真害怕您会烧掉您给我看过的那些美丽、壮观、神秘、惊人的画作。"这种担忧并非言过其实，那年秋天，莫奈将六幅画和花园里的落叶一起烧了。

吉略特为莫奈的精神状态和他准备捐赠的画作忧心忡忡，于是给克列孟梭写了一封充满焦虑的信。克列孟梭的耐心很快就达到了极限。他在比利芭给莫奈写了一封语气严厉的信："考虑到老人就像小孩，我们尽力原谅可以原谅的一切。但这也是有限度的。"然后他历数了在签署捐赠协议之后的几年里，莫奈种种古怪的行为、自相矛盾和自作自受的做法。"首先，你想要完成未完成的部分，虽然并不必要，但这可以理解。然后你又荒唐地想要去修改已经完成的作品。"再后来，因为莫奈的视力急剧退化，他又开始画新画，"其中大部分都是杰作，可你却把它们毁掉了。然后你又开始想要画出更好的画——看起来你自己就不想让这项工作结束"。

够了，克列孟梭终于受够了。他再也做不到循循善诱了，他愤怒地指出关键问题："应你的要求，你和法国签订了捐赠协议。而如今法国已经履行了她的义务，你却要求延期。在我的干预之下，你获得了延期。我是出于信任你，但我不希望自己成为为虎作伥之人，只是为了满足朋友的突发奇想而做出有损艺术和法国的事情。你不仅仅导致政府花费了巨资，你还要求并签署了正式的协议。所以你必须了结此事，为了捍卫艺术和荣誉。"

然而，莫奈似乎要放弃艺术和荣誉了。1924 年年底，也或者是1925 年年初，他在没有事先通知克列孟梭的情况下，写信给保罗·莱昂，提出要取消向政府的捐赠。

此时，莫奈遭遇的危机显然已经超越了 20 年前他画水景画时遭受的痛苦煎熬。他尝试描绘水面的睡莲、阴影和倒影，以及朦胧的水下景象，全都是一天中某个特定时间转瞬即逝的光影效果。这让他倍受折磨。他将有形的景物溶解于水中，又使无形的景物显现出来。他将他眼中这个"闪闪发光的深渊"，以没有视角、没有边界的方式展现在观众眼前。用吉略特的话说，这些是"上下颠倒的画"。现在，通过巨型装饰画，他以更加宏大的规模完成了这些非凡的尝试。计划捐赠的画作从两幅增加到了 19 幅，展馆地点的变更，以及从单一展厅变成两个展厅，这让画作的运输也变得更加困难。画这些画需要在固定的地点、了解空间动态学知识和特殊的观察角度，这都是他以前从未曾尝试过的。他为自己这项艰巨任务设定的时间期限是一生，而且是在他一向健康的身体每况愈下以及视力不断退化的阶段。

在 84 岁生日的时候，莫奈似乎对自己的失败深信不疑，认为自己付出的巨大努力全都白费了，自己再也画不出有价值的作品了。但是，在那几年他极度痛苦和自我怀疑的黑暗日子里，凡是看过巨型装饰画的人都不会赞同他的观点。克列孟梭当然认为莫奈依然在创造杰作，他以大型连作《云影》为例证。这幅连作由三幅画组成，总长 12.75 米，大部分应该都在 1920 年之前完成，因为当初莫奈曾计划将它安装在毕洪酒店的展厅。不过，在接下来的几年里，他应该又进行了大量的修改，1924 年春天克列孟梭提及这幅连作时，将它作为莫奈的最新作品。

莫奈并不同意克列孟梭的观点，但与"老虎"一样欣赏巨型装饰画的大有人在。1924 年到访吉维尼的各位客人都为莫奈的画作而感到震撼，包括近期他在痛苦煎熬和半失明状态下画的那些。2月，画家莫里斯·德尼前往吉维尼，他在日记中写道："这一系列大型睡莲画令人叹为观止。84岁高龄的矮小老人拉开百叶窗帘，挪动画架……他只有一只眼睛能够透过眼镜看见东西，另一边的镜片被蒙住了。但他的画作用色依然非常精准，比以往任何时候都更加真实。"插画家亨利·索尼尔-夏洛科乌斯基（Henri Saulnier-Ciolkowski）1922年曾看过这些画，1924年10月他再度到访吉维尼，正好赶上莫奈在长期的消沉中痛苦挣扎，深感绝望，开始点火准备焚烧画作。他惊讶地写道："那些画并没什么不好……相反，这位年老大师的绘画技艺更显精湛了。"

事实上，在莫奈视力退化最严重的那几年，不断有照片显示，他不但成功地运用了和谐的色彩，甚至还捕捉到了更为细腻的光影效果。莫奈研究者弗吉尼亚·斯佩特（Virginia Spate）指出，其中一幅原本计划在橘园展出的作品《清新的早晨·垂柳》，大部分是在莫奈做完白内障手术之后创作的，他"在三幅画的底部都描绘了随波荡漾的倒影，体现了微风吹拂水面的效果；还有随着距离变远而逐渐淡化的睡莲花簇，暗示了无限的远方……通过精湛地运用明亮的色调补光，使整个画面都充满了阳光。"这三幅画组成了连作《睡莲》（但是最终没有进入橘园），画风更加抽象化，立体感和景物细节都消失了，蓝色、淡紫、黄色和粉色都变得更加细腻、微妙。莫奈反复修改这些画作，画中某些地方的颜料甚至多达15层。

显然，尽管视力日益模糊，行动逐渐迟缓，但莫奈手握画笔的时候依然十分沉稳。这就引发了人们的疑惑，这也是德国教授阿尔伯特·布林克曼在他 1925 年出版的小册子《大师们最后的作品》中所提出的问题：这些在年老体衰之时仍然坚持创作的大师到底经历了什么。布林克曼认为，这些艺术大师在老年时期形成了鲜明独特的风格，所创作的作品与他们年轻或中年时期的作品截然不同，要大胆得多。道纳太罗（Donatello）、米开朗琪罗、提香、普桑（Poussin）、鲁宾斯（Rubens）和伦勃朗，都在晚年形成了"超凡脱俗的风格"（这是引用另一位德国教授的说法），展现了"更加深刻和广博的形式与思想"，从而弥补了"身体衰老造成的视力缺陷"。这种"超凡脱俗的风格"，包括不断加强的抽象性、熟练地运用丰富绚丽的色彩，还有"令人惊叹的灵动笔触"（一位英国评论家如此评价）。当然，这些新颖的风格通常体现为纷乱甚至狂暴的画面，也并不总是受人推崇。J.M.W. 特纳晚年的作品就曾被评论为"疯癫发作"；伦勃朗晚年为阿姆斯特丹市政厅绘制的巨幅画作《克劳丢斯·西非利斯的密谋》（Conspiracy of Claudius Civilis），被认为画风粗野，不适合挂在如此庄重的地方，随后就被退还给了画家。

过去的十年间，莫奈不断退化的视力，以及他暴躁的脾气和不断累积的灰心，肯定对他的作品产生了影响。画作尺寸更大、画风更加大胆，更具有试验性、幻想性和抽象性，显然不同于他年轻和中年时期的那些作品，而那些作品本身也是革新之作。可以说，之前只有米开朗琪罗和提香也曾在年近九旬的年纪取得了如此卓越的成就，或是形成了如此新颖的风格。

这种重新勃发的艺术力量源自何方？英国诗人埃德蒙·沃勒（Edmund Waller）于 1686 年创作了最后一首诗，当时他已经 80 多岁，几乎失明。诗中的一组对句体现了年龄带来的睿智与远见："囚禁灵魂的黑屋终将碎裂、朽烂 / 时间凿穿的缝隙会重新透进光线。"换句话说就是，随着肉体的朽坏，永恒的阳光将照耀灵魂。我们很难独立地讨论一位艺术家"最后的作品"，浪漫地想象几近失明者的视觉体验反而突破了常人所受到的限制，或者单纯考虑一位老人对逐渐失去光明的愤怒之情。不可否认的是，莫奈的视力退化比较缓慢，因此这位"捕捉转瞬即逝的阳光并为之歌唱"的画家，在视线模糊的时候反而更加专注于他一直追逐并珍惜的、即将失去的光亮。

克列孟梭的发现是正确的，莫奈所遭遇的精神危机并不只是因为视力问题。他的视力还没差到那个程度，会令他不欣赏自己最新的作品。正如克列孟梭指出的，莫奈的艺术造诣就是由这些抱怨推动的，这种疯狂的愤怒对他的创作过程至关重要。1924 年，到访吉维尼的客人络绎不绝，他们都认为莫奈完全没有必要羞于向任何人展示巨型装饰画。事实上，他热情接待这些客人，也证明他声称"自己将画作改糟了"并非真话。诸如吉略特这样重要的艺术评论家，还有巴比尔、德尼、夏洛科乌斯基这样的艺术家，都轻易地被领进大画室欣赏大师的作品，而且所有客人都不出意料地表达了真诚的赞叹。6 月初，就是他写信告诉保罗·莱昂"想都不要想拿走那些画"的同一天，他热情地欢迎画家保罗·凯撒·海卢（Paul César Helleu）和伯爵夫人贝亚恩（Comtesse de Béarn）到他的画室参观。这位 55 岁的伯爵夫人是另一位专程造访吉维尼的高贵而迷人的女性，她出身名门，是贝亚恩伯爵的前妻，一位旅行家、收藏家。她收藏了瓦托（Watteau）、弗拉戈纳尔（Fragonard）和提香的画作。她委托诗人保罗·瓦莱里（Paul Valéry）管理她的图书馆，她经常在自己位于圣多米尼克大街的宅邸举办音乐会和沙龙。她头戴绿色假发，舒适地半躺在覆盖着兽皮的沙发上接待客人。莫奈愿意邀请这样一位见多识广的客人参观画室，说明他对自己画作的怀疑和担忧并不太强烈。

莫奈遭遇精神危机的最主要原因其实很简单，只要他一息尚存，他就不愿意让他的巨型装饰画离开他。在过去的十年间，巨型装饰画一直是他的人生目标。这些画让他熬过了爱丽丝去世后的黯淡日子和可怕的战争岁月，不断克服视力问题造成的无穷无尽的困难。离开这"壮观而迷人的梦境"，他将再无其他可以痴迷和专注的对象，将失去一切职责与动力。那幅 20 英尺宽的《日落》右下角还留有一块三角形的空白，他完全可以用几分钟的时间就把它填满，但是他没有。就像《天方夜谭》里永远讲不完的故事，或者珀涅罗珀❶永远织不完的布料，莫奈的巨型装饰画永远画不完。

即便如此，莫奈决定取消向国家的捐赠，还是令人难以理解的冲动之举。首先，他没有提前告知克列孟梭，1924 年他们在此之前的通信里，一直充满轻松与深情，克列孟梭戏称莫奈为"可怕的老刺猬"，

❶ 希腊神话中伊大卡岛 (Ithaca) 国王奥德修斯的妻子。奥德修斯随希腊联军远征特洛伊，十年苦战结束后，希腊将士纷纷凯旋归国。唯独奥德修斯在海上又漂泊了十年，历尽无数险阻，并盛传他已葬身鱼腹，或者客死异域。他在外流浪的最后三年里，有许多来自各地的王孙公子都向他的妻子求婚。坚贞不渝的珀涅罗珀为了摆脱求婚者的纠缠，想出个拖延之计，她宣称等她为公公织完一匹做寿衣的布料后，就改嫁给他们中的一个。于是，她白天织这匹布，夜晚又在火炬光下把它拆掉。就这样织了又拆，拆了又织，没完没了，拖延时间，等待丈夫归来。后来，奥德修斯终于回转家园，夫妻团圆。（译注）

莫奈给克列孟梭位于海边的花园寄去了大丽花和柳叶菜的种子。圣诞节前一个星期，莫奈还告诉克列孟梭，多亏了最新的两副眼镜（马瓦医生提供的一副眼镜，以及由梅罗维兹眼镜店配制的第二幅高档眼镜），他的视力有所好转。但他等待了将近六个月的卡特尔眼镜还没有到。12月初，他写信告诉马瓦医生和巴比尔，由于这几副眼镜的镜片没有染色，他看颜色的效果"更好了"，工作起来也更有把握了。克列孟梭也很高兴："你的信让我心里乐开了花……我激动得想要飞上天去踢星星几脚。"

然而，几周之后，莫奈的下一封信就不可能让他乐开花了，反而会让他气得想要四处乱踢。1925年年初，莫奈才告诉克列孟梭，他已经向保罗·莱昂表示要取消捐赠了。这封信没能保存下来，不难理解，"老虎"愤怒地把它撕成了碎片。可以想见，他勃然大怒。他首先给布兰切写信，告诉她他收到了这封"糟糕的信"，"如果他不改变主意，我以后再也不会见他了"。同时他也给莫奈寄去了回信。

莫奈可能是全法国为数不多的几个不惧怕"老虎"克列孟梭的人，但即便是他，也不敢面对克列孟梭回信中所表达的愤怒和失望。克列孟梭回信中的抬头是"我不高兴的朋友"，他直言不讳地告诉莫奈，他觉得莫奈"愚蠢、冲动的行为"深深地侮辱了他；说莫奈无所顾忌地违背承诺，毁掉的是自己而不是别人。"没有人，不管多么年老体弱，不管是不是艺术家，都没有权利违背自己的承诺，因为那是对法国的承诺。"然后他还是继续像以往一样鼓励莫奈，强调巨型装饰画"壮观而美丽"，

"所有见过那些画的人都说它们是无与伦比的杰作"。克列孟梭还指出莫奈的麻烦都是由于自己的顽固造成的，因为他"像个坏小孩一样"，拒绝左眼动手术。在信尾，他发出了最后通牒，与写给布兰切的信中那句话意思相同，但语气严厉而沉重，"我爱你，是因为我相信你是值得我交心的那种人；如果你不再是那种人了，我会继续欣赏你的画，但我们不能再做朋友了"。

第 20 章

把你的拖鞋踢到火星上去

1925 年的前几个月，克列孟梭因为愤怒和伤心没有去吉维尼，但其他客人依旧络绎不绝。1 月的最后一个星期六，一辆汽车从巴黎出发，沿着蜿蜒曲折的塞纳河一路行驶，抵达吉维尼。车上的两位乘客在路上透过车窗快速浏览了令人惊叹的印象主义风景：围墙环绕的美丽公园，如同舞台布景一般可爱的乡村酒吧，雨滴落到河面上激起朵朵涟漪，驳船和拖船在河中游弋。而高街上那座粉绿相间的房子显得很不起眼，两人刚下车的时候都怀疑是不是找对了地方。

这两个人是塞巴斯蒂安·夏米尔（Sébastien Chaumier）和雅克·勒·戈里埃拉（Jacques Le Griel），圣艾蒂安市的政务委员。他们向北行驶了 350 英里，就是为了购买一幅莫奈的作品，供他们的市立博物馆收藏。就像松方幸次郎一样，他们想请莫奈为他们挑选画作。但他们可不如松方那样财大气粗，他们好不容易筹集到了 3 万法郎，准备购买一幅"追寻神圣阳光的大师最近的作品，捕捉到了对于其他人来说耀眼炫目的光芒"。

他们要来吉维尼的消息让莫奈陷入极度恐慌，他狂躁地大喊："这帮坏蛋，他们会弄脏一切、拿走一切。"好像他们不是外省的官员，而是明火执仗来抢劫的强盗。预定日期的四天前，他向圣艾蒂安市发出加急电报，让他们不要来。但电报看来没有按时到达，或者是两位热情的市政府代表没有理会那份电报。

在敲了敲小门之后，布兰切出来迎接两位客人，用"甜美、友善的声音"告诉他们，莫奈害怕他们，他从不接待客人，因为他整天都忙着画那些准备在橘园展出的巨型装饰画。"不过既然只有你们两位，你们看上去也毫无恶意，那我就去叫他出来。我想他应该还是很高兴你们能来"。

两人被带到画室，他们注意到，墙上挂满了未完成的画作，画与画之间都相互紧挨着，没有画框。其中有几幅是维特尼的塞纳河畔风光，他们半个小时前刚从那里经过。画室里的家具很简单，只有一张红木书桌，上面放着一张马奈为莫奈画的印度墨水素描、一张德加画的马奈肖像和一张克列孟梭的照片，还有一幅模仿柯罗作品的画。房间中央摆着画架，上面是等待他们定价的画作——莫奈准备（他在标签上亲笔写了）"敬赠圣艾蒂安市博物馆"的作品。那是一幅 1907 年画的圆形睡莲画，直径 2.5 英尺。

很快大师就出现在门口。戈里埃拉后来说，大师看上去就跟书桌上几十年前的画像一样年轻。莫奈对他们表示欢迎："先生们，欢迎光临。之前我担心无法接待你们，很高兴你们没有收到我的电报。"两人出于客套对电报局进行了批评。然后，大师开始不断地提问。旅程是否辛苦？他们怎么来的？圣艾蒂安市远不远？他们的博物馆里有哪些有趣的藏品？

两位官员介绍圣艾蒂安市拥有 20 万居民，附近有煤矿，生产丝带和武器。"多么令人惊奇！"大师喊道。两人继续讲述，他们的博物馆很寒酸，但会因为莫奈的画作而蓬荜生辉。接着他们像吟诗一样列举博物馆收藏了哪些画家的作品：伊波利特·弗朗德赫（Hippolyte Flandrin）、杜波依斯·皮耶（Dubois-Pillet）（听到这个名字的时候莫奈点头微笑），以及亚历山大·西昂（Alexandre Séon）（听到这个名字莫奈插话道"西昂？……我不认识"）等画家的作品。莫奈询问两人为什么直接找画家买画而不去找画商。不等他们回答，莫奈就回答了自己的问题："那些商人把我的画卖得太贵了，远远超过它们的真实价值。"

两位官员礼貌地对此表示异议，认为前一天他们在博埃蒂街上的画廊里看到的大师作品虽然标价高昂，但物有所值。莫奈表示自己已经有四年（这个时间并不十分准确）没去巴黎了，询问他们在那里看到了哪些佳作？他们历数在罗森博格画廊里看到的一幅幅莫奈的美丽画作。紧接着，莫奈断言他们一定在那家画廊看过柯罗的《拿曼陀林的少女》。他告诉他们："那是 19 世纪最杰出的画作，美得动人心魄。我模仿过，瞧，这就是我的仿画。"其实两位官员早就在红木书桌上看到了。他转身走到画架旁，突然问道："你们喜欢它吗？"

两人当然给出了肯定的回答："谁还能比大师您更懂画呢？"

"那好吧，你们把这幅画拿走吧。"

"但是我们不能多买"，他们指出，"而且还需要填写各种正式的表格。"

"真是奇怪啊"，莫奈发表评论，"不过我相信事实如此。"

然后他说他们不能买那幅圆形画作，他想保留它，因为它太旧了。两位官员表示愿意购买，如果大师能够修复画作那就更好了。"修复画作，我就得收费了，"莫奈补充道，"我干活很贵的。"然后双方约定修复费用200法郎。两位官员嘟哝着："啊，大师，您的收费太便宜了。"

两人被邀请参观花园。在阴冷萧瑟的寒冬，花园里没什么景致可看，只剩下玫瑰花径上锈蚀的棚架，还有池塘灰色的水面上睡莲枯萎、皱缩的残枝败叶，看上去就像它们扎根之处的黑色淤泥。莫奈热情地说道："啊！先生们，你们应该能想到，夏天的时候这里会盛开非常美丽的花朵！今年夏天再来吧，你们会看到我真正的花园。这花园是我的骄傲与快乐！"

不过，通过他们购买的那幅圆形画作，两位官员已经有幸领略到了吉维尼绚丽灿烂的景色。戈里埃拉写道："莫奈先生准备交给我们博物馆的那幅画，描绘了一派春日美景，让春天永远停留在我们身边。尽管外面是严冬，但这幅画令我们感觉仿佛身处明媚的春光里，如梦似幻，令人赏心悦目。"

在那个令人沮丧的冬天，还有其他常客，巴比尔和吉弗鲁瓦，也去探望了莫奈。到了 1925 年 2 月，一辆巨大的汽车轰鸣着出现在吉维尼狭窄的街道上。车里坐着画家莫里斯·德·弗拉曼克和评论家弗洛朗·费拉（Florent Fels）。48 岁的弗拉曼克是野兽派画家，就像八年前他的朋友马蒂斯所做的一样，他来向莫奈表达敬意。他和马蒂斯一样，视莫奈为指路明灯，他曾宣称："在我 20 多岁的时候，是莫奈第一次激发了我巨大的创作热情和坚定的创新信念。"他的画家生涯开启于 1900 年的一个早晨。那天，他和一天前刚刚认识的安德烈·德兰一起去蛙塘岛写生。这里是巴黎人经常沐浴、泛舟的地方，有很多水上咖啡馆，莫奈和雷诺阿在 1869 年夏天，曾在这里并肩作画。因此，如今十字路口的蛙塘岛博物馆被称为"印象主义诞生地"。在新世纪的第一年，一个阳光明媚的六月天里，弗拉曼克和德兰，几乎完全效仿当年的莫奈和雷诺阿，选择了同样的天气、同样的地点，在塞纳河畔支起画架。那一片只有几码见方的岸堤，也可以称作"野兽派诞生地"。

莫奈给这两位客人留下了难忘的印象。费拉形容他是个"身材矮小却骄傲的老人，迟疑地绕开路上的障碍物，藏在厚厚镜片后面的眼睛显得很大，如同扑向火焰的昆虫鼓胀的眼睛"。莫奈告诉两位客人，他根本看不见他们（多少有些夸张）。尽管戴着梅罗维兹眼镜店新配的眼镜，他的视力还是很差。和以往一样，他才刚刚有所恢复的创作热情迅速消退，取而代之的是沮丧与烦躁。他告诉他们："我做完眼科手术的这两年里，看东西一直像隔着一层雾，有时某些细节会显得比较清楚……我的眼睛让我无法继续作画了。"

不过莫奈还是在坚持作画。夏米尔和戈里埃拉曾被告知，大师一直没有停止创作计划在橘园展出的巨型装饰画。这两位官员到访吉维尼前后，莫奈自己也告诉吉略特，尽管极度消沉，但他会克服困难完成巨型装饰画。他写信向皮埃尔·博纳尔（Pierre Bonnard）表示，他痴迷于自己的巨型装饰画，必须交付画作的日期越来越近了，他后悔承诺向政府捐赠它们。他向博纳尔抱怨他不得不把画作交给"糟糕的政府，它让我难过。我尽了最大努力想让自己振作起来，但是收效甚微"。他也没有告诉弗拉曼克和费拉自己取消了向政府的捐赠。他写给莱昂和克列孟梭的信都没有留存下来，这就让我们无法确定他是十分严肃地要求取消捐赠，还是像他之前写的很多封信一样，只是虚张声势的威胁，只是发出"一声长长的叹息"：希望求得帮助、理解，和更多的时间。

1925 年春天，一个人的到来比圣艾蒂安市官员的来访更让莫奈焦虑。3 月 22 日，在发出最后通牒之后，克列孟梭第一次前往吉维尼。整个 1 月，他没有跟莫奈有任何联系，直到 2 月中旬，他才又写信给布兰切，表示他再也不管这件"令人不快的事情"了。几天之后，他给莫奈本人写信，语气中悲伤多于愤怒。他告诉莫奈："我亲爱的朋友，我确实反对你做出于己不利也伤害朋友的事情。但我无法停止一直以来对你的钦佩与友爱。即便你让自己陷入如此糟糕的境地，我也还是希望能帮助你，如果你愿意，我会一如既往地帮助你。我理解你的顾虑，但是我认为你目前不健康的心理状态是我无力改变的。"几天之后，他又写了一封信，徒劳无益地重提莫奈的痛处："你向我做出了正式的承诺，而你违背了承诺，甚至都没有出于尊重而提前通知我。你的偏执超越了你的理性。对此，我无能为力，你也无能为力。你造成了这种局面，而我只能以难以名状的悲伤接受它。"

然而，以克列孟梭的为人，他不可能再也不去吉维尼，也不可能让莫奈的捐赠就这样不了了之。2月底，他写信给莫奈说："我难以忍受这种痛苦，所以我准备做最后一次尝试，如果你同意的话。你只需要发电报告诉我你的答复。如果你认为你的决定不可更改，那就不要让我再次尝试，从而承受更大的痛苦和悲伤。"

克列孟梭以这些紧张而沮丧的信件为开端的吉维尼之行，注定不会令他欢欣鼓舞。不过两人约定不谈捐赠事宜，只谈论日常的话题，比如花园，比如耽搁了克列孟梭行程的"恶劣天气"，他们甚至还聊起了国际政治局势。对于克列孟梭来说，比起莫奈的巨型装饰画，《凡尔赛条约》的黯淡前景倒是个更加愉快的话题。

显然，克列孟梭也不想再听莫奈抱怨他的视力问题。不过，就在他到访前后，莫奈终于在等待了七八个月之后，收到了蔡斯公司制造的卡特尔眼镜。刚开始，莫奈的视力几乎没有改善。他写信给马瓦医生，遗憾地表示眼镜并没有之前所期望的神奇效果。他声称戴上这副眼镜让视线变得模糊，看到的细腻色彩"碎裂而扭曲"。而且，它们"到的太不是时候了，我现在非常绝望，再也不相信视力会好转了，所以我也不会坚持戴这副眼镜"。他同意"在心情更好的时候再试试眼镜……不过我更加确信，画家的视力衰退之后就无法恢复了。歌唱家的嗓子坏掉之后就不得不退休。画家做完白内障手术之后也该放弃画画了"。

1925 年 5 月初，莫奈依然处于沮丧之中，又遭受了一次沉重的打击。多年之前，他就失去了儿子让和继女苏珊娜。此时，他又失去了一位继女玛特。玛特是爱丽丝的子女中年纪最大的，她在吉维尼突然去世，终年 61 岁。她的丈夫西奥多·巴特勒第二次成为鳏夫。莫奈受到了很大的打击，他取消了吉弗鲁瓦、海卢、约瑟夫·杜兰德 - 鲁埃尔等朋友的来访计划，深深地陷入"悲伤与绝望"，很久都不与朋友们联系。这让克列孟梭忧心忡忡。他从比利芭写信表示慰问："这个突如其来的悲剧如此残忍，让我非常难过。我们的蓝色天使在经历了那么多痛苦之后，竟然还要遭受这样的打击。没有人安慰她。"

此时，克列孟梭几乎是第一次感觉自己身体出问题了。前一年的大部分时间里他都咳嗽得很厉害。他从巴黎召来了一位医生。而医生大老远坐火车抵达之后，他却很不礼貌地抱怨说他很不高兴，因为他觉得医生应该长期照看自己。克列孟梭认为是1919 年那起未遂暗杀留在他胸膛里的子弹造成了咳嗽。1925 年春天，他的一只眼睛发炎，后来又因为心脏问题不得不到巴黎接受了一次"医疗折磨"。

他和莫奈的关系逐渐解冻并改善。他又开始盼望到吉维尼享用午餐。7月他给莫奈写信说："我现在心脏不好，脉搏微弱。我必须适应这样生活，我的日常生活方式并没有改变。不过我还是要采取一些预防措施。第一条措施就是星期天我要去和莫奈共进午餐。这可比那些戴着尖头帽的医生开的药物和做的治疗有效多了。"然而后来他又不得不取消了去吉维尼的计划，他写信向莫奈道歉："我觉得非常疲劳。""老虎"如传奇一般旺盛的精力也开始衰退了。之后的几个月里，他写给莫奈的信里总是非同寻常地提及自己的身体不好。在一封伤感的信中，他甚至提到了自己的死亡，他半开玩笑地说在海边再休养几个星期之后就去吉维尼，"除非我彻底动不了了，长眠在这里"。8月，他向莫奈表示，希望自己能够活到莫奈纪念馆开幕。

身边人的离世似乎总能让莫奈回到画架旁，也许他认为在愤怒中作画能够延缓自己的死亡。1899年继女苏珊娜英年早逝就似乎激发了他内在的某种力量。德雷福斯事件带来的幻灭感使他整整一年没有碰过画笔，而苏珊娜去世后不久他就画了十几幅日式拱桥，和几十幅伦敦风光。同样，1914年大儿子让去世，他肝肠寸断；但悲愤的力量也让他走出了因爱丽丝去世而陷入的长期消沉，巨型装饰画就是在让去世之后的几个月内开始构思和动笔的。

莫奈面对死亡最惊人的反应，出现在他的第一任妻子卡米拉临终之时。1879年，经历了可怕的痛苦折磨之后，卡米拉在维特尼去世。莫奈当然痛不欲生。但是，正如他多年之后告诉克列孟梭的："我发现我不由自主地紧盯着她苍白的额头，仔细研究起死亡降临时她毫无表情的脸上一连串的色彩变化。蓝色、黄色或灰色的阴影，诸如此类。"他开始迅速地描绘她脸上种种死亡的迹象，画出了《临终的卡米拉·莫奈》。这确实说明，他依靠绘画来面对死亡。以我们现在的观点，这样的做法显得冷酷无情。但是，我们要考虑当时的时代背景，在那个时代，人们会与亡故的亲人合影以寄托哀思。约翰·詹姆斯·奥杜邦（John James Audubon）❶在职业生涯早期通过画临终肖像赚钱，至少有一次，他的绘画素材——一位部长的儿子因此被从坟墓里挖了出来。

玛特的突然离世似乎再次激发了他对画笔和颜料的热情。他为自己的视力在眼镜帮助下得以改善和重新投入创作而感到兴奋："这的确是新生。"巴比尔称自己在 1925 年 5 月的一天到访吉维尼（大概就在玛特葬礼后的几天），带了许多色彩鲜艳的礼物：外国的蝴蝶标本、贝壳、矿石，还有德加作品的仿画。"莫奈逐一仔细查看每样东西，向我证明自己能够分辨色彩的细微差别"。毋庸置疑，蔡斯公司的眼镜与这次奇迹般的视力恢复有重要的关系，尽管莫奈还是蒙住了没有动手术的左眼。总之，他非常高兴。他告诉埃尔德尔："我看东西终于又变得真实了，这如同我重返青春。我已经开始欣喜若狂地全力投入工作了。"

1925 年夏天到秋天，莫奈向所有人宣告，他重新开始巨型装饰画的创作了，他"比以往任何时候都更加努力"，怀着"热情与喜悦"画画；尽管天公

❶————
约翰·詹姆斯·奥杜朋（1785–1851），美国鸟类学家、画家。（译注）

不作美，又一次把他淋得浑身都湿透了。10月，他告诉埃尔德尔，他的巨型装饰画已经开始"收尾"了。"在我交付画作之前，我一分钟也不想浪费"。他向巴比尔宣称，他将于1926年春天交付巨型装饰画。不过，他所说的"交付画作"，总是像海市蜃楼一样，在地平线上诱人地闪耀，然后又突然之间消失不见。尽管声称已经在收尾了，但那幅《日落》的右下角依然是空白，似乎莫奈特意要强调自己的工作还没有完成，或许就是因为他无法忍受自己的使命最终结束，无法看着巨型装饰画的太阳最终落下。

对于这意料之外的新进展，克列孟梭当然非常高兴。他在写给莫奈的信中回忆起了"往日的美好时光"。1925年11月底，他写信给莫奈说："你还会继续创造奇迹的。我开始相信你无所不能。"但他还是心怀疑虑和担忧。莫奈恢复工作让他重新建立的信心还不够强大，一个月后他忍不住在信中提醒莫奈："如果你百分之百地确定，到春天，你将比其他任何人都更加享受最后的成功，我会很高兴。"几个星期后，他再次写信继续给莫奈增加压力，他重申了对自己身体的担忧："我可不想在没看到你的成果之前就死掉。"他可能有点夸张，但他的身体确实还没有恢复。1926年1月，他患上了流感，医生给他开了碘酒，并在他的背上拔火罐。几乎同时，他还接受了最新的糖尿病治疗。在美国驻法大使的安排下，一批美国产的胰岛素（他认为比法国的好）以外交包裹的名义偷运入境。对于外国使节来说，这是非法行为，一旦被发现将受到处罚；而克列孟梭向大使保证，"无论在这辈子还是下辈子"都不会被发现的。他忠心的贴身男仆每天给他注射胰岛素。

那一年，莫奈失去了另一个朋友。1926 年 4 月初，吉弗鲁瓦在他位于戈布兰藏书丰富的公寓里去世了。他挚爱的姐姐德尔菲娜一个星期前去世。吉弗鲁瓦无微不至地照料了德尔菲娜很多年，她疯狂的幻觉和羸弱的身体，以及她的死带来的悲痛，终于耗尽了吉弗鲁瓦的体力与心力。德尔菲娜葬礼后几天，他死于脑中风。4 月 7 日，在蒙鲁日（Montrouge）举行的葬礼上，克列孟梭走在送葬队伍的最前面，队伍里有许多作家及龚古尔文学社成员，还有政府官员，包括保罗·莱昂。在吉弗鲁瓦的墓旁，克列孟梭心情沉痛地致悼词，他的声音因为悲伤而颤抖。"他的生与死都是伟大的典范。他挣扎，他忍受，他快乐。我们可以客观公正地说，他享受了他的人生。他的成就足以赢得我们的赞誉、钦佩和爱戴。"

当天早上，克列孟梭曾写信给一位朋友说："几分钟之后我就要出发了，去埋葬我过去的一部分。我一定会看到很多朋友因为已经死去而无法出席葬礼。"虽然莫奈并不在此列，但是他虚弱的身体使他无法参加吉弗鲁瓦的葬礼。到 1926 年春天，他的身体状况显然比克列孟梭更差。他感到疲倦，还要忍受持续的疼痛，医生诊断是肋间神经痛和痛风。克列孟梭开玩笑说："我猜你的医生不让你喝酒了，这一定会令你诅咒他。"莫奈还患有气管炎，这让他吃饭、喝水、抽烟都变得困难。

参加完吉弗鲁瓦的葬礼后不久，克列孟梭就去探望莫奈。他发现莫奈的身体每况愈下。他写信告诉另一位朋友："（莫奈）这台机器的所有部件全都老化了。但他很坚强，有时候甚至很开心。他的巨型装饰画完成了，再也不会改动了。但他还是不许它们离开，它们是让他一天天活下去的最好理由。"

此刻克列孟梭已经意识到，莫奈纪念馆只有等到莫奈离去后才能开幕。1925 年春天，莫奈曾向他保证一定会捐赠巨型装饰画，但要等到他死后。他告诉克列孟梭："只有等我死了，我才能容忍它们的缺陷。"此刻克列孟梭也知道，莫奈的死亡不远了。画家再也没有力气到花园里散步了，因为他的身体已经无法承受，所以他不得不放弃了。然而这又令他极度沮丧、焦虑，因为不像绘画还会让他痛苦，他的花园带给他的只有快乐。1926 年 4 月克列孟梭来访的时候，朋友的陪伴令他暂时振作起来。克列孟梭写道："我提起我们的青年时代，这让他很开心，直到我离开，他还在笑。"

莫奈坚持接待访客。1926 年 5 月，一个蜜蜂嗡鸣的午后，埃文·夏赫蒂（Evan Charteris）前去采访莫奈。他后来成为伦敦泰特美术馆的董事会主席。他看到莫奈"在花园里和两位虔诚的日本客人交谈，当时他们正毕恭毕敬地准备告辞"。夏赫蒂对莫奈显露的活力印象深刻。"他声音洪亮、思维敏捷，让人简直不敢相信他的年龄。他的愉悦、和蔼、睿智和坚定的信念，立刻就会打动访客。"尽管莫奈蒙着左眼，在厚厚的蔡斯镜片后面，他的右眼依然目光炯炯、眼神犀利，"被高级眼镜放大的眼睛看起来像是探照灯，随时准备探寻可见世界里深藏的秘密"。

几乎在同一时间，雅克·埃米尔·布兰奇透过花园围墙上的窗洞偷看莫奈，惊讶地发现画家"显得十分健康"。当然他并非唯一一个从围墙上窥探的人。不久之后他评论道，莫奈被很多外国人，尤其是美国人，视为当代法国最著名的人物，与路易·巴斯德（Louis Pasteur）❶和莎拉·伯恩哈特齐名。同年夏天，诗人米歇尔·苏瓦日（Michel Sauvage）到访吉维尼，目睹了"长长的汽车队伍"缓缓地经过莫奈"鲜花绽放的天堂花园"。他写道："许多大师的崇拜者每天都会去，其中很多是外国人。他们停下车，绕来绕去，希望能进去，但没有人受到邀请。"

在吉略特看来，莫奈在生命中最后几个月里依然强健有力，容光焕发。吉略特将莫奈与他多年前曾画过多次的埃特勒塔海上的巨石拱相比较，"年龄只是增加了他的威严"，他"不断地遭受海浪的侵袭和风雨的摧残，却始终巍然屹立"。

然而，无论他给访客留下了多么深刻的印象，在1926年夏天，莫奈的体重和体力都在急剧下降。6月，他的身体过于虚弱，没有参加就在吉维尼举行的外孙女丽莉·巴特勒的婚礼。两个星期以来，他一直无法出门。除了克列孟梭，其他所有朋友原定于月底来访的计划都被取消了。克列孟梭黯然神伤地感叹："他就是老了，没别的问题。"克列孟梭想方设法哄劝他到花园里透透气，然后还吃了点东西。几天之后，莫奈体力有所恢复，又接待了其他访客：画家爱德华·维亚尔和凯-格扎维埃·鲁塞尔（Ker-Xavier Roussel），还有维亚尔的侄女和她的丈夫雅克·所

❶ 路易·巴斯德（1822-1895），法国微生物学家、化学家，近代微生物学的奠基人。他开辟了微生物学领域，创立了一整套独特的微生物学基本研究方法。（译注）

————————
1926 年夏天时
的莫奈

莫奈，
和他痴迷的睡莲

罗门（Jacques Salomon）。所罗门驾驶一辆红色的福特敞篷车将一行人带到了吉维尼。所罗门惊讶地发现莫奈身材矮小，但他很钦佩大师"灵活的头脑"。他提到莫奈"戴着厚厚的眼镜，左眼被黑色镜片完全遮住，而右眼则被镜片放大了很多"。午餐时，莫奈招待客人们享用豆蔻鸭肉，自己却只是大口大口地喝着白葡萄酒，丝毫不顾忌一旁的布兰切担忧的眼神。

当莫奈带领客人参观大画室的时候，就忘记了一切病痛。所罗门写道："有 12 到 15 幅高 2 米、宽 4 到 6 米的巨幅画作，都是美妙绝伦的风景画……我们移动沉重的画架，将它们摆成安装在圆形展厅里的样子。"他断言，它们是"这位巨匠的巨作"。维亚尔自己也是巨型装饰画画家，而这些画作令他目瞪口呆。后来，为了向另一位同行描述这些巨作，他几乎语无伦次："那无法用语言形容！为了相信只有去看！"

布兰切还是希望莫奈能够继续工作，但克列孟梭明白，画家已经完成了他的使命，人生的终点也正在迫近。1926 年夏天，莫奈开始咯血。在博尼耶尔拍了 X 光片之后，几位医生被从巴黎召来。其中包括克列孟梭的私人医生弗洛朗（Florand）大夫，克列孟梭曾经幽默地评价这位医生："他的病人都是在死的时候被治好的。"莫奈被诊断为肺部多发性硬化。克列孟梭写道："他永远不会知道自己的真实病情，没有必要知道。"事实上，胸片显示是肺癌。克列孟梭心里很清楚，现在唯一能做的就是让他的朋友保持愉快。9 月他给莫奈写信说："一个人还能要求更多吗？你已经拥有了一个人所能梦想的最美好的生活。你开创并留下了一种艺术。"几个星期以前，他向莫奈吹响鼓舞的号角："站起来，抬起头，把你的拖鞋踢到火星上去。没有什么比这更棒了！"

1926 年 12 月 5 日，星期天，中午，莫奈逝世。这个时间对他来说相当合适。星期天的午餐通常对他十分重要。午餐时间一到，就会有铃声把他从睡莲池边召唤过来，一杯自家酿造的李子酒已经在露台上或黄色的餐厅里等着他。如果当天有哪位朋友幸运地获得了邀请，朋友也会在那里等待他。

克列孟梭曾经在给莫奈的信中说："你将来会死在画架旁，如果我到天堂的时候没有看到你手里握着画笔，那一定是见鬼了。"莫奈死在自己的卧室里，这是一间"家庭博物馆，珍藏了他所敬爱的朋友们的作品"，马奈、德加、毕沙罗、雷诺阿、塞尚的画作围绕着他。当时还有其他人也围绕着他，他的儿子米歇尔、为他无私奉献的布兰切，还有克列孟梭。克列孟梭几天前就做好了准备，打算一接到消息就从巴黎赶来。他在 5 日上午到达吉维尼，一路上肯定不停地催促他的司机"快点！快点！快点！"他及时赶到了。他握着朋友的手问道："你觉得痛苦吗？"莫奈用刚刚能够听清楚的微弱声音回答："不。"过了片刻，发出一声低低的呻吟之后，莫奈溘然长逝。当天下午，各大报纸都收到了电报：画家克劳德·莫奈在吉维尼的住所逝世，享年86 岁，克列孟梭陪在他身边。

第二天，所有报纸的头版头条都报道了莫奈逝世的消息，使用了各种各样的溢美之词："光影之王""真正的印象主义之父"。他们回顾了他辉煌的画家生涯，从早年遭受冷落嘲笑的事实和整个冬天只靠土豆维生的传说，一直到他终于功成名就，成为"印象派画家最著名的代表人物"（引自《费加罗报》）。蒂博-西松在《时间报》发表文章，称莫奈为"老摔跤手"，指出在莫奈漫长的人生中，大部分时间他都"全力进行战斗"，他突破了绘画艺术的极限。在《高卢人报》上，吉略特则用诗意的语言进行了更为具体的总结："哭泣吧，睡莲，大师再也不会来了；再也不会来凝望荡漾的涟漪、天空的倒影和水中的世界，寻觅人生永恒的梦想。"

葬礼在12月8日上午10点30分举行，那是一个雾气氤氲的寂静日子，是莫奈曾经喜欢画进画里的那种天气。《费加罗报》的记者评论道："诺曼底变成了大师最爱描绘的样子。平静的水面上波光闪闪，呈现出金色、粉红和淡紫色，都曾是大师调色板里的颜色。天空的倒影也显出金色、粉红和淡紫色，充满了神秘感。河畔的白杨，还有雾霭中朦胧的山丘，都融化在了水里。整个诺曼底都成了莫奈的作品。"可是少了鲜花。莫奈不希望自己的葬礼上出现鲜花或花圈，据说他曾经宣称，"把我花园里的花用在这种场合，是对它们的亵渎和掠夺"。无论如何，在12月的第一个星期，找到鲜花的希望非常渺茫。令人感动的是，当地的小学生本想在棺木旁献上鲜花以表达对"已故画家"的敬意，但莫奈自己的愿望还是得到了切实的尊重。

汽车一辆接一辆地出现在吉维尼的雾气中，载着从巴黎赶来的朋友们。由吉维尼村长率领的送葬队伍，沿着狭窄的街道一直从莫奈住宅排到教堂。枫木棺上套着缀有流苏的棺罩，上面是星星的图案。棺木被放置在一辆手推车上，莫奈的两位园丁在前面拉车，另外两位在后面推。一位记者报道："所有园丁的姿势都一样，就好像平时干活一样。"按照莫奈的要求，所有园丁都穿着平常干活时的工作服。棺木上覆盖着一块绣有勿忘我、长春花和绣球花图案的紫罗兰色的布。殡仪员原本打算盖上传统的黑布，克列孟梭阻止了他。克列孟梭走到窗前，扯下了绣花的窗帘。他一边平静地说"黑色不适合莫奈"，一边亲手将

窗帘盖上棺木。

莫奈住所外拥挤的记者、摄影师和好奇的旁观者激怒了克列孟梭，这群不速之客中有人将此归因于他太过悲痛。可能是因为精疲力尽、悲伤过度，或者是不想在路上受到打扰，克列孟梭坐着车跟在步行的送葬队伍后面，前往半英里之外的墓地。在教堂外，克列孟梭斜撑着手杖，热泪盈眶、双手颤抖，他走进了哀悼的人群里。布兰切和其他女士都戴着黑纱。男人们聚集在刚刚挖好的长方形墓穴旁脱帽默哀。莫奈要求举行非宗教葬礼，因此没有牧师在场，也没有念祷文或唱圣歌。克列孟梭曾经评论："这样的安静多么美好啊。"莫奈葬在他挚爱的爱丽丝、两位继女，和儿子让的旁边。

葬礼很快就结束了，这是憎恶人群和仪式的莫奈所期望的。家属离开之后，克列孟梭看着掘墓人将棺木放进墓穴，埋入地下。一位记者写道："墓地很快归于沉寂。这位总是用画笔诉说光影之间痛苦争斗的画家，第一次融入宁静与迷雾。"

两个星期后，吉维尼又举行了另一场庄重的仪式，这一次没有记者和旁观者，仪式由保罗·莱昂、国家博物馆的两位馆长，还有建筑师卡米耶·列斐伏尔共同主持。22幅莫奈的巨型装饰画被从大画室拿走，它们被卷起运往巴黎，先在卢浮宫拍照，然后再送到橘园安装。在橘园，它们将被仔细地贴在弧形的墙壁上：形成总长将近90米的环形连作。巨匠的巨作。

光影之王

1927 年 5 月中旬，一位名叫加埃唐·尚沃桑（Gaëtan Sanvoisin）的记者来到富兰克林大街采访乔治·克列孟梭。一名来自旺代省的女佣在门口迎接他，她戴着传统的蕾丝帽，带领他走进一间小书房。书房中央一张马蹄形的书桌上堆满了一沓沓的纸张和一摞摞的书籍，尚沃桑瞥见其中有一本是温斯顿·丘吉尔的《世界危机》。壁炉台上方挂着几幅印象派画家的素描画。

克列孟梭终于出现在书房里，戴着他的灰色手套和一顶奇怪的灰色警察帽，这帽子让尚沃桑想起鞑靼人的头盔。尚沃桑表示了问候并提出请求："总理先生，您能跟我谈谈莫奈吗？"

前一天，莫奈纪念馆终于在橘园揭幕了。克列孟梭在布兰切和米歇尔的陪同下出席了揭幕仪式。他写信给一位朋友说："莫奈的这些画作是伟大的创新，是一种全新的绘画艺术。"他对尚沃桑很有戒备，他说他不想谈论莫奈，没有兴趣向公众披露他对艺术的看法和观点。但几分钟之后，他就在尚沃桑的简单诱导之下滔滔不绝地追述往事，这让他的访客暗自窃喜。他说起他刚认识莫奈的时候，莫奈穷得买不起颜料；早年轻蔑拒绝莫奈画作的买家后来又花费重金购买那些作品；莫奈直到去世也不肯让巨型装饰画离开自己，因为只有死去之后他才能容忍它们的不完美。

克列孟梭提到"不完美"让尚沃桑想起了一件事情。他也参加了橘园的揭幕仪式。他问道："总理先生，您有没有注意到其中一幅巨型装饰画上有一道长长的裂缝？"的确，有好几位参

观者都发现第一间展厅最右边的连作《清晨》上面那道显眼的
"伤疤"。

克列孟梭回答："他用刀划的。他生气的时候会破坏自己的画。
他的愤怒源于对画不满意。他就是自己最伟大的评论家！"他
补充说，莫奈因为无法容忍不完美而毁掉了 500 多幅画。

"总理先生，有人担心这些画作无法永久保存。"

克列孟梭紧紧盯着尚沃桑，表情突然变得悲凉。他回答："有
可能。"他介绍说莫奈使用了最昂贵的画布和颜料，但是这也
无法保证画作能够长久保存，因为没有画作能够承受得住漫长
岁月的考验。"昨天我去卢浮宫又看了《蒙娜丽莎》，五十年
间她变了很多。"

尚沃桑表达的是卢森堡宫一位馆长的忧虑，几个月前这位馆长
预测，莫奈"匆忙涂抹的颜料"中"掺杂了不稳定的混合物"，
恐怕难以保存。其实大可不必为莫奈的画作担忧。尽管朦胧的
画面似乎是覆盖着一层薄纱，但莫奈的画并非如馆长的比喻那样，
是用"露水和蝴蝶翅膀上沾染的花粉"绘就的。莫奈追求"化
学颜料的升级换代"，他所用的颜料都是从专业厂商那里购买的，
都是经过实践验证和值得信赖的产品。

让克列孟梭感到悲凉的，并不是莫奈可能褪色的作品，而是他
已经淡去的声望。克列孟梭发现被官方称为"在杜伊勒里宫橘

园举行的莫奈纪念馆开幕仪式"冷冷清清。相比之下，两天之后，在美国纽约麦迪逊广场花园的《战争英雄》全景画展开幕式聚集了 2 万 5000 人，还有电台进行实况转播。莫奈没有受到如此热烈的关注。他还注意到，在橘园另一间展厅里举办的犬展（充斥着狗叫声的犬展又重新回到橘园了）的招牌比莫奈纪念馆开幕式的广告牌更加显眼。

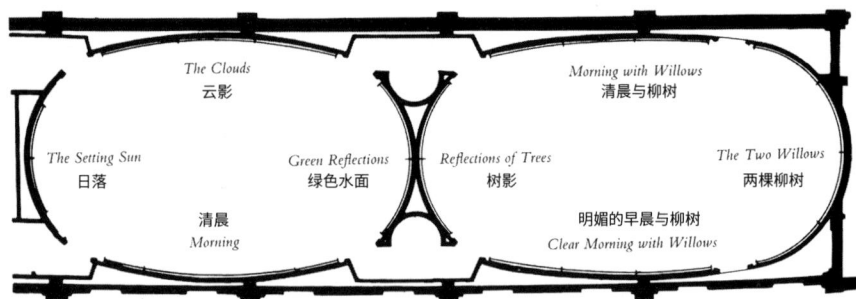

橘园莫奈纪念馆最初的展厅规划及画作布局

不过还是出现了大量表示敬意与赞美的评论。比如《大众报》就称赞这些巨型装饰画"概括地体现了大师的艺术审美，显示了他深刻敏锐的洞察力和极其灵活的笔法"。但也有一些评论吝于赞美。《喜剧报》称之为"老人的作品"。《小日报》则嗤之以鼻，"看着让人疲劳"。画家沃尔特·西克尔特（Walter Sickert）抱怨它们太大了。巨型装饰画在橘园安装之前，负责监管这些画作的卢森堡宫馆长助理罗伯特·雷伊（Robert Rey），甚至用一句话抹煞了它们的价值："在我看来，现在已经没有印象主义了，只有印象主义的衰落。"

❶
奥西曼提斯（Ozymandias）是古
埃及法老拉美西斯二世的希腊语
名称。英国著名诗人雪莱的诗作
《奥西曼提斯》中描写了自称"万
王之王"的古埃及帝王雄伟的陵
墓已经变得破败荒凉，暗示了即
便是再伟大的人物，随着时间的
流逝也终将化作微不足道的黄沙。
（译注）

法国艺术史上有许多奥西曼提斯式的人物。❶其中著名的例子之一是厄尼斯特·梅索尼埃，他自己也曾说过："许多曾经声名显赫的人物现在不过是爆炸的气球。"在莫奈去世之前，他的气球似乎就显出了将要爆炸的迹象。就像梅索尼埃一样，他为自己有生之年的辉煌成就所付出的代价，便是身后遭受嘲笑与漠视。甚至有些报纸刊载的讣告就已经急不可耐地开始历数莫奈以及印象主义的缺点。其中之一指出印象主义是"人们应当反对的教条主义"，而《巴黎回声报》的讣告则认为莫奈在"漫长而安详的晚年"所创作的画作不过是"虚幻的轻纱上散乱的色块，我们更欣赏他青年和中年时期那些令人惊叹的杰作"。1927 年年初，《艺术生活》杂志特刊刊登了 6 篇关于莫奈的文章。其中一篇的作者是雅克·埃米尔·布兰奇，他诅咒、诋毁莫奈的作品，称它们不过是"符合美国人特殊口味的精美明信片"，买家都是些庸俗的美国暴发户。

几个月后，莫奈的巨型装饰画在橘园揭幕之后，布兰奇再次发起攻击。他在 9 月份的《艺术生活》发表文章表示："用 8 幅单幅睡莲画组成一幅连作……坦率地讲，我们不喜欢。"他继续解释理由："鬼知道画布到底有多长，上面那些色点、色块和色带……就跟变戏法的人用口袋里的道具表现出来的效果差不多。"他还抱怨展示莫奈巨型装饰画的两个椭圆形展厅形状丑陋、浪费空间，"就像空荡荡的宫殿一样肃穆、阴森"。他当然不会不提那两个展厅里的参观者很少，而且没有人长时间逗留。他认为人们的参观体验很不好，因为没有座位，地面像大理石一样坚硬，而且光线暗淡。

对于观众少和光线差这两点，克列孟梭无法反驳。橘园莫奈纪念馆开幕一年之后，1928 年 6 月，克列孟梭去了一趟，结果令他非常失望。他难过地哀叹："那里没有灵魂。一整天只有 46 个人进来，而且其中有 44 人是想要独处的情侣。"1929 年他抱怨巨型装饰画是在黑暗中展出："我上次去的时候，有参观者甚至索要蜡烛。我向保罗·莱昂表示抗议，但他只给了我一个苍白的微笑。"另一位参观者也将那两间展厅比作昏暗无光的地下室，称自己一进去就感觉头疼。

除了采光差、观众少，巨型装饰画还遭遇了其他屈辱。两间椭圆展厅也用来举办其他展览了。其中一次展览中，佛兰德斯壁毯挂在了莫奈画作的前面。还有一次贴了羊皮纸的透光顶棚漏水，滴到了画作上。其他时候，这两间展厅被当作储藏室。如此的漠视、敌意和忽略，激怒了毕沙罗的小儿子，也是莫奈的教子，他宣称莫奈被埋葬了两次，第一次是 1926 年他去世之后；第二次是 1927 年橘园莫奈纪念馆揭幕之后。

莫奈去世后的几年间，他的名望在他仍健在的朋友中间依然长盛不衰，只是这些朋友也一个个地离开。克列孟梭在 1928 年表达了他最后的敬意，出版了著作《克劳德·莫奈：睡莲》。这是巴黎普隆出版公司"高贵的生命，伟大的成就"系列中的一部。这一系列的早期作品包括拉辛（Racine）❶、维克多·雨果和圣路

❶———
让·拉辛（1639—1699），法国剧作家，与高乃依、莫里哀合称"十七世纪法国最伟大的三位剧作家"。（译注）

❶————————
路易九世（1214—1270），被尊
为"圣路易"，法国卡佩王朝第
九任国王（1226 至 1270 年在位），
他被奉为中世纪法国乃至全欧洲
君主中的楷模。（译注）

易（Saint Louis）❶的传记。一年之后，莫奈另一位忠诚的朋友萨沙·吉特里，让莫奈的形象与法国历史上的英雄人物同台出现，以此向大师表达敬意。1929 年 10 月，他的四幕剧《法国故事》在巴黎皮嘉尔剧院上演。这部戏剧反映了法国历史上波澜壮阔的片段，出场的角色有圣女贞德、亨利四世、路易十四和塔列朗（Talleyrand）。他还在其中加入了 1918 年 11 月 18 日的那个星期一，克列孟梭到访吉维尼，莫奈承诺向国家捐赠巨型装饰画的情节。他亲自扮演莫奈，据一位评论家说"模仿得惟妙惟肖"。

一个月之后，1929 年 11 月，克列孟梭去世。接下来的几年，对于莫奈和印象主义，尤其是他最后的画作，苛刻的攻讦逐渐减少。1931 年的一本巴黎博物馆导游手册仍然称赞橘园的巨型装饰画超越了绘画艺术的极限，是"优雅细腻的彩色诗篇"。即便如此，莫奈的一位故友阿尔塞纳·亚历山大还是发出了叹息，他写道，莫奈创作这些最后的作品时，放弃了早期"与大自然直接交流"的方式，转而体现"内在的印象"；这使莫奈成为"疯狂的色彩异教徒"领袖，从而开创了一个崭新的艺术时代，但如今那个时代已经一去不复返。

莫奈受到了如此严重的质疑，以至于 1931 年在橘园举行的展出128 幅作品的莫奈回顾展在一连串的呼吁与遗憾中拉开帷幕。馆长保罗·雅莫承认印象主义已经不再受年轻画家和评论家的支持，"他们中很多人甚至不只是漠视，而是憎恶印象主义"。他认为印象主义将感官置于智力之上，更加重视眼睛而非大脑。他的这番言论引发了要求恢复"完整、严谨和构图原则"的呼声，他称之为"传统主义复兴"运动。一时间，评论界纷纷指出很多印象派及后印象派画家晚年的画作实际上已经从瞬间的灵感转变为了传统艺术所注重的清晰轮廓。当然，莫奈笔下飘忽的雾气和闪烁的水面不可能被认为是结构完整、线条明显、轮廓清晰的具体形状。

1931 年橘园举办的莫奈回顾展包括几幅小型睡莲画，是米歇尔从大画室中找到的五幅未出售画作。馆长显然没有兴趣展出莫奈生前最后十几年里画的那些巨幅画作。莫奈的画室中还有 20 多幅大型画作备受冷落，无人问津。回顾展的目录对这些巨幅画作做了轻慢的评价，指出由于视力问题，很多后期的巨幅画作"色彩散乱，违背了视觉的真实性"。对于回顾展的评论文章很少，却非常恶毒，评论家们借此机会进一步抨击橘园的巨型装饰画。有人将橘园的两间椭圆形展厅比作"远洋邮轮的头等舱"，他认为《睡莲》是一场灾难，为莫奈的画家生涯戴上了一顶"十分拙劣的王冠"。

同年，六年前就曾见过巨型装饰画并被深深吸引的弗洛朗·费拉悲伤地诘问："大师最后的画作将面临怎样的命运？"他赞扬它们是"令人心醉神迷的纯粹的色彩"，但他也黯然地承认它们并不是年轻画家所追求的"充满力量的构图与形状"。它们确实不是。1932 年，立体派画家安德烈·洛特（André Lhote），也是一位激进而执着的反莫奈斗士，声称莫奈在橘园

① —————
莎士比亚名著《哈姆雷特》的女
主角，死于水中。（译注）

② —————
该法案最先于"二战"末期起草
生效，给退伍美军军人提供免费
的大学或者职业教育。由此美国
大学生数量猛增。（译注）

进行了"艺术自杀"，绘画的灵魂"如奥菲莉亚①一般被裹尸布似的睡莲玷污了"。然而，莫奈不是奥菲莉亚，莫奈将在他的睡莲池塘里获得永生。

1949 年，一家报纸报道莫奈的老园丁菲利克斯·布勒伊专程前往巴黎参观橘园。在过去的 20 年里，布勒伊一直是橘园稀少的常客之一。到了 1952 年，一位画家称橘园为"巴黎核心区的一个僻静角落"。

不过，事情正在开始发生改变。"二战"后，橘园成为很多热情的美国青年朝圣的地方。他们希望摆脱立体主义几何图形的严格限制。立体主义"充满力量的构图与形状"已经支配了好几代先锋艺术家。一位巴黎画廊老板后来宣称，美国的《军人安置法案》（GI Bill）②通过后，20 世纪 40 年代末和 50 年代初，大批美国艺术学院学生"蜂拥而至，全都去橘园欣赏莫奈的《睡莲》，享受那无边无际的色彩盛宴"。在那里，他们发现了华丽而自然的艺术表现手法：通过真实生动的绚丽色彩和赏心悦目的视觉映像，将草木繁盛的大自然抽象地展现出来。

在巴黎学习的退伍美国军人中，有一位埃尔斯沃斯·凯利（Ellsworth Kelly）写信给让-皮埃尔，询问是否可以参观吉维尼。莫奈去世后这么多年，吉维尼的房子和花园基本保持了当年迷人的景致；而旁边的那条路已经改名为"克劳德·莫奈路"。1939 年，莫奈花园获得了时尚界的顶级荣耀——《时尚》杂志法文版刊登了花园的照片，并赞美其为"花之天堂"。摄影师正是不久之后就因为与克里斯汀·迪奥（Christian Dior）合作而扬名世界的威利·马伊瓦洛（Willy Mayvald）。然而在"二战"期间直到战争结束，这里一直乏人照管。《时尚》杂志宣传花园一年以后，布兰切离开吉维尼，搬到了普罗旺斯。1947 年她在尼斯去世，享年 82 岁。布兰切离开之后，莫奈的宅院由米歇尔和让-皮埃尔出资维护。让-皮埃尔一直住在吉维尼自己的别墅里，而被一家报纸称为"隐士"的米歇尔搬到了吉维尼以南 25 英里的另一个村庄。米歇尔和一堆未出售的莫奈画作以及他自己去非洲打猎带回来的战利品生活在一起，包括一只作为宠物的猴子。

凯利的吉维尼之行让他百感交集。他后来回忆了参观大画室时的情景："那里至少还有 12 幅巨幅画作，每一幅都由两个画架支撑。有小鸟在周围盘旋。它们基本上被遗弃了。"它们巨大的尺寸、恣意挥洒的笔触和色彩的精湛运用，都给他留下了深刻的印象。第二天，他创作了《绿》对莫奈表达敬意。多年后，他将这幅画捐赠给了芝加哥艺术馆。芝加哥一直是特别善待莫奈作品的城市。

另一位因为《军人安置法案》而到巴黎学习的美国画家，山姆·弗朗西斯（Sam Francis），后来成为"在巴黎最受欢迎的美国画家"，也同样被莫奈最后的作品深深吸引。在康丁斯基夫人举行的晚宴上，他自豪地宣布："我理解了已故的莫奈。"他和侨居巴黎的加拿大画家让-保罗·里奥皮勒（Jean-Paul Riopelle）成为了朋友。里奥皮勒于 1951 年第一次在橘园看到莫奈的作品，他画了一幅《莫奈的白色睡莲与男人》，说明橘园里的莫奈画作对他产生了重要的影响。1957 年，《生活》杂志将弗朗西斯和里奥皮勒称为"莫奈的继承者"。里奥皮勒在法国生活了许多年，住在维特尼的莫奈故居。1967 年，里奥皮勒的长期伴侣和合作者，女画家琼 · 米切尔（Joan Mitchell）从一位园丁手里买下了这所房子，大约一百年前这里曾是莫奈的家。米切尔在那里一直居住到 1992 年去世。一位艺术评论家写道："莫奈始终在米切尔的风景画里徘徊"。

1953 年，抽象主义大师、画家巴尼特·纽曼（Barnett Newman）宣称，莫奈最后的作品对"当代的年轻画家"具有强大的吸引力。这绝非夸张之言。1954 年布鲁克林博物馆举办的印象主义画展就是明证。后来的古根海姆美术馆馆长、纽约大学美术教授罗伯特·罗森布伦（Robert Rosenblum）指出，莫奈的作品"出人意料地推动了"美国现代艺术的发展，也就是说，催生了诸如抽象表现主义、动作绘画和彩色场绘画等。罗森布伦认为，布鲁克林博物馆印象主义画展展出的三幅莫奈最后的作品无可争议地是"整个展览中最杰出的作品"。他写道："人们站在这几幅画作前，很自然地会联想到罗斯科（Rothko）、波洛克（Pollock）和加斯顿（Guston）的插画。"他注意到这些年轻的画家和莫奈一样，反对立体主义严谨的结构形式，而是通过"没有边界的色块绘制连续的画作，根据颜料本身的直观视觉效果运用色彩"。几年之后，更加著名的评论家克莱蒙特·格林柏格（Clement Greenberg）也指出了莫奈作品与抽象表现主义之间的关联。他在 1957 年发表的一篇文章里写道："莫奈得到了他应得的尊重。"他认为："在美国如今最前卫的某些绘画作品中，都能感觉到莫奈最后作品的影响，无论是直接的或是间接的。"因此，1959年他宣称，莫奈的作品似乎是"属于我们这个时代的"。

事实上，由于成为一群开拓进取的美国年轻画家的榜样，才使莫奈及其作品重新受到欢迎，这可以说是阴差阳错。莫奈生前既不喜欢美国人，也不喜欢与他同时代的年轻先锋画家的作品。对于立体主义画作，他曾固执地宣布："我不想看到它们，它们令我愤怒。"而抽象表现主义可能会令他更加愤怒。讽刺的是，他对同时代年轻画家作品的蔑视，与几十年前老一辈画家对他及其朋友画作的态度如出一辙。

同样讽刺的是，在20世纪50年代，格林柏格宣称莫奈"属于我们这个时代"，当时已经是拥有"飞机、原子弹和无线电"的现代化世界。而根据让-皮埃尔的记述，莫奈不喜欢科技进步：他因为吉维尼的电报杆而大发雷霆，他一生没有打过一次电话，他"无视收音机和照片的存在，他没有亲手拍摄过一张照片……他对电影不感兴趣……他完全没想过也压根没兴趣学习骑自行车"。莫奈对20世纪20年代都不适应，何况是五六十年代？

更重要的是，将莫奈尊崇为美国抽象表现主义的引路人，也并不十分贴切。1971年，艺术评论家罗伯特·休斯（Robert Hughes）认可了莫奈对于20世纪50年代抽象派画家的重要性，但他指出莫奈是"一位自身比其预言更加伟大的预言家"，莫奈并不是为菲利普·加斯顿和山姆·弗朗西斯作画。20 年后，他再次强调："如果没有莫奈后期的作品……确实无法想象会有杰克逊·波洛克的滴色画。但是，莫奈作品的真正价值并不在于预言或引导了后世画家的作品，而在于它们自身：它们带给人们强烈而宽广的视觉体验，向世界展现了如诗如幻的美景和精巧微妙的细节"。

尽管如此，抽象表现主义的确教会了人们用全新的眼光看待莫奈。不久之后，各大博物馆董事和馆长，乃至富有的知名收藏家们，都开始仰慕莫奈作品中"强烈的视觉体验和如诗如幻的美景"。1949 年，米歇尔·莫奈将五幅巨幅《睡莲》租借给瑞士巴塞尔的公共艺术博物馆，这是它们第一次离开莫奈的大画室，以前只有少数到访吉维尼的客人见过它们。一位瑞士军火商兼艺术品收藏家看中了这些巨型画作，他立即赶往吉维尼，向米歇尔买下了三幅。很快他又将其中两幅转卖给了苏黎世美术馆。美国收藏家们紧随其后。沃尔特 P. 克莱斯勒二世（Walter P. Chrysler Jr.），汽车巨头的继承人、纽约现代艺术博物馆的创始人之一，在 1950 年购买了一幅 19.5 英尺宽的莫奈巨幅画作，也叫《睡莲》。尽管纽约现代艺术博物馆的馆长讥讽莫奈是"糟糕的榜样"，克莱斯勒还是说服博物馆从吉维尼的莫奈画室中购买了一幅巨型画作。这幅 18 英尺宽的画作于 1955 年夏天运抵纽约之后，迅速成为博物馆最受欢迎的镇馆之宝。而此时馆长的态度也与之前判若两人，赞颂莫奈为抽象表现主义的鼻祖。画作的标签上标注着匆忙创造出来的新名词"抽象印象主义"。1958 年纽约现代艺术博物馆发生火灾，这幅画被烧毁，博物馆又紧急从巴黎画商卡蒂娅·格拉诺夫（Katia Granoff）手里购买了一幅替代品。格拉诺夫几年前从米歇尔手中买下了莫奈画室中剩余的所有画作，将这些巨幅画作放在自己的画廊里展出。纽约博物馆购买的替代品是令人叹为观止的《睡莲》巨型三联画，安装在墙上之后，总长将近42英尺。1955年纽约博物馆为购买之前那幅《睡莲》花费了1万1500美元；而四年之后，他们为这组睡莲三联画支付了15万美元。这证明了莫奈声望的提高。

接下来发生的情况被一位美国收藏家称为"定期淘金热"，莫奈关于睡莲池塘的画作每周价格上涨的幅度相当于好几万磅黄金的价值。莫奈作品还得到了普利策三世的青睐，他可是美国出手最阔绰、眼光最挑剔的现代艺术品收藏家。为了更好地享受画中的水韵，他将这幅6.5英尺宽的《睡莲》画作运至他位于圣路易斯市的豪华府邸，装饰在游泳池旁的休息厅里。这样就实现了勒内·金佩尔数十年前的预言：这些画作适合装饰游泳池。

1952年，充满激情的美国艺术家们在橘园的椭圆形展厅聚集。曾对波洛克产生重要影响的画家安德烈·马松由此称橘园为"印象主义圣地"，他还赞美橘园的巨型装饰画属于"法国天才艺术家们的巅峰之作"。萨沙·吉特里一定为这样的赞美感到兴奋，同年他重新放映了电影纪录片《我们国家的那些人》。然而，官方对巨型装饰画的态度却依然捉摸不定、疏忽漠视。1944年巴黎解放的时候，橘园被五发炮弹击中，险些毁于一旦，第二间展厅入口处的《树影》连作受损。而政府的漠不关心导致炮弹碎片在20年后才被清理。

20 年后，巨型装饰画又再次遭到侮辱。1966 年，144 幅沃尔特 - 纪尧姆（Walter-Guillaume）的珍贵藏画在新建的橘园扩展建筑里揭幕，其中包括 10 幅马蒂斯、12 幅毕加索、16 幅塞尚和 23 幅雷诺阿的作品。一栋混凝土石板外墙的新建筑直接加盖在莫奈展厅的上面，将两间椭圆形展厅里的自然光彻底遮蔽。这些巨型装饰画展现了色彩的美妙变幻和阳光的细微闪烁，却这样被遗弃在了暗无天日的地下室里，依靠人造光源照明。接下来的 30 年间，它们一直都被埋葬在这个昏暗的地窖里。

到了 1996 年，法国文化与交流部终于决定重新安排沃尔特 - 纪尧姆藏画和莫奈巨型装饰画的展厅布局。2000 年 1 月，橘园暂时关闭，进行改造。改造工程耗资 3 千 6 百万美元，历时 6 年。因为已经老化变脆，巨型装饰画无法从墙上取下，只得用聚酯薄膜覆盖以保持恒定的温度和湿度，并用具备报警功能且经过特殊加固的保护盒密封。2003 年最终被拆除下来的时候，钻头钻进墙壁造成的振动超过安全范围的时候，保护盒就绝望地发出蜂鸣声，就像重症监护室里病人的心电监护仪绝望地发出警报。2006 年橘园重新向公众开放，展厅布局确实经过了重新安排：莫奈的巨型装饰画在阳光充足的两间主厅里展出，而沃尔特 - 纪尧姆的藏画则被移至一间副厅。

如今，莫奈的故居、花园和博物馆，都是法国的著名旅游景点。每年有超过 60 万游客参观吉维尼的莫奈故居和花园。从 2015 年起，很多游客都从巴黎圣拉扎尔火车站乘坐法国国营铁路公司开通的"印象主义号"旅游列车前往吉维尼。列车经过"印象主义摇篮"，以及莫奈曾经描绘过的许多地方，沿着他当年曾数十次往返的路线，从巴黎经吉维尼抵达鲁昂。同时，每年有上百万人排着长长的队伍等待进入橘园参观，让它不再是曾经令克列孟梭和马松感到悲愤的"僻静之地"。

那两间椭圆形展厅能够让人沉浸于美景之中，让心灵宁静地思考，这样的美妙体验当然值得参观者等待。经过接待室，进入第一间展厅，对面墙上是《绿色倒影》，有些人认为这幅连作是橘园最美的作品：在亮蓝和深绿色的背景下，娇艳的睡莲宛如火焰般耀眼夺目，紫红、淡黄、深紫和浅粉……大约几十种颜色在画面中精妙地达成了协调统一。画作如此出色，以至于有人推测莫奈在阴郁的 1923 和 1924 年间确实几近失明，否则怎么会看不清这幅连作的价值呢？

第一间展厅的左右侧墙上分别是《清晨》——刀伤的"受难者"；还有《云影》。《云影》曾令克列孟梭惊叹不已，画面里是洛可可风格的如镜水面，和像棉花糖一样柔软、翻涌的云影。这些连作的尺寸非常大，这样大规模的全景画令擅长巨型装饰画的爱德华·维亚尔也目瞪口呆。1889 年，米尔博写道，莫奈的画要经过 60 轮打磨。而橘园的这些巨型装饰画，颜料经久不褪，笔法千变万化，衔接得天衣无缝，可以想象一定耗费了大师成百上千甚至上万个小时。我们能够想象一位老人在他巨大的画室里点染、划扫、涂抹的样子：画布上的颜料涂了一层又一层，雪茄烟灰和从顶棚透进来的阳光也无声无息地洒在地板上。每天的工作完成之后，他退到远处品鉴自己的作品。他戴着厚厚的眼镜和眼罩（左眼），布兰切缓缓地移动画架，他们两人慢慢地沿着一大圈画作移动（就像所有参观者一样），仔细审视每一处经过精心修饰的细节。

走近画作，我们就能看到它们绝不是用"露水和蝴蝶翅膀上沾染的花粉"绘就的。颜料涂抹得非常厚，相互交叠，有些地方甚至形成了坚实的硬块。笔触挥洒、雄浑，有时甚至是不由自主但仍受控制的疯狂。马松认为这样的笔法对其他画家产生了影响，比如波洛克和里奥皮勒。然而，如此密集的厚涂法，却不可思议地创造出了如此细腻的光影效果。比如《清晨》中央，纵横交错的淡紫色和紫罗兰色造就了水波荡漾的视觉效果；进门那面墙上色彩明艳的《日落》中，在一片黄绿交织的底色上，画笔上下起伏地扫过，就让睡莲漂浮在了柳条的倒影上。

引人注目的是，总面积达 125 平方英尺的《日落》右下角，当初一直留白的那块地方，只有几抹画笔任意扫过的弯曲线条，似乎就是要强调画作依然没有完成，依然等待着画家继续润色。除了此处，其余的画面无不经过了画家精心地修饰和润色。水面的夕阳倒影是通过大量厚涂的镉黄色体现的，我们能看到画笔在上面留下的压痕，还有一团团稠厚的颜料，似乎是直接从颜料管里挤到画布上的。待我们退后欣赏，映入眼帘的便是：宛如烈焰的夕阳将炽热耀眼的光芒铺满了平静的水面。1922 年一位艺术评论家曾就莫奈的画作写道："通过画布和颜料表现无形的物质——阳光，捕捉它、聚焦它、分散它。简直是奇迹！"

我们转过身，背对着《日落》炽热的光芒，眼前出现的是更加柔和、温润的蓝色、粉色和绿色，是能够让神经衰弱的人获得平静与安宁的天堂，这正是马塞尔·普鲁斯特一百年前所设想的。当我们穿过优雅的拱门进入第二间展厅之后，又被另一番美景深深地打动。两侧的墙上都是婀娜摇曳的柳条，如瀑布一般倾泻在水面上，随着水波闪烁、荡漾。我们似乎被它们揽入怀中。莫奈将垂柳作为哀悼的象征。在近百年前的那个冬日，莫奈就设计了它们，不只是为了纪念一战中阵亡的伟大烈士，也表达了一种唯美的哀悼。可以想见，莫奈也以此悼念他自己在那些痛苦煎熬的岁月里失去的亲人和朋友。

第二间展厅进门的那面墙上是更为个人化的连作《树影》，"二战"时曾经被炮弹弹片击中。这是橘园的巨型装饰画中色调最暗沉、笔法最狂乱的作品。塔克指出，这幅连作"就算并未令人不安，也让人心情黯淡、难以释怀"，因此很少有后世画家模仿。这幅作品表达了莫奈焦虑不安的想象，也有力地驳斥了他不过是"伟大的抗抑郁治疗师"的说法，他不只是会描画树影斑驳的河岸和洒满阳光的草地。在蔓延的阴影和落日的余晖之下，睡莲的叶子发出诡异的蓝色光芒，就像霍里纳那些恐怖诗篇里的灯笼。这些若隐若现的颜色，似乎要从墙上流淌下来。

在这幅荧光微闪的连作中央，我们能够看见一个模糊的轮廓：一株婀娜多姿的柳树倒影，树干在上，树冠在下；随着水波荡漾，树影与云朵般的莲叶交缠在一起。它分叉的枝干仿佛是一个人在痛苦地扭曲身体，甚至也可以看作是溺亡的死者沉入幽暗的水下。这间展厅其他的几面墙向我们诉说悲伤和失落，而这幅连作中如幽灵般的幻影不仅让我们感受到了画家的愤怒与痛苦，也觉察到了他的抗争与隐忍。莫奈并不信仰上帝，他信奉神圣的大自然，柳树分叉的幻影也暗示了受难的耶稣。它预示了希望的复活和延续，以及"沧海桑田、翻天覆地"的巨变。

经历多年艰难创作和痛苦挣扎而绘就的巨型装饰画中，连作《树影》是最具象征意义的。它是画家的自画像。他就像金发的许拉斯，无法抗拒诱惑而坠入了睡莲池塘那闪闪发光的深渊。

微信扫码加入莫奈印象圈
解密莫奈鲜为人知的故事

莫奈，
和他痴迷的睡莲

致谢

谨向所有在我研究资料、写作本书的过程中提供了帮助的人表示谢意。同以往一样，我要特别感谢我的编辑兼出版人乔治·吉布森（George Gibson）。我和这位老朋友已经合作长达 15 年，共同推出了 5 本书，他的编辑功底和耐心细致让我受益匪浅。这本书从策划到出版，整个过程都凝结了乔治的心血。尽管他是我所认识的最忙的人，但他总会抽出时间和我讨论书中最棘手的细节，并思考如何让这些细节更好地融入书中。他的许多点睛之笔和巧妙删改，都让书稿大为增色。

保罗·海斯·塔克（Paul Hayes Tucker）也为我提供了巨大的帮助。他在百忙之中回复了我的咨询，并亲自审阅了全稿。塔克博士致力于研究莫奈，他出版了多部著作，策划了多场展览，使我们对莫奈的生活和工作有了更为全面的了解。于我而言，最重要的是 1999 年在伦敦皇家学院举办的展览"莫奈在 20 世纪"。在我写作本书的时候，那场展览的介绍手册是我翻看得最频繁、查阅得最仔细的资料,塔克博士1995年出版的莫奈传记也是如此,我几乎时刻把它们捧在手里。我确实从中学到了专业知识,并有幸受到了他的亲自指教。

还有许多人也慷慨地帮助了我。马克·阿斯奎斯(Mark Asquith)又一次成为我的第一批读者之一,并以他独有的视角对书稿提出了改进意见。我们认识20多年了,马克是一位全方位的"完美读者",他那无可挑剔的文学素养一直以来都对我大有帮助。另外两位朋友,安妮-玛丽·里加-阿斯奎斯(Anne-Marie Rigard-Asquith)和弗里德里克·穆罗(Frederike Mulot)则就某些棘手的翻译问题给出了有价值的建议。

我还要感谢帮助我解决了其他问题或是提供了信息的人们:法国巴黎东区大学的卡米拉·毕达奥(Camille Bidaud)、法国沙图市档案馆的科琳娜·查理(Corinne Charlery)、法国圣艾蒂安的历史和遗产秘书处的丹妮尔·查普林(Danielle Chapelin)、法国圣艾蒂安市老博物馆的伯纳德·里瓦冬(Bernard Rivatton)、亚恩·哈劳(Yann Harlaut)、马克·雷维奇(Mark Levitch);法国鲁昂大学的克莱尔·梅根(Claire Maingon)、让-皮埃尔·皮尔斯(Jean-Michel Peers)、南特市艺术博物馆的西里尔·希玛(Cyrille Sciama)、德国维特泰美术馆的迪特尔·施瓦茨(Dieter Schwarz)。我还得感谢我的朋友让·格拉塞(Jean Glasel),一位并非生于诺曼底却自愿留在诺曼底的人,他让我有机会在2010年参加了前往吉维尼的旅游团。这次参观使我开始认真思考莫奈的故事及画作,然后才开始构思这本书。

如果没有牛津伦敦图书馆和塞克勒图书馆丰富的馆藏、令人愉悦的环境和友善的图书馆工作人员，我的研究将无从开展。我还利用了法国国家图书馆神奇的网络技术，在牛津郡的花园尽头阅读了一份一百年前的报纸。

布鲁姆斯伯里出版公司纽约和伦敦办事处的优秀团队将我的手稿出版成书。琳达·约翰斯（Linda Johns）为本书配上了一流的图片，杰弗·沃德（JeffWard）绘制了所有的地图。感谢格列尼·巴特尔斯（Gleni Bartels）对细节的认真审核。感谢文字编辑大卫·谢斯埃诺（David Chesanow）、校对员梅戈阿·亚因（Megha Jain）。感谢里·加布尔（Lee Gable）编制了索引。非常荣幸，本书的北美版本封面由帕蒂·莱切福德（Patti Ratchford）设计，英国版本封面由大卫·曼恩（David Mann）设计。内文版式由莎拉·斯蒂门（Sara Stemen）设计。我还要感谢伦敦办事处的米切尔·菲斯维克（Michael Fishwick）、维奇·贝德奥（Vicky Beddow）、雷切尔·尼科尔森（Rachel Nicholson）、马里高德·阿特肯因（Marigold Atkey）、丽贝卡·索恩（Rebecca Thorne）、劳拉·布鲁克（Laura Brooke）和美国办事处的劳拉·金菲（Laura Keefe）、莎拉·莫克里欧（Sara Mercurio）、凯利 Callie Garnett 加内特（Callie Garnett）。还要感谢加拿大的双日出版公司，他们是我在当地的版权代理，在过去十年里我一直有幸跟他们的优秀团队合作：克里斯汀·考奇雷恩（Kristin Cochrane）、艾米·布莱克（Amy Black）、谢拉·凯伊（Sheila Kay）、玛莎·莱昂纳德（Martha Leonard）、布拉德·马丁（Brad Martin）。

我的代理人克里斯托弗·辛克莱-史蒂文森（Christopher Sinclair- Stevenson）一如既往地为我提供了帮助。他不仅像往常一样仔细审阅了我的手稿，还和他的妻子黛比一起陪同我四处参观、与我愉快交谈。

2015 年冬天，我住在美丽的山顶小村普伊塞尔西的时候，完成了书稿的最后一部分。感谢当时多萝西（Dorothy）和大卫·亚历山大（David Alexander）对我的盛情款待，丹尼·刘易斯（Danny Lewis）帮我连上了互联网。要不是我的朋友普阿伊瓦·帕拉尤里（Prajwal Parajuly），我就不可能度过那样一段边写作边休闲的美妙时光，他曾经在冬天去过那里，我由衷地感激他向我推荐了那里。我的妻子梅兰妮当时也在普伊塞尔西陪伴我，她让那段时光变得更加有意义。梅兰妮不断地给我的研究与写作带来激情与鼓励，也会让我心甘情愿地暂时放下写作去休闲，这两者同样重要。

最后，我要感谢我的兄弟姐妹和他们的家人。过去几年里，我们所有人都经历了悲伤。我们的母亲，克莱尔·金，就在我写作本书的过程中去世了。直至我完成书稿，我一直深深地怀念着她。我要将这本书献给她，感谢她终其一生都在给予我乐趣、灵感、鼓励和爱。

（京）新登字083号

图书在版编目（CIP）数据

莫奈，和他痴迷的睡莲／（加）罗斯·金；李浚帆译.
—北京：中国青年出版社，2017.10
书名原文: MAD ENCHANTMENT
ISBN 978-7-5153-4965-7

Ⅰ.①莫… Ⅱ.①罗…②李… Ⅲ.①莫奈（Monet, Claude 1840-1926）—传记
Ⅳ.①K835.655.72

中国版本图书馆CIP数据核字（2017）第262765号

© Ross King, 2016 together with the following acknowledgment: 'This translation of MAD ENCHANTMENT is published by China Youth Press by arrangement with Bloomsbury Publishing Plc.

责任编辑：李　茹 liruice@163.com
书籍设计：瞿中华

出版发行：中国青年出版社
社址：北京东四十二条21号
邮政编码：100708
网址：www.cyp.com.cn
编辑部电话：（010）57350508
门市部电话：（010）57350370
印刷：北京盛通印刷股份有限公司
经销：新华书店
开本：880×1230 1/32
印张：13.5
字数：292千字
版次：2017年12月北京第1版
印次：2017年12月北京第1次印刷
定价：55.00元

本图书如有印装质量问题，请凭购书发票与质检部联系调换
联系电话：（010）57350337